**Olympia der Reiter
Atlanta 1996**

Olympia der Reiter
Atlanta 1996

Herausgegeben von
Dr. Reiner Klimke, Werner Ernst
und der Deutschen Reiterlichen Vereinigung e.V.

unter Mitarbeit von
Dr. Hanfried Haring, Michael Klimke, Dr. Klaus Miesner,
Martin Plewa, Franke Sloothaak, Dr. Bernd Springorum,
Reinhard Wendt und Hans Günter Winkler

mit Fotos von
Werner Ernst

FNverlag
der Deutschen
Reiterlichen Vereinigung
GmbH, Warendorf

Landwirtschaftsverlag
GmbH · Münster-Hiltrup

In memoriam

Jus de Pommes

Am 23. August 1996 starb Jus de Pommes, der zweifache Olympiasieger im Springen von Atlanta, im Alter von nur 10 Jahren nach zwei schweren Operationen, die sein Leben nicht retten konnten. Der Hengst Jus de Pommes hat Ulrich Kirchhoff berühmt gemacht und vor den Augen der Welt sein überragendes Springvermögen bewiesen. Wir verneigen uns vor der Persönlichkeit dieses Pferdes, das in die Geschichte eingehen wird.

Herausgeber
Dr. Reiner Klimke, Werner Ernst und Deutsche Reiterliche Vereinigung e.V. (FN), Warendorf

© 1996
FNverlag der Deutschen Reiterlichen Vereinigung GmbH, Warendorf

Alle Rechte vorbehalten.
Dieses Werk – oder Teile daraus – darf nicht vervielfältigt oder verbreitet, in Datenbanken gespeichert oder in irgendeiner Form – elektronisch, fotomechanisch, auf Tonträger oder sonstwie – übertragen werden ohne die vorherige schriftliche Genehmigung des FNverlages.

FNverlag
ISBN 3-88542-282-4

Landwirtschaftsverlag
ISBN 3-7843-2808-3

Autoren
Dr. Hanfried Haring, Michael Klimke, Dr. Reiner Klimke, Dr. Klaus Miesner, Martin Plewa, Franke Sloothaak, Dr. Bernd Springorum, Reinhard Wendt, Hans Günter Winkler

Fotos
192 Fotos Werner Ernst, Ganderkesee

„Zwischen Barcelona und Atlanta"
4 Fotos Hugo M. Czerny, München
4 Fotos Jan Gyllensten, Schweden
1 Foto Karl-Heinz Frieler, Gelsenkirchen
3 Fotos Jacques Toffi, Hamburg

„Military – Geländehindernisse"
11 Fotos Martin Plewa, Warendorf

„Springen – Nationenpreis"
1 Foto Reuters AG, Bonn

„Nebenbei beobachtet"
1 Foto David Hopkins, USA

Redaktion
Dr. Catharina Veltjens-Otto-Erley

Herstellungskoordination
FNverlag der Deutschen Reiterlichen Vereinigung GmbH, Warendorf

Titelfoto
Werner Ernst

Titelgestaltung
Grafisches Atelier im Landwirtschaftsverlag GmbH, Münster-Hiltrup

Grafische Gestaltung und Layout
Ralf Dermann, Warendorf

Gesamtherstellung
LV-Druck im Landwirtschaftsverlag GmbH, Münster-Hiltrup

Vorwort

HRH Infanta Dona Pilar de Borbón Präsidentin der Internationalen Reiterlichen Vereinigung (FEI) hat durch ihre sympathische Persönlichkeit in Atlanta im IOC neue Freunde für die Reiterei gewonnen.

Atlanta 1996 war Schauplatz der XXVI. Olympischen Spiele und feierte damit zugleich den 100. Geburtstag ihrer Wiederbelebung im Jahre 1896.

Es gab Beteiligungsrekorde mit 197 Nationen, 10.500 Athleten, 15.000 Journalisten und über 11,5 Mio. zahlenden Zuschauern. Es gab aber nicht nur Licht, sondern auch Anlaß zu Kritik an der Vermarktung der olympischen Idee unserer Zeit.

Die olympischen Reiterwettkämpfe von Atlanta blieben von den Schattenseiten des Kommerz weitgehend unberührt. Vor einer großartigen Zuschauerkulisse kämpften die Reiterinnen und Reiter mit ihren Pferden um die Medaillen in den drei olympischen Disziplinen Military, Dressur und Springen.

Werner Ernst hat die Ereignisse fotografisch festgehalten und dabei erneut seine Meisterschaft bewiesen. Die Fachautoren der einzelnen Sparten haben, in Fortsetzung der Tradition der Olympiabücher der FN seit 1988, den Stand der Reitkunst in der Welt von Barcelona 1992 bis Atlanta 1996 kritisch unter die Lupe genommen und im Hauptteil des Buches das aktuelle olympische Geschehen in Atlanta beschrieben. Starter- und Ergebnislisten, Parcoursskizzen, Abbildungen der Hindernisse, züchterische Auswertung, Geschichten am Rand und die olympische Ehrentafel der seit 1912 fest im olympischen Programm verankerten Reiterei geben zusätzlich umfangreiche Informationen.

Wir widmen dieses Buch unseren erfolgreichen Reiterinnen und Reitern, die mit vier Goldmedaillen als die erfolgreichste Reiternation von den Olympischen Spielen in Atlanta heimgekehrt sind. Wir sagen gleichzeitig Dank an die große Familie der Helfer im Hintergrund: die Pferdepfleger, Besitzer, Züchter, Trainer, Tierärzte etc. Sie alle haben ihren Anteil zum Erfolg beigetragen.

Dr. Reiner Klimke

Inhalt

Eine Reverenz an die Olympiasieger von Barcelona 1992

Military	8
Dressur	9
Springen	10

Zwischen Barcelona und Atlanta

Martin Plewa
Zur Entwicklung in der Military von 1992 bis 1996 — 11

EM Achselschwang 1993	12
WM Den Haag 1994	15
EM Pratoni del Vivaro 1995	17
DM Luhmühlen 1996	20
Letzte Sichtung Bonn-Rodderberg	21

Michael Klimke
Zur Entwicklung in der Dressur von 1992 bis 1996 — 22

EM Lipica 1993	22
WM Den Haag 1994	24
EM Mondorf-les-Bains 1995	27
Der Sichtungsweg im Olympiajahr 1996	29
DM Balve 1996	30
CDIO Bad Aachen 1996	31

Zur Information
Der NÜRNBERGER Burg-Pokal der Dressurreiter — 34

Hans Günter Winkler und Reinhard Wendt
Zur Entwicklung im Springen von 1992 bis 1996 — 35

Szenenwandel nach Barcelona	35
EM Gijon 1993	36
WM Den Haag 1994	38
EM St. Gallen 1995	42
DM Balve und CSIO Aachen 1996	45
Trainingslager Merichase Farm	46

Centennial Olympic Games

Dr. Reiner Klimke
Atlanta 1996 – Bleibende Eindrücke — 48

Military

Dr. Bernd Springorum
Georgia International Horse Park, Conyers — 50

Die deutsche Mannschaft	51
1. Verfassungsprüfung	51
Dressur	53
Ergebnisse Dressur	55
Gelände	56
Die Geländestrecke der olympischen Military	56
Die Hindernisse der Querfeldeinstrecke	58
Die Geländestrecke	60
Der Geländeritt	67
Ergebnisse Mannschaftswertung	72
Ergebnisse Einzelwertung	76
3. Verfassungsprüfung	76
Springprüfung	76
Gesamtergebnis Mannschaftswettbewerb	80
Gesamtergebnis Einzelwettbewerb	81
Ausblick	81

Dressur

Dr. Reiner Klimke
**Deutschland bleibt die
führende Nation der Welt** — 82

Verfassungsprüfung — 82

Großer Dressurpreis — 83
Mannschaftswertung — 83
Die Dressuraufgabe — 83
Die Einzelreiter — 93
Ergebnisse Mannschaftswertung — 94
Ergebnisse Einzelwertung — 95
Siegerehrung und Daten
zur deutschen Mannschaft — 96

Halbfinale – Grand Prix Special — 96
Die Dressuraufgabe — 98
Ergebnisse Grand Prix Special — 103

Einzelwettkampf Dressur — 104
Grand Prix Kür –
Die Anforderungen — 104
Spannendes Finale — 105
Ergebnisse Kür — 108
Endergebnisse Einzelwertung — 108

Springen

Hans Günter Winkler und
Reinhard Wendt
**Das Programm der
olympischen Springprüfungen** — 110

1. Qualifikation — 110
Die deutsche Mannschaft — 111
Parcoursskizze — 111
Ergebnisse 1. Qualifikation — 112

**Wechselbad mit Happy End:
Nationenpreis** — 115
Parcoursskizze — 115
1. Umlauf — 115
2. Umlauf — 120
Ergebnisse Nationenpreis — 123
Einzelwertung – Stand
nach Nationenpreis — 126

**Finale der Springreiter –
Finale der Olympischen Spiele** — 128
Parcours A — 128
Parcoursskizze Parcours A — 128
Ergebnisse Parcours A — 129
Parcours B — 129
Parcoursskizze Parcours B — 130
Endergebnisse Finale — 131
Endergebnisse Stechen — 133

**UPS Deutschland gratuliert
den deutschen Olympiasiegern** — 136

Nebenbei beobachtet

Franke Sloothaak und
Reinhard Wendt
**Geschichten
aus dem Hintergrund** — 137
Piroplasmose und kein Ende — 137
Das Los der Reservisten — 137
Das Glück der Trainingsfarmen — 137
Dank an UPS und HGW — 139
Einzelhaft für Dr. Nolting — 139
Eröffnungsfeier — 139
Gesellschaftliche Ereignisse — 140
Geistlicher Beistand — 140
I 20/I 85/I 285 — 141
Manni — 141
Thomas Hartwigs Arbeitsplatz — 142
Ralf Schneider –
vielseitig ambitioniert — 142
Wer war noch in Atlanta? — 142

Deutsche Pferde in Atlanta

Dr. Hanfried Haring und
Dr. Klaus Miesner
**Überragende Erfolge
für die deutschen Züchter** — 143
Vielseitigkeit — 144
Dressur — 144
Springen — 145

**Beschreibungen
der deutschen Pferde** — 146
Gestartete deutsche
Pferde in Atlanta 1996 — 150

Statistik

Starterliste Military — 151
Starterliste Dressur — 152
Starterliste Springen — 153
Olympische Ehrentafel
der Reiterei 1912 - 1996 — 155
Olympischer Medaillenspiegel
der Reiterei 1912 - 1996 — 160

Military

Gold für Matthew Ryan mit Kibah Tic Toc, Australien

Silber für Herbert Blöcker mit Feine Dame, Deutschland

Bronze für Blyth Tait mit Messiah, Neuseeland

Gold für die Mannschaft Australiens: Matthew Ryan, Andrew Hoy, Gillian Rolton

Eine Reverenz an die Olympiasieger von Barcelona 1992

Dressur

Gold für Nicole Uphoff mit Rembrandt Borbet, Deutschland

Silber für Isabell Werth mit Gigolo FRH, Deutschland

Bronze für Klaus Balkenhol mit Goldstern, Deutschland

Gold für die Mannschaft Deutschlands: Nicole Uphoff, Isabell Werth, Monica Theodorescu, Klaus Balkenhol

10   Eine Reverenz an die Olympiasieger von Barcelona 1992

Springen

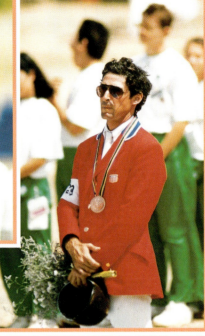

Gold für Ludger Beerbaum mit Almox Classic Touch, Deutschland

Silber für Piet Raymakers mit Ratina Z, Niederlande

Bronze für Norman Dello Joio mit Irish, USA

Gold für die Mannschaft der Niederlande:
Piet Raymakers, Jan Tops, Jos Lansink (nicht auf dem Bild Bert Romp)

Martin Plewa

Zur Entwicklung in der Military von 1992 bis 1996

Mit Barcelona 1992 endete eine Zeitspanne über ca. 30 bis 40 Jahre relativ gleichbleibender sportlicher Strukturen und Bedingungen olympischer Vielseitigkeitsprüfungen. Auch wenn die Anforderungen vor allem hinsichtlich der Distanzen und der Hindernisabmessungen im Gelände in den letzten Jahrzehnten kontinuierlich etwas reduziert wurden, blieben die prinzipiellen Strukturen der großen Vielseitigkeit mit der vierphasigen Geländeprüfung sowie dem kombinierten Mannschafts- und Einzelwettbewerb unverändert.

Schon nach den Olympischen Spielen von Seoul machte sich der Druck des IOC, vielleicht auch der Druck finanzieller Interessen bemerkbar, der am Fundament einer der ältesten und traditionsreichsten olympischen Disziplinen rüttelte. In diesem Zusammenhang wurden im wesentlichen Fragen aufgeworfen, die sich zugegebenermaßen jede Sportart mit Recht immer wieder stellen lassen muß (besser wäre, sie stellte sie sich selbst!), Fragen wie: Ist die Disziplin in der ausgetragenen Form zeitgemäß? In welchem Maße ist sie vermarktungsfähig? Entspricht sie den Anforderungen der IOC-Bestimmungen und ist sie darin auch vergleichbar mit allen anderen olympischen Sportarten?

Letztendlich sind auch die finanziellen Anforderungen aufgearbeitet worden, die für die Ausrichtung olympischer Reiterspiele zwangsläufig anfallen und damit für das zunehmend kommerziell denkende IOC primär diskutabel sind. Der letztgenannte Aspekt hatte sich aus den immens erscheinenden Aufwendungen ergeben, die die Vielseitigkeit von Barcelona gefordert haben soll. Eine differenziertere Bilanzierung der Olympia-Military lag der Öffentlichkeit nicht vor, doch kann angesichts noch höherer Aufwendungen für andere Wettbewerbe (z.B. Segeln) die Frage der Kosten nur als vorgeschobenes Argument angesehen werden. Schließlich erzwingt das IOC nun mit der Durchführung von zwei getrennten Vielseitigkeiten sogar zusätzliche Leistungen, um seine Regelprinzipien sportartübergreifend umzusetzen. Dennoch betrachte ich die Kostendiskussion als Fingerzeig des IOC, den finanziellen Rahmen dem Volumen der Vermarktungserwartungen anzupassen. Und diese können zum Damoklesschwert der „Krone der Reiterei" werden. Das IOC läßt am Beispiel der Vergabe der Olympischen Spiele sowie der Zulassung von Sportarten offenkundig werden, daß es mit seiner Politik weniger olympische Traditionspflege als wirtschaftliche Interessen auf seine Fahnen geschrieben hat und hiermit dem allgemeinen Trend der Kommerzialisierung im Sport sogar weit voraus eilt.

Hier liegt eine wesentliche Aufgabe bei den nationalen und internationalen Spitzenverbänden der Reiterei: dafür Sorge zu tragen, daß das Wesen des Reitsports, seine besonderen Werte und sein sportlicher Sinn nicht auf dem Altar des Kommerzes geopfert werden müssen. Präventiv wird eine verstärkte und offensive Informations- und Öffentlichkeitsarbeit zur Image- und Ansehenssicherung der Reiterei, nicht nur der Vielseitigkeit, verhindern müssen, daß die Verbannung der reiterlichen Disziplinen (auch nicht nur der Vielseitigkeit) aus dem olympischen Wettkampfprogramm überhaupt zur Disposition gestanden hat. Es scheint für den Reitsport allerdings noch nicht zu spät zu sein, kampagnenmäßig insgesamt mit seinen Besonderheiten in der Partnerschaft und Harmonie zwischen Mensch und Tier und der unmittelbaren Beziehung zur Natur und Umwelt eine besonders zeitgemäße, ja sogar moderne und einzigartige Sportart im olympischen Programm darzustellen. Dies müßte erst recht für die Disziplin Vielseitigkeit gelingen, die die genannten Werte (Partnerschaft Mensch – Pferd und Naturnähe) am offenkundigsten erkennen läßt.

Inwieweit graduelle Veränderungen der Disziplin Vielseitigkeit erforderlich sind, ist momentan nicht abzusehen; doch kann man hierfür offen sein, so lange das Wesen der Vielseitigkeit nicht grundsätzlich in Frage gestellt wird. Wie schmal der Grad zwischen notwendiger Veränderung und erwünschter Erhaltung bewährter Prinzipien ist, belegen die Konsequenzen aus Auflagen des IOCs, das nicht Medaillen für Mannschafts- und Einzelwertung in einem einzigen Wettbewerb vergeben lassen will und darüber hinaus auf die weltweite Repräsentanz der Reiter bei Olympia dringt. Letzteres wurde durch ein – sicher noch verbesserungswürdiges – Qualifikationssystem zu erreichen versucht, das ab 1994 beginnend mit den Weltreiterspielen bis zu den „offenen" Europameisterschaften in Pratoni 1995 grundsätzlich Nationen aus allen Kontinenten die Zulassung zu Olympia ermöglichte.

Wesentliche Auswirkungen wird zweifellos die Trennung von Einzel- und Mannschaftswettbewerb haben, deren Folgen für den Sport derzeit kaum absehbar sind. Im Vorfeld von Atlanta wurde vor allem die unbefriedigende Situation für die zum Ende startenden Teamreiter diskutiert, wenn deren Vorreiter schlechte Ergebnisse erzielt haben oder gar ausgeschieden sind. Gute Einzelleistungen können im Mannschaftswettbewerb nicht weiter gewürdigt oder gar mit einer Einzelmedaille belohnt werden. Die noch nicht vollends durchdachten Neuerungen sollten seitens der FEI nach Olympia erneut und vorbehaltlos zur Diskussion gestellt werden.

Trotz der Neuerungen bei Olympia hat sich der Vielseitigkeitssport zwischen Barcelona und Atlanta nicht wesentlich verändert, aber dennoch weiterentwickelt. Auf der Basis des bestehenden Veranstaltungsprogramms ist eine erkennbare Zunahme an Teilnehmern zu verzeichnen, was als ein Teil einer grundsätzlich positiven Entwicklung des Sports zu werten ist. Das Interesse für die Vielseitigkeit wächst. Auch die Qualität ist gestiegen, nicht nur bei den Veranstaltungen, sondern auch bei den Pferden und hinsichtlich des reiterlichen Niveaus. Nicht zu verkennen ist eine zunehmende Professionalisierung des Sports, wie er in seiner Ausübung auf den britischen Inseln quasi von allen Topreitern betrieben wird. Im sonstigen Europa, vor allem auch in Deutschland, ist der eigentliche Profi die Ausnahme, wenn auch etliche erfolgreich reitende Amateure in ihrer Einstellung den Profis nicht nachstehen.

Als begrüßenswerte Auswirkung der Professionalisierung ist die Zunahme und der Austausch an Kompetenz zu sehen, vor allem in der Einschätzung von Geländestrecken. Der Zuwachs an Know-how bezieht sich auch auf Training und Umgang mit den Pferden. Zu keiner Zeit dürfte die Versorgung der Pferdeathleten durch sehr qualifizierte Pflege auf einem so hohen Niveau gewesen sein. Die fast ausschließlich weiblichen „Grooms" entwickeln im Umgang mit ihren vierbeinigen Schützlingen zumeist ein besonderes, geradezu persönliches Verhältnis, gehen individuell auf deren Eigenarten ein und haben damit einen wesentlichen Anteil am körperlichen und mentalen Wohlbefinden ihrer Pferde – die wichtigste Voraussetzung für Leistung und Leistungsbereitschaft.

Kritisch hingegen ist zu beurteilen, wenn Professionalisierung mit Kommerzialisierung gleichgesetzt wird, d.h. der Druck der Profis zu immer mehr Startmöglichkeiten auf Kosten der Ausbildung oder gar der Gesundheit der Pferde geht. Es hat den Anschein, daß sich eine internationale Gruppe von Topreitern zunehmend stärker als Interessenvertretung etabliert mit dem Ziel, den Sport in Richtung Kurzprüfungen zu verändern. Dabei würden die Werte, in denen sich die Vielseitigkeit von den anderen reiterlichen Disziplinen unterscheidet, auf der Strecke bleiben. Bei der anstehenden Diskussion über den „modernen" Vielseitigkeitssport sind vor allem die Kontinental-Europäer gefragt, sich über den von ihnen gewünschten Charakter der Disziplin im Klaren zu sein, der ihre erfolgreiche Entwicklung auch außerhalb der britischen Inseln ermöglicht.

Der grundsätzlich positive Trend schlägt sich auch in der Qualität der Veranstaltungen nieder. Dies betrifft generell die Organisation wie auch die Prüfungsplätze. Mehr Wert als früher wird auf die Qualität des Geläufs gelegt und auf eine Linienführung, die flüssiges Galoppieren ermöglicht. Im Geländeaufbau zeigt sich ein Trend zu mehr „technischen" Hindernissen und Kombinationen, die höhere Anforderungen an das Gerittensein der Pferde und an die reiterlichen Fähigkeiten stellen. Sehr schmale Sprünge und solche, die nicht gerade, sondern im spitzen Winkel angeritten werden müssen, finden sich inzwischen gehäuft in allen heutigen Kursen. Das angestrebte Ziel, die Verweigerung bzw. das Vorbeilaufen als typischen Geländefehler zu betrachten und den Sturz von Pferd und/oder Reiter weitgehend zu vermeiden, ist im Grundsatz positiv. Der moderne Aufbau belohnt die Rittigkeit des Pferdes und Präzision des Reitens, beinhaltet aber auch die Gefahr, daß der Reiter am Sprung mehr rückwärts als vorwärts reitet und die verlorene Zeit durch forciertes Tempo zwischen den Sprüngen aufzuholen versucht. Diese Strategie würde die Pferde in der Querfeldeinstrecke ein zweites Mal wie auf einer Rennbahn belasten. Bei der gestiegenen Qualität der Pferde und den „galoppierfreundlicheren" Geländekursen stellen zeitraubende Hindernisse bzw. Sprungfolgen daher kaum noch Faktoren zur Reduzierung der Gesamtgeschwindigkeit dar. Dieser Aspekt ist in der Konzeption von Querfeldeinstrecken sorgsam zu beachten, da im Sinne der Pferde nicht die Anforderungen an ihre Schnelligkeit, sondern eher an ihre Ausdauer physiologisch sinnvoll und vertretbar sind.

Trotz der generell positiven Entwicklung der Vielseitigkeit weltweit sind gravierende Unterschiede bei den jeweiligen nationalen Verbänden unverkennbar. Die reitsportliche Entwicklung in den osteuropäischen Ländern scheint sich nach wie vor eher langsam zu vollziehen, aber auch in vielen westlichen und außereuropäischen Ländern sind gewachsene Strukturen im Vielseitigkeitssport nur selten anzutreffen. Das FEI-Programm zur Etablierung von kleinen Prüfungen in den Ländern, in denen der Sport bisher kaum beheimatet ist, ist ein guter Schritt in die richtige Richtung der weltweiten Verbreitung der Disziplin. Auch weiterhin wird es wichtig sein, umfassendes Know-how der Vielseitigkeit eher in die Länder mit Nachholbedarf zu exportieren, als eine weitere Konzentration auf die als stark eingeschätzten Nationen zu unterstützen.

Mehr noch als alle sportpolitischen Erwägungen und Regeländerungen haben die Auswirkungen der zu erwartenden Klimabedingungen von Atlanta auf die Belastung der Vielseitigkeitspferde die Diskussionen der letzten Jahre in unserem Sport bestimmt. Mit den Eindrücken der Weltmeisterschaft von Lexington 1978 im Gedächtnis und unter dem gesellschaftspolitischen Druck amerikanischer Lobbyisten wurden vielerlei Versuche unternommen, die Reiterspiele an einen nordamerikanischen Ort zu verlegen. Da diese Versuche erfolglos blieben, wurden Forschungsprojekte initiiert mit dem Ziel, herauszuarbeiten, wie die Anforderungen an ein Vielseitigkeitspferd bei extremer Hitze und erhöhter Luftfeuchtigkeit modifiziert werden müssen, damit sie denen einer Vier-Sterne-Prüfung bei „normalen" Wetterbedingungen entsprechen. An den vielfältigen Laboruntersuchungen und Feldversuchen waren Tierärzte aus mehreren Nationen beteiligt. Ohne die Qualität und den wissenschaftlichen Anspruch dieser Forschungen würdigen zu können, sind doch vier verwertbare Ergebnisse erzielt worden, die mit den subjektiven Erkenntnissen von erfahrenen Pferdeleuten weitgehend deckungsgleich sind.

So haben vergleichende Untersuchungen beispielsweise bestätigt, daß für ein unerfahrenes Pferd eine kleine Prüfung eine ebenso große Anforderung darstellt, wie für ein Championatspferd eine Olympiamilitary. Auch daß edle, hoch im Blut stehende Pferde mit ungünstigeren Bedingungen, z.B. extremem Wetter, leichter fertig werden als schwere Warmblüter, ist eine alte Reiterweisheit, die nun aber wissenschaftlich untermauert ist. Die Forschungen im Hinblick auf Atlanta konzentrierten sich auf die Vermeidung von Überhitzungs- und Entwässerungssyndromen bei Hochleistungsanforderungen. Die Erfahrungen und Messungen zeigten, daß Pferde sich vergleichsweise gut an Hitzebedingungen akklimatisieren können. Regelmäßige Kontrollen der Körpertemperatur sowie der Futter- und Wasseraufnahmen im Vergleich zum Gewicht des Pferdes liefern ausreichende präventive Hinweise. Erhöhte Körpertemperatur wird durch umfassendes Abkühlen z.B. in der 10-min-Pause reguliert.

Die Forschungsarbeiten wurden durch zwei Testprüfungen in Atlanta 1994 und 1995 ergänzt, die im übrigen beide durch deutsche Reiter, nämlich Peter Thomsen und Maria Mehrdorf gewonnen wurden. Beide Veranstaltungen ließen ahnen, mit welchem Aufwand vor allem an Tierärzten und veterinärmedizinischem Hilfspersonal bei der olympischen Vielseitigkeit zu rechnen sein würde. Das Ausmaß an grundsätzlich richtiger Vorsorge übertraf das für diesen Zweck erforderliche um ein Vielfaches. Dies beinhaltet zwei Risiken: zum einen kann der Reiter aus seiner Verantwortung für die Gesundheit und Fitneß herausgedrängt werden, wenn die Tierärzte sie zu übernehmen scheinen, zum anderen wird der absolut falsche Eindruck erweckt, unser Sport wäre nur noch mit medizinischer und apparativer Rundumversorgung möglich. Zumindest bei allen bisherigen Prüfungen auch unter extremsten Bedingungen ist das Ziel unserer Mannschaftsbetreuung erfolgreich realisiert worden, unsere Vielseitigkeitspferde mit geringmöglichster Beeinflussung, wohl aber bei optimaler Gesundheitsprophylaxe in Training und Wettkampf zu versorgen. Nur so ist aus unserer Sicht die Argumentation zu erhalten, daß die Vielseitigkeit die reiterliche Sportart ist, die der Natur des Pferdes am ehesten entspricht. In diesem Sinne kann man nur die Hoffnung hegen, daß die für Atlanta vielleicht sinnvollen unterstützenden Maßnahmen zur Kühlung und medizinischen Versorgung nicht als Selbstverständlichkeit in den Sport bei normalen äußeren Bedingungen Eingang finden.

EM Achselschwang 1993

Das nacholympische Jahr bescherte der deutschen Föderation die vierte Europameisterschaft im eigenen Lande, nach 1975, 1979 und 1987 in Luhmühlen diesmal mit Achselschwang als einem erfahrenen Veranstalter, der schon seit 1972 in ununterbrochener Folge internationale Prüfungen ausgerichtet hat. Das Team um den engagierten Turnierleiter Gustav Adolf Blum bekam zurecht die Chance, den Platz im Rahmen einer Europameisterschaft für die Zukunft qualitativ aufzurüsten. Ziel der Ausrichter war, die Ansprüche einer Europameisterschaft zu erfüllen und gleichzeitig das charakteristische oberbayrische Flair zu erhalten. Dies sollte sich auch im Aufbau der Geländestrecke niederschlagen, die so natürlich wie möglich, fast ausschließlich mit betriebseigenen Materialien des Achselschwanger Staatsgutes und unter Verzicht auf künstliche Bauwerke erstellt wurde. Leider standen die Vorbereitungen, aber auch die Veranstaltung selbst unter einem ungünstigen Stern. Ein außergewöhnlich langer Winter mit später Schneeschmelze und ein extrem nasser Sommer haben die Präparierung der Geländestrecken und Prüfungsplätze sehr erschwert. Wochenlange Regenfälle, die schwersten seit Jahrzehnten, hatten das an sich wettersichere Geläuf doch an einigen Stellen recht weich werden lassen. Gottlob mußte die EM nicht, wie Boekelo und viele andere Veranstaltungen, abgesagt werden, doch wurde witterungsbedingt die Rennbahn um eine halbe Minute, die Querfeldeinstrecke um zwei Minuten auf eine Distanz von 6.270 m verkürzt.

Ähnlich wie auch extrem heißes Wetter verlangte hier das nasse Geläuf ein sensitives Reiten und damit genau das, was den Vielseitigkeitssport ausmacht. Reiter mit entsprechendem Gefühl für die Kondition ihrer Pferde hatten bei geschickter Einteilung des Rittes keine Probleme. Reiter, die die Anforderungen unterschätzten, brachten zum Teil ihre Pferde nicht einmal ins Ziel. Auffallend war, daß die eher leichten, drahtigen Pferdetypen deutlich bessere Leistungen erbrachten, Typen, die offensichtlich auch mit sonstigen extremen Klimabedingungen besser zurechtzukommen scheinen. Trotz aller Widrigkeiten durch das Wetter hat die EM ein ausgewogenes statistisches, aber auch ein erfreuliches sportliches Ergebnis erbracht. So zeigten sich alle Pferde in der letzten Inspektion in guter Verfassung. Die sechs Medaillen verteilten sich auf Reiter aus fünf Nationen. In der Mannschaftswertung plazierten sich sechs Teams, nachdem 1987 und 1991 nur jeweils drei Mannschaften die Europameisterschaften in Wertung beendeten. Enttäuschung kam bei den Briten auf, deren Team ausschied; auch die deutsche Mannschaft hätte gern vor heimischem Publikum auf dem Treppchen gestanden, wenngleich der vierte Platz keinesfalls unbefriedigend war. Besondere Leistungen erbrachten vor allem Peter Thomsen mit der drahtigen Trakehnerstute White Girl als fünfter und Marina Loheit mit der ebenso ehrgeizigen Hannoveranerstute Arapaima als zehnte der Einzelwertung. Von den Medaillengewinnern dürfte sich besonders der Niederländer Eddy Stibbe gefreut haben, der als langjähriger Championatsreiter seine erste Einzelmedaille gewann.

EM Achselschwang 1993 – Geländeritt

Phase	Länge	Tempo	Hindernisse	Bestzeit
Phase A – Wegestrecke 1	7.480 m	220 m/min	–	34:00 min
Phase B – Rennbahn	2.760 m	690 m/min	8	4:00 min
Phase C – Wegestrecke 2	9.240 m	220 m/min	–	42:00 min
10 Minuten Zwangspause				
Phase D – Querfeldeinstrecke	6.270 m	570 m/min	34	11:00 min

Peter Thomsen mit White Girl plazierte sich als bester Deutscher bei den Europameisterschaften auf Rang fünf.

Zwischen Barcelona und Atlanta

EM Achselschwang 1993 – Mannschaftswertung

Nation/Reiter	Pferd	Total
1. Schweden		347,15
Anna Hermann	Mr. Punch	96,60
Erik Duvander	Right on Time	121,85
Frederik Bergendorff	Michaelmans Day	128,70
Lars Christensson	Hydro One Way	–
2. Frankreich		347,50
Jean-Lou Bigot	Twist la Beige	087,95
Didier Seguret	New-Lot	113,95
Michel Bouquet	Newport	145,80
Jean Teulere	Orvet de Bellai	182,60
3. Irland		375,90
Eric Smiley	Enterprise	115,60
Sally Corscadden	Cageadore	122,85
Sonya Rowe	Bright Imp	137,45
Susan Shortt	Menana	–
4. Deutschland		403,65
Peter Thomsen	White Girl	103,00
Marina Loheit	Arapaima	119,75
Ralf Ehrenbrink	Kildare	180,90
Cord Mysegaes	Chuckles	–
5. Italien		617,30
6. Spanien		672,75

Von 11 teilnehmenden Nationen verblieben 6 in der Wertung.

EM Achselschwang 1993 – Einzelwertung

Reiter	Nation	Pferd	Total
1. Jean-Lou Bigot	FRA	Twist la Beige	87,95
2. Kristina Gifford	GBR	Song & Dance	89,80
3. Eddy Stibbe	NED	Bahlua	93,00
4. Anna Hermann	SWE	Mr. Punch	96,60
5. Peter Thomsen	GER	White Girl	103,00
6. Mairead Curren	IRL	Watercolour	105,40
7. Virginia Leng	GBR	Welton Houdini	106,80
8. Didier Seguret	FRA	New-Lot	113,95
9. Eric Smiley	IRL	Enterprise	115,60
10. Marina Loheit	GER	Arapaima	119,75
24. Andreas Weiser	GER	Poker Face	143,00
28. Jochen Lehmkuhl	GER	Baccadi	159,65

Von 67 Teilnehmern beendeten 43 die Prüfung.

Oben: Edith Schless mit Timothy, über mehrere Jahre Mitglied des A-Kaders, 1994 in Den Haag als Einzelreiterin am Start, 1995 Deutsche Meisterin in Luhmühlen.

Rechts: Cord Mysegaes mit Chuckles, Mitglied der deutschen Equipe in Achselschwang, 1994 Deutscher Meister in Achselschwang.

WM Den Haag 1994

Ein zweites Mal nach Stockholm wurden die Weltmeisterschaften im Rahmen der Weltreiterspiele ausgetragen. Die Vielseitigkeits-WM wies eine Rekordbeteiligung von 93 Startern auf. Die Gesamtveranstaltung litt allgemein unter spürbaren organisatorischen Mängeln, die die holländischen Gastgeber jedoch durch Freundlichkeit und Entgegenkommen gegenüber allen Teilnehmern und Betreuern erfolgreich kompensierten. Für die Vielseitigkeit waren wie für das Gespannfahren zusätzliche Aufwendungen erforderlich, da die Geländeprüfungen im 90 km entfernten Vlasakkers ausgetragen werden mußten. In dieses Militärgelände hatte Jan Stokkentree, der jahrelang beim CCI Boekelo die Strecken konzipiert hatte und schon für die WM in Stockholm verantwortlich zeichnete, einen anspruchs- und phantasievollen Kurs gestaltet. Angesichts des betriebenen Aufwandes ist es mehr als bedauerlich, daß das Gelände für weitere Prüfungen nicht mehr zur Verfügung steht und nach der WM alle Sprünge abgebaut werden mußten.

Der Geländetag entwickelte sich zu einem guten Test für Atlanta. Für Mitteleuropa ungewöhnliche hochsommerliche Temperaturen gaben Reitern, Betreuern und Tierärzten die Möglichkeit, die Auswirkungen von Hitze auf die Pferde und ihre Leistungen sowie die Verfahren zur Versorgung der Pferde zu proben. Die Veranstalter von Den Haag hatten in weiser Voraussicht ein Zelt in Größe eines Mehrfamilienhauses als Schattenspender an den Start der Geländestrecke gestellt und tonnenweise Eis zur Kühlung der Pferde angeschafft. Die subjektive Erkenntnis aus dem Ablauf der Prüfung war, daß die Pferde offensichtlich mit der Hitze besser zurecht kamen als erwartet. Dies konnte der verantwortliche Cheftierarzt Professor Leo Jeffcott aufgrund seiner umfassenden Sammlung von Meßdaten und einer ausführlichen Auswertung belegen. Im übrigen zeigten die Untersuchungen auch, daß die gemessenen Daten mit den subjektiven Einschätzungen der Reiter und Betreuer weitgehend identisch waren.

Sportlich dominierten, anders als noch in Barcelona, bei diesem Vergleich der Weltbesten eindeutig die Reiterinnen und Reiter aus Europa. Nach dem Debakel der Briten in Achselschwang leistete das Damenquartett mit dem Gewinn der Mannschaftsgoldmedaille vor den seit 1991 sehr leistungsstabilen Franzosen Wiedergutmachung bei seinen Fans. Die deutsche Mannschaft holte mit ausgeglichenen Leistungen wie schon bei der WM vor vier Jahren und wie in Barcelona Mannschaftsbronze, womit nach dem neuen Reglement auch die Qualifikation für Olympia erreicht wurde. Die Neuseeländer, die nach ihrem Triumph von Badminton (vier Reiter unter den fünf Erstplazierten) als Favoriten gehandelt wurden, ritten im Team etwas glücklos, stellten mit Vaughan Jefferis und seinem Modellathleten Bounce immerhin den Einzelsieger. Insgesamt konnte das sportliche Niveau dieser WM nur teilweise befriedigen. In der Dressur fehlten die absoluten Highlights, im Gelände gab es deutlich mehr Fehler, aber auch Ausfälle als erwartet. Die Gründe hierfür waren zweifellos sehr vielschichtig, ein Grund mag aber auch das zum Teil sehr hohe Tempo gewesen sein, zu dem sich etliche Reiter im flachen Gelände und auf dem auf den ersten Blick guten Geläuf verleiten ließen. Möglicherweise als Folge hiervon hat auch das Springen, zum Vorteil der Medaillengewinner, mehr Fehler als erwartet erbracht. Der Ablauf und das Ergebnis von Den Haag hat erneut bestätigt, daß Vorhersagen in diesem Sport so gut wie unmöglich sind; die Vorwetten zählen wenig, Tagesform und auch Schicksal spielen eine große Rolle!

WM Den Haag 1994 – Geländeritt

Phase	Länge	Tempo	Hindernisse	Bestzeit
Phase A – Wegestrecke 1	5.060 m	220 m/min	–	23:00 min
Phase B – Rennbahn	3.105 m	690 m/min	9	4:30 min
Phase C – Wegestrecke 2	11.000 m	220 m/min	–	50:00 min
10 Minuten Zwangspause				
Phase D – Querfeldeinstrecke	7.410 m	570 m/min	32	13:00 min

WM-Bronze für die deutsche Mannschaft. Von links nach rechts: Ralf Ehrenbrink, Peter Thomsen, Bettina Overesch-Böker, Cord Mysegaes.

Zwischen Barcelona und Atlanta

Holte mit Vaughan Jefferis die Einzelgoldmedaille nach Neuseeland: Bounce.

Die Britin Karen Dixon gewinnt mit Get Smart die Einzelbronzemedaille.

WM Den Haag 1994 – Mannschaftswertung

Nation/Reiter	Pferd	Total
1. Großbritannien		198,80
Karen Dixon	Get Smart	60,80
Mary Thomson	King William	64,80
Charlotte Bathe	The Cool Customer	73,20
Kristina Gifford	General Jock	81,80
2. Frankreich		213,20
Jean-Lou Bigot	Twist la Beige HN	67,20
Jean Teulere	Rodosto	68,20
Marie-Christine Duroy	Summer Song BF	77,80
Didier Seguret	Coeur de Rocker HN	–
3. Deutschland		279,60
Bettina Overesch-Böker	Watermill Stream	68,00
Cord Mysegaes	Ricardo	89,20
Ralf Ehrenbrink	Kildare	122,40
Peter Thomsen	White Girl	–
4. Australien		289,80
5. Irland		305,60
6. Neuseeland		391,80
7. Italien		407,80
8. Niederlande		412,80
9. Finnland		414,85
10. Kanada		467,80

Von 16 teilnehmenden Nationen verblieben 12 in der Wertung.

WM Den Haag 1994 – Einzelwertung

	Reiter	Nation	Pferd	Total
1.	Vaughan Jefferis	NZL	Bounce	55,60
2.	Dorothy Trapp	USA	Molokai	56,80
3.	Karen Dixon	GBR	Get Smart	60,80
4.	Mary Thomson	GBR	King William	64,80
5.	Piia Pantsu	FIN	Cyna	65,80
6.	Jean-Lou Bigot	FRA	Twist la Beige HN	67,20
7.	B. Overesch-Böker	GER	Watermill Stream	68,00
8.	Jean Teulere	FRA	Rodosto	68,20
9.	Prue Cribb	AUS	Navarone	68,80
10.	David Green	AUS	Chatsby	71,80
19.	Cord Mysegaes	GER	Ricardo	89,20
30.	Ralf Ehrenbrink	GER	Kildare	122,40
59.	Andreas Weiser	GER	Poker Face	247,80

Von 93 Teilnehmern beendeten 65 die Prüfung.

EM Pratoni del Vivaro 1995

Die EM in Pratoni del Vivaro waren die ersten in ihrer Geschichte, die „offen", d.h. auch für außereuropäische Reiter ausgeschrieben waren. Diese Gelegenheit nutzten die in England trainierenden Australier, Neuseeländer und Amerikaner. Diese Öffnung wurde unter anderem damit begründet, daß die EM als Qualifikationsprüfung für Olympia galt. Aus dem gleichen Grunde sollte auch die EM den gleichen Standard, nämlich den eines 3-Sterne-CCI haben, wie auch die übrigen Qualifikationsprüfungen in Buenos Aires (Panamerikanische Spiele) und Punchestown (CCI*** als Qualifikation für die Asienländer). Die Angleichung dieser drei Veranstaltungen blieb reines Wunschdenken; die Geländehindernisse von Pratoni waren von denen einer 4-Sterne-Prüfung nämlich kaum zu unterscheiden. Es bleibt der Nachgeschmack, daß die Öffnung der EM für Nichteuropäer weniger den olympischen Zielen diente als vielmehr dem nachdrücklichen Wunsch der im britischen Vielseitigkeitszirkus mitreitenden Überseereiter entsprang, sich auch in den Jahren zwischen den Olympischen Spielen und Weltmeisterschaften an der attraktivsten europäischen Prüfung beteiligen zu dürfen. Die FEI hatte offensichtlich die Meinung der betroffenen europäischen Nationen nicht eingeholt; eine Umfrage unter Vertretern der europäischen Föderationen hat eindeutig eine Ablehnung der „Open Championships" erbracht. Die FEI wird sich nun dieser Haltung anschließen. Sportpolitisch wird es sinnvoll sein, die EM im zweijährigen Turnus auf dem 3-Sterne-Niveau abzuhalten, um so in den Jahren zwischen den Welthöhepunkten allen Nationen, insbesondere auch denen mit Nachholbedarf, die Chance zu geben, den Anschluß zu finden und aufbauend auf die WM und Olympischen Spiele hinzuarbeiten.

Die EM in Pratoni del Vivaro, dem ehemaligen Olympiagelände von 1960 und jetzigen Trainingszentrum der italienischen Vielseitigkeitsreiter war eine der schönsten Top-Veranstaltungen, die noch viel mehr Zuschauer verdient gehabt hätte. Sportlich gesehen bestätigte sich insgesamt der Eindruck von Den Haag. In der Dressur wurden im wesentlichen ausgeglichene Leistungen gezeigt, Höhepunkte wurden vermißt, die

Neuer Europameister wurde in Pratoni die Mannschaft von Großbritannien. Von links nach rechts: William Fox-Pitt mit Cosmopolitan II, Mary King mit King William, Kristina Gifford mit Midnight Blue II, Charlotte Bathe mit The Cool Customer.

EM Pratoni 1995 – Geländeritt

Phase	Länge	Tempo	Hindernisse	Bestzeit
Phase A – Wegestrecke 1	5.060 m	220 m/min	–	23:00 min
Phase B – Rennbahn	2.760 m	690 m/min	10	4:00 min
Phase C – Wegestrecke 2	8.160 m	220 m/min	–	37:00 min
10 Minuten Zwangspause				
Phase D – Querfeldeinstrecke	6.555 m	570 m/min	27	11:30 min

18 Zwischen Barcelona und Atlanta

Zahl der ganz schlechten Viereck-Präsentationen ist geringer geworden. Im Gelände haben sich seit einigen Jahren die zum Teil extrem schmalen Sprünge als die selektivsten erwiesen. Sie bestimmten auch hier, wie schon in Den Haag, das Geländeergebnis. Es zeigte sich aber auch, daß diese Sprünge immer weniger geeignet sind, das Durchschnittstempo in der Phase D zu reduzieren, da auf freier Strecke um so schneller geritten wird. Wie in den vorigen Championaten zeigte sich auch in Pratoni, daß das Springen einen vergleichsweise hohen Einfluß auf das Gesamtergebnis hat. Insofern ist es verwunderlich, daß sich die Springleistungen insgesamt nicht wesentlich in den letzten Jahren verbessert haben.

Neben den Medaillengewinnern zählten vor allem die Reiter derjenigen Nationen zu den Glücklichen, die in Pratoni die letzte Chance genutzt hatten, sich für Olympia zu qualifizieren. Bedauert wurde allgemein, daß die hocheingeschätzten Schweden als Europatitelverteidiger von 1993 die Fahrkarte nach Atlanta nicht einlösen konnte, da ihre Mannschaft nicht in der Wertung verblieb. Die deutsche Mannschaft, die bei den vergangenen Weltmeisterschaften und Olympischen Spielen stets auf dem Treppchen war, konnte zum dritten Mal hintereinander bei einer Europameisterschaft keine Medaille erringen. Dennoch war 1995 eines der erfolgreichen Jahre des deutschen Vielseitigkeitssport, gemessen an vielen Siegen und guten Plazierungen auf allen CCI-Plätzen Europas.

Die deutsche Mannschaft errang bei der Europameisterschaft den vierten Platz. Von links nach rechts: Bundestrainer Martin Plewa, Dr. Annette Wyrwoll mit Bantry Bay, Bettina Overesch-Böker mit Watermill Stream, Ralf Ehrenbrink mit Kildare.

EM Pratoni 1995 – Mannschaftswertung

Nation/Reiter	Pferd	Total
1. Großbritannien		167,10
Mary King	King William	47,25
Kristina Gifford	Midnight Blue II	63,45
William Fox-Pitt	Cosmopolitan II	56,40
Charlotte Bathe	The Cool Customer	102,05
2. Frankreich		213,20
Jean-Lou Bigot	Twist la Beige HN	63,40
Mar. Didier Willefert	Seducteur Biolay	83,45
Rodolphe Scherer	Urane des Pins	84,60
Gilles Pons	Ramdame	–
3. Irland		238,60
Lucy Thompson	Welton Romance	41,55
Eric Smiley	Enterprise	75,15
Virginia McGrath	Yellow Earl	121,90
Mark Barry	Vagabond Collongues	–
4. Deutschland		279,60
Bettina Overesch-Böker	Watermill Stream	83,85
Dr. Annette Wyrwoll	Bantry Bay	101,80
Ralf Ehrenbrink	Kildare	132,20
Eckard Bentzien	Valesca	–
5. Belgien		317,90
6. Schweiz		411,20
7. Polen		493,95
8. Ungarn		770,70

Von 13 teilnehmenden europäischen Nationen verblieben 8 in der Wertung.

EM Pratoni 1995 – Einzelwertung

Reiter	Nation	Pferd	Total
1. Lucy Thompson	IRE	Welton Romance	41,55
2. M.-C. Duroy	FRA	Ut du Placineau BF	45,30
3. Mary King	GBR	King William	47,25
4. Piia Pantsu	FIN	Cyna	52,00
5. William Fox-Pitt	GBR	Cosmopolitan II	56,40
6. Koris Vieules	FRA	Tandresse de Canta	60,80
7. Jean-Lou Bigot	FRA	Twist la Beige HN	63,40
8. Kristina Gifford	GBR	Midnight Blue II	63,45
9. Eric Smiley	IRE	Enterprise	75,15
10. Nigel Taylor	GBR	The French Man II	75,25
12. B. Overesch-Böker	GER	Watermill Stream	83,85
19. Dr. Annette Wyrwoll	GER	Bantry Bay	101,80
32. Ralf Ehrenbrink	GER	Kildare	132,20

Von 70 Teilnehmern aus Europa beendeten 48 die Prüfung.

Rechte Seite oben: Die Europameisterin von 1995 Lucy Thompson aus Irland mit Welton Romance.

Rechte Seite unten: Die bestplazierte Deutsche – Bettina Overesch-Böker mit Watermill Stream vor antiker Kulisse.

Zwischen Barcelona und Atlanta

Zwischen Barcelona und Atlanta

DM Luhmühlen 1996

Eine Standortbestimmung mit Beginn der olympischen Saison war schwierig, wenngleich die Neuseeländer erneut ihre Qualität mit excellenten Leistungen beim CCI**** in Badminton unter Beweis stellten und wie schon 1994 über die erfolgsgewohnten britischen Gastgeber dominierten. Die Franzosen, seit einigen Jahren wieder mehr und auch erfolgreich im Ausland vertreten, bereiteten sich diesmal über das Turnier auf Atlanta vor. In Deutschland ist fast schon traditionell Luhmühlen Hauptsichtungsort. Dort beeindruckten vor allem die Schweden, die nach dem kurzfristigen Startverzicht der Belgier nun doch noch ein Team nach Atlanta schicken durften. Die deutschen Reiter, nach einem besonders kalten und langen Winter mit ihrer Konditionsarbeit etwas im Verzug, ritten in Luhmühlen mehr auf einen „guten Eindruck" als auf Sieg.

Der in Luhmühlen aufgestellte erweiterte Olympiakader bestand aus einer Mischung von jung und alt, bei Pferden wie bei Reitern, und enthielt etliche Namen, die zuvor nicht unbedingt als potentielle Olympiakandidaten gehandelt wurden, wie z.B. den neuen deutschen Meister Bodo Battenberg mit dem erst achtjährigen Sam the Man.

DM Luhmühlen 1996 – Geländeritt

Phase	Länge	Tempo	Hindernisse	Bestzeit
Phase A – Wegestrecke 1	4.840 m	220 m/min	–	22:00 min
Phase B – Rennbahn	2.760 m	690 m/min	9	4:00 min
Phase C – Wegestrecke 2	9.240 m	220 m/min	–	42:00 min
10 Minuten Zwangspause				
Phase D – Querfeldeinstrecke	6.128 m	570 m/min	28	11:45 min

DM Luhmühlen 1996 – Einzelwertung

Reiter	Nation	Pferd	DM-Plazierung	Total
1. Andrew Hoy	AUS	Gershwin		47,40
2. Peder Fredericson	SWE	Marcus Franceso		48,80
3. Andrew Nicholson	NZL	Jägermeister		55,60
4. Dag Albert	SWE	Nice N'Easy		57,00
5. Paula Toernqvist	SWE	Monaghan		58,40
6. Bodo Battenberg	GER	Sam the Man	Gold	59,40
7. Nils Haagensen	DEN	L. Rovers Troup		62,60
7. Elmar Lesch	GER	Point to Point	Silber	62,60
9. Magnus Oesterlund	SWE	Master Mind		63,00
10. Linda Algotsson	SWE	Lafayett		64,20
11. Oliver Weiß	GER	Our Gipsy	Bronze	65,60
13. Jürgen Blum	GER	Brownie McGee	4.	67,00
15. Peter Thomsen	GER	Kopernikus xx	5.	68,20
16. Dr. Matthias Baumann	GER	Valesca	6.	73,40
19. Hendrik von Paepcke	GER	Amadeus	7.	76,80
20. Herbert Blöcker	GER	MobilCom Kiwi Dream	8.	79,60
Von 79 Teilnehmern beendeten 55 die Prüfung.				

DM Luhmühlen 1996 – Mannschaftswertung

Nation/Reiter	Pferd	Total
1. Schweden		184,20
Dag Albert	Nice N'Easy	57,00
Magnus Oesterlund	Master Mind	63,00
Linda Algotsson	Lafayett	64,20
Therese Olausson	Hector T	75,00
2. Deutschland		259,00
Elmar Lesch	Point to Point	62,60
Wolfgang Mengers	Flaming Affair	83,40
Hans-Friedrich Nagel	Spring of Kells	113,00
Nina Melkonian	West Star	144,60
3. Belgien		279,40
Kurt Heyndrickx	Ivan de la Bize	81,60
Karin Donkers	Britt	88,80
Jef Desmedt	Mister Night	109,00
Piet Desmedt	Kickster	193,20
4. Neuseeland		387,60
5. Polen		391,25
Von 6 teilnehmenden Nationen verblieben 5 in der Wertung.		

Marina Loheit mit Boetchers Longchamp beim Hauptsichtungsturnier 1996 in Luhmühlen. Sie stand in den letzten Jahren mit mehreren Pferden an der Spitze der Weltrangliste. 1993 gewann sie mit Sundance Kid die Deutsche Meisterschaft.

Letzte Sichtung Bonn-Rodderberg

Die letzte Überprüfung des Olympiakaders in Bonn-Rodderberg erbrachte hinsichtlich der sportlichen Einschätzungen kaum neue Erkenntnisse, so daß wie immer, und wie auch erfahrungsgemäß bei allen anderen Nationen, die aktuelle Kondition und der Gesundheitszustand den Ausschlag für die Nominierungen gab.

Für die unmittelbare Olympiavorbereitung konnte auf Erkenntnisse zurückgegriffen werden, die in den beiden Vorjahren anläßlich der Testprüfungen gewonnen worden waren. Hiernach geraten die Pferde nach der zwei- bis dreitägigen Quarantäne wegen der Klimaumstellung und vielleicht auch wegen Jetlags in ein Formtief, das eine etwa einwöchige Ruhepause erfordert. Zur Akklimatisierung wurde eine Zeit von etwa drei Wochen empfohlen. Hiernach richtete sich der Zeitplan für die unmittelbare Olympiavorbereitung. Für das abschließende Trainingslager hatten die Verantwortlichen von vier Nationen (Dänemark, Großbritannien, Ungarn und Deutschland) die ca. 160 km östlich von Atlanta gelegene Pine-Top-Farm ausgewählt, ein Ort, an dem auch jährlich mehrere Prüfungen ausgetragen werden. Das leicht hügelige Wiesengelände bot sehr gute Vorbereitungsmöglichkeiten. In den luftigen Stallungen haben sich die Pferde auch bei großer Hitze sichtlich wohlgefühlt. In der Abgeschiedenheit der entlegenen Farm konnten Pferde und Reiter Ruhe und mentale Kraft für die Anforderungen des olympischen Wettbewerbes schöpfen.

Wolfgang Mengers mit Flaming Affair empfahl sich durch eine gleichmäßig gute Leistung während der Sichtungsturniere für einen Start in Atlanta.

Auf der Pine-Top-Farm, ca. 160 km östlich von Atlanta gelegen, bereiteten sich die Militaryreiter mit ihren Pferden vor. Trainer, Tierarzt und Pferdepfleger (im Vordergrund hockend) gehörten von Anfang an zum Team.

Michael Klimke
Zur Entwicklung in der Dressur von 1992 bis 1996

Die deutschen Dressurreiter hatten mit dem Gewinn der Mannschaftsgoldmedaille und aller Einzelmedaillen in Barcelona eine Vormachtstellung erreicht, wie sie nicht mehr zu steigern war. Eine derartige Überlegenheit erzeugt natürlich Erwartungen für die Zukunft, darf aber nicht darüber hinwegtäuschen, daß auch in anderen Ländern das Niveau gestiegen ist und man einen solchen Standard kaum halten konnte.

Vor den olympischen Spielen in Atlanta konnte insbesondere die Niederlande deutlich aufholen. Weiterhin wurde der Kampf um die Bronzemedaille mit Spannung erwartet, da neben den Amerikanern die Franzosen und Schweden gute Fortschritte gemacht haben.

Man kann feststellen, daß das Niveau der Dressurreiterei nach den Olympischen Spielen von Barcelona 1992 weiter angestiegen ist. Dies gilt in gleichem Maße für das öffentliche Interesse und damit verbunden die Möglichkeiten der Vermarktung der Dressurreiterei.

Wann wurde ein Championat fast vollständig live im Fernsehen übertragen, wie die Europameisterschaften in Mondorf-les-Bains? Wann hat eine Dressurreiterin schon einmal auf einem Turnier über 80.000,- DM Preisgeld erhalten, wie z.B. in Aachen 1996?

Reiter, Trainer und Richter müssen gemeinsam versuchen, diese positiven Entwicklungen weiter voranzutreiben und die klassische Dressurreiterei zu fördern. Dies bedeutet, daß die sorgfältige Grundausbildung und die Reinheit der Gänge oberste Priorität behalten müssen.

Es wird immer wieder Ausbilder geben, die versuchen, das Dressurpferd schneller turnierfertig zu machen und dabei die Ausbildungsgrundsätze mißachten. Diese Reiter konzentrieren sich in erster Linie auf das Einüben der Lektionen und vernachlässigen dabei die gymnastische Grundausbildung. Enge Hälse, mangelnde Geschmeidigkeit und unregelmäßige Bewegungen müssen die Bewertung der Dressurvorführung stärker drücken als manche Lektionenfehler, wenn wir die Dressur in der Öffentlichkeit noch weiter nach vorne bringen wollen. Denn der Zuschauer hat ein feines Gespür für Harmonie und Ausstrahlung.

Neben der sportlichen Entwicklung der Dressurreiterei hat sich zwischen den Spielen auch in Bezug auf das Reglement entscheidendes geändert.

Das im Jahre 1991 bei den Europameisterschaften in Donaueschingen eingeführte System einer Kürentscheidung und einer Entscheidung im Grand Prix Special hatte sich nicht bewährt. Wer war nach diesem System der wahre Championatssieger, der Kür- oder der Spezialsieger; Warum soll es zwei Einzeltitelträger in der Dressur geben?

Die Reiter entschieden sich nach längeren Diskussionen fast einstimmig für den klassischen Bewertungsmodus mit Grand Prix und Grand Prix Special.

Dennoch wurde für die Olympischen Spiele in Atlanta ein neuer Modus beschlossen, der ein Jahr zuvor bei den Europameisterschaften in Mondorf getestet wurde.

Hiernach werden die Mannschaftsmedaillen wie bisher im Grand Prix entschieden. Danach kommen die besten 24 Teilnehmer in den Grand Prix Special. Wiederum daraus qualifizieren sich die besten 12 Reiter für die Grand Prix Kür. Für den Einzeltitel zählt die Addition aus allen drei Teilprüfungen in Prozent zu gleichen Teilen.

Ob dieses neue System wirklich überzeugen kann, wird man erst in einigen Jahren sehen.

Ich glaube dennoch, daß der Bewertungsbogen der Kür und die Ausbildung der Richter für die Kürentscheidung noch nicht weit genug entwickelt waren, um eine solch weitreichende Änderung ohne Mitsprache der Reiter einzuführen.

Daneben wurden zum 1.1.1995 die internationalen Dressuraufgaben geändert. Im Grand Prix wurde zunächst die Schaukel wieder zwischen die Trabtraversalen eingeführt. Am Schluß wird noch ein weiterer starker Trab geritten. Sowohl die Schaukel als Prüfstein der Durchlässigkeit als auch die letzte Schwungentfaltung im Trabe haben sich bewährt.

Im Gegensatz dazu erscheinen die Änderungen des Grand Prix Special als fragwürdig. Unter dem Gesichtspunkt des damals geltenden Reglements, daß durch den Special die Einzelmedaillen vergeben werden sollten, wurde die Aufgabe am Ende mit einer Volte nach links und einer Volte nach rechts in der Passage verlängert. Diese Verlängerung des Grand Prix Specials muß aber nach Einführung der Kür wieder geändert werden.

Eine Verkürzung der Aufgabe ist wegen der höheren Belastung für die Pferde notwendig. Besonders bei den extremen Witterungsbedingungen von Atlanta wäre eine Änderung der Aufgabe bereits vor den Spielen wünschenswert und zeitlich auch möglich gewesen.

EM Lipica 1993

Das erste große Treffen der Dressurreiter nach den Olympischen Spielen von Barcelona waren die Europameisterschaften im September 1993 im krisenbedrohten Lipica. Mit 40 Reitern aus 14 Nationen war die Startbeteiligung trotz der anfänglichen Bedenken gegenüber dem Austragungsort sehr hoch.

Anknüpfend an den Austragungsmodus der Europameisterschaften von Donaueschingen 1991 gab es wiederum zwei Einzelentscheidungen. Vor dem Mannschafts-Grand Prix mußten die Teilnehmer erklären, ob sie im Grand Prix Special oder in der Grand Prix Kür starten wollten.

In der Mannschaftswertung siegte die deutsche Mannschaft erneut überlegen mit 447 Punkten Vorsprung, obwohl die Olympiasiegerin Nicole Uphoff-Becker ihren Rembrandt Borbet nicht starten konnte. Rembrandt Borbet hatte sich während der Siegerehrung anläßlich der deutschen Meisterschaften in Verden schwer verletzt, nachdem er überlegen und eindrucksvoll den Titel vor Isabell Werth und Monica Theodorescu gewonnen hatte. Nicole Uphoff-Becker konnte sich aber mit Grand Gilbert für die deutsche Mannschaft qualifizieren.

Neben ihr standen mit Isabell Werth auf Gigolo FRH, Monica Theodorescu auf Grunox TecRent und Klaus Balkenhol auf Goldstern die bewährten Paare aus Barcelona in der siegreichen deutschen Mannschaft.

Eine Überraschung gelang den vom deutschen Bundestrainer Harry Boldt trainierten Engländern mit dem Gewinn der Silbermedaille. Dritter wurden die Holländer, die kurzfristig auf die Olympiavierte von Barcelona, Anky van Grunsven und Olympic Bonfire, wegen Krankheit verzichten mußten.

In der Einzelentscheidung um den Europameister im „klassischen" Grand Prix Special entwickelte sich ein spannender Zweikampf um die Goldmedaille. Monica Theodorescu konnte den Grand Prix mit 52 Punkten Vorsprung vor Isabell Werth für sich entscheiden, verlor schließlich den möglichen Titel auf der letzten Mittellinie, wo Grunox TecRent sich etwas ablenken

Zwischen Barcelona und Atlanta

ließ. Europameisterin wurde die Titelverteidigerin und Olympiazweite Isabell Werth auf Gigolo FRH. Nach einem mäßigen Grand Prix konnte sie sich im Grand Prix Special deutlich steigern. Sie überzeugte durch die beste Piaffe-Passage Tour und ihr risikofreudiges Vorwärtsreiten.

Den dritten Platz erreichte Emile Faurie aus England auf Virtu. Dieses Paar demonstrierte den wohl stilistisch schönsten Ritt des Tages. Leider verhinderte der schwache starke Schritt von Virtu eine höhere Plazierung. Auf den undankbaren vierten Platz kam Kyra Kyrklund auf dem russischen Hengst Edinburg.

Klaus Balkenhol war nach seinem zweiten Platz im Mannschafts-Grand Prix der große Favorit auf den „Europameistertitel im Kürreiten". Ein aufkommendes Unwetter, die Regenschirme der Zuschauer und eine schlecht postierte Fernsehkamera lenkten seinen Goldstern derart ab, daß ihm letztlich nur der enttäuschende 10. Rang blieb.

Küreuropameisterin wurde Nicole Uphoff-Becker mit Grand Gilbert. Sie hatte es ein Jahr nach ihrem Olympiasieg von 1992 mit Rembrandt Borbet geschafft, mit einem zweiten Pferd einen Einzeltitel zu erringen. Zweiter wurde der erste Küreuropameister von Donaueschingen 1991, Sven Rothenberger auf Andiamo, der sich nicht für die deutsche Mannschaft qualifizieren konnte, wohl aber als Titelverteidiger von seinem Startrecht Gebrauch machte. Schließlich errang der Publikumsliebling Gyula Dallos aus Ungarn auf dem Schimmelhengst Aktion die Bronzemedaille, vor Laura Fry aus England auf Quarryman.

Oben: Emile Faurie aus England, Bronzekürmeister fiel auf Virtu durch stilistisch gutes Reiten auf.

Unten: Küreuropameisterin Nicole Uphoff-Becker auf Grand Gilbert. Sie hatte es nach der Verletzung von Rembrandt Borbet geschafft, mit ihrem zweiten Pferd einen Einzeltitel zu erringen.

EM Lipica 1993 – Mannschaftswertung Grand Prix

Nation/Reiter	Pferd	Punkte
1. Deutschland		5110
Monica Theodorescu	Grunox TecRent	1728
Klaus Balkenhol	Goldstern	1706
Isabell Werth	Gigolo FRH	1676
Nicole Uphoff-Becker	Grand Gilbert	1670
2. Großbritannien		4663
Emile Faurie	Virtu	1600
Laura Fry	Quarryman	1580
Richard Davison	Master JCB	1483
Ferdi Eilberg	Arun Tor	1450
3. Niederlande		4607
Gonnelien Rothenberger	Ideaal	1571
Suzanne van Cuyk	Mr. Jackson	1549
Leida Strijk	Bollvorm's W. Jewel	1487
Jeanette Haazen	Windsor J. H.	1440
4. Schweiz		4535
5. Dänemark		4507
6. Schweden		4482
7. Italien		4467
8. Österreich		4380
9. Slowenien		4312

EM Lipica 1993 – Einzelwertung Grand Prix Special

Reiter	Nation	Pferd	E	H	C	M	B	Total
1. Isabell Werth	GER	Gigolo FRH	314 (01)	309 (02)	316 (02)	303 (01)	310 (01)	1552
2. Monica Theodorescu	GER	Grunox TecRent	305 (02)	315 (01)	321 (01)	301 (02)	304 (02)	1546
3. Emile Faurie	GBR	Virtu	292 (04)	296 (03)	285 (04)	297 (03)	298 (03)	1468
4. Kyra Kyrklund	FIN	Edinburg	294 (03)	284 (04)	308 (03)	292 (04)	281 (04)	1459
5. Anne van Ohlst	DEN	Chevalier	291 (05)	277 (05)	270 (07)	276 (05)	276 (05)	1390
6. Pia Laus	ITA	Adrett	277 (06)	274 (06)	281 (05)	276 (05)	262 (07)	1370
7. Paolo Margi	ITA	Destino d'Acciarella	267 (09)	267 (07)	272 (06)	273 (07)	256 (10)	1335
8. Daniel Ramseier	SUI	Random EDH	273 (08)	262 (09)	264 (09)	257 (11)	267 (06)	1323
9. Anna Merveldt-Steffens	IRL	Flashdancer	275 (07)	264 (08)	256 (10)	268 (08)	255 (11)	1318
10. Leida Strijk	NED	Bollvorm's W. Jewel	264 (10)	256 (10)	268 (08)	262 (10)	257 (09)	1307
11. Christine Stückelberger	SUI	Diamond VI	262 (11)	248 (11)	253 (11)	264 (09)	260 (08)	1287
12. Peter Ebinger	AUT	Venetia	238 (12)	244 (12)	246 (12)	250 (12)	245 (12)	1223

Richter: E = Dr. Volker Moritz (GER), H = Birthe Willer Hansen (DEN), C = Eric Lette (SWE), M = Bernard Maurel (FRA), B = Nicholas Williams (NZL)

EM Lipica 1993 – Einzelwertung Kür

Reiter	Nation	Pferd	E	H	C	M	B	Total
1. Nicole Uphoff-Becker	GER	Grand Gilbert	15,5 (01)	15,6 (01)	15,4 (01)	15,2 (01)	14,5 (02)	76,2
2. Sven Rothenberger	GER	Andiamo	15,4 (02)	15,6 (02)	15,2 (02)	14,1 (05)	14,8 (01)	75,1
3. Gyula Dallos	HUN	Aktion	14,8 (03)	14,6 (04)	14,2 (07)	14,6 (03)	13,9 (04)	72,1
4. Laura Fry	GBR	Quarryman	14,0 (06)	14,7 (03)	14,7 (04)	14,1 (06)	14,3 (03)	71,8
5. Gonnelien Rothenberger	NED	Ideaal	14,1 (05)	14,5 (05)	14,9 (03)	14,5 (04)	13,8 (05)	71,8
6. Dominique D'Esmé	FRA	Arnoldo Thor	13,8 (07)	14,1 (06)	14,3 (06)	14,9 (02)	13,7 (06)	70,8
7. Suzanne van Cuyk	NED	Mr. Jackson	14,4 (04)	13,9 (07)	13,7 (08)	12,8 (07)	13,3 (07)	68,1
8. Ulla Hakanson	SWE	Flyinge Tolstoy	13,3 (09)	13,2 (09)	14,4 (05)	12,6 (09)	12,5 (09)	66,0
9. Annette Solmell	SWE	Strauss 689	13,6 (08)	13,2 (10)	13,6 (09)	12,3 (10)	11,7 (10)	64,4
10. Klaus Balkenhol	GER	Goldstern	13,1 (10)	13,7 (08)	11,9 (12)	12,2 (11)	13,3 (08)	64,2
11. Stojan Moderc	SLO	Maestoso Steaka XIV	13,0 (11)	12,5 (11)	13,1 (10)	12,8 (08)	11,4 (11)	62,8
12. Doris Ramseier	SUI	Renatus	12,3 (12)	12,5 (12)	12,3 (11)	11,9 (12)	11,3 (12)	60,3

Richter: E = Birthe Willer Hansen (DEN), H = Dr. Volker Moritz (GER), C = Eric Lette (SWE), M = Nicholas Williams (NZL), B = Bernard Maurel (FRA)

WM Den Haag 1994

Die Weltreiterspiele, die im August 1994 in Den Haag ausgetragen wurden, ließen einen weiteren Aufwärtstrend im Dressursport erkennen. 61 Reiter aus 23 Nationen hatten sich in die Starterliste eingetragen und damit das hohe Nennungsergebnis der Weltmeisterschaft in Stockholm beibehalten. Im Vergleich dazu starteten bei den ersten Weltmeisterschaften 1966 in Bern 24 Reiter aus 6 Nationen.

In der deutschen Mannschaft waren mit Rembrandt Borbet, Gigolo FRH und Goldstern noch drei Pferde aus Barcelona am Start. Komplettiert wurde die Equipe durch Karin Rehbein auf dem Oldenburger Hengst Donnerhall. Erstmals seit 1987 errang keine deutsche Reiterin die höchste Punktzahl im Mannschafts-Grand Prix. Dies blieb zu Recht der Niederländerin Anky van Grunsven auf Olympic Bonfire vorbehalten, deren Ritt durch dezente Hilfengebung und Höhepunkte in der Piaffe-Passage Tour beeindrucken konnte.

Dennoch gewann die deutsche Mannschaft den Weltmeistertitel mit 73 Punkten vor den Niederlanden. Die Bronzemedaille erritten, wie schon in Barcelona, die Reiter aus den USA, vor Frankreich und Italien.

Nach dem spannenden Grand Prix wurde am Samstagabend die Kürentscheidung ausgetragen. Anky van Grunsven wurde ihrer Favoritenrolle gerecht und durfte sich als erste Kürweltmeisterin in die Ergebnisliste eintragen. Ihre Kür beeindruckte durch eine klare Linienführung und sehr korrekte, fehlerfreie Lektionen bei mitreißender Musik. Der Schwierigkeitsgrad dagegen war nicht so hoch wie bei der Kür von Klaus Balkenhol, der die Silbermedaille gewann. Goldstern ging auf dem Höhepunkt seiner Karriere eine sehr schwierige Kür zu spanischer Musik mit Höhepunkten in der Piaffe-Passage Tour. Das Ergebnis war äußerst knapp. Drei Richter hatten Anky van Grunsven auf Olympic Bonfire auf Platz eins, während zwei Richter Klaus Balkenhol als Sieger sahen.

Dritte wurde Karin Rehbein auf Donnerhall, die bei ihrer ersten Championatsteilnahme überzeugen konnte und verdient eine Einzelmedaille gewann. Erneut landete Kyra Kyrklund aus Finnland mit Edinburg auf Rang vier.

Der Grand Prix Special wurde zu einem Zweikampf zwischen der Olympiasiegerin Nicole Uphoff-Becker und der Europameisterin Isabell Werth. Beide Ritte waren eine große Werbung für den Dressursport. Eine Entscheidung an diesem Tage war schwer zu treffen, da Rembrandt Borbet und Gigolo FRH fast fehlerfrei und mit Höhepunkten gingen.

Weltmeisterin wurde Isabell Werth auf Gigolo FRH, die von Herrn Williams mit 17 Punkten Vorsprung auf Rang eins gesehen wurde. Dagegen hatten zwei Richter Nicole Uphoff-Becker vorne und zwei Richter beide Paare punktgleich gesehen. Dritter wurde Sven Günther Rothenberger auf Dondolo, der erstmals für die Niederlande startete. Dondolo, der von Rudolf Zeilinger ausgebildet und bereits sehr erfolgreich im Sport geritten wurde, überzeugte durch seine Grundgangarten und seine große Lektionssicherheit. Vierter im Grand Prix Special wurde der Bronzemedaillengewinner von Lipica, Emile Faurie aus England auf Virtu.

Bei dem Kampf um die Einzeltitel in Den Haag konnten sich, wie schon in Donaueschingen und Lipica, die stärksten Paare aus dem Wege gehen. Ein direkter Vergleich in ein und demselben Wettkampf wäre sportlich hochwertiger einzuschätzen und vielleicht auch spannender gewesen. Jedenfalls blieb auch nach Den Haag die Frage offen, ob die Kürsiegerin Anky van Grunsven oder die Grand Prix Special-Siegerin Isabell Werth die „wahre" Weltmeisterin war.

Zwischen Barcelona und Atlanta

Klaus Balkenhol und Goldstern wurden in Den Haag mit der wohl besten Kür ihrer Laufbahn Vizeweltmeister in der Kür.

Karin Rehbein rechtfertigte auf dem Oldenburger Hengst Donnerhall ihre Berufung in die WM-Mannschaft mit einer verdienten Bronzemedaille in der Kür.

Mit 73 Punkten Vorsprung vor den Niederlanden gewann die deutsche Mannschaft den Weltmeisterschaftstitel in Den Haag. Von links nach rechts: Nicole Uphoff-Becker, Karin Rehbein, Isabell Werth, Klaus Balkenhol.

WM Den Haag 1994 – Mannschaftswertung Grand Prix

Nation/Reiter	Pferd	Punkte
1. Deutschland		5269
Isabell Werth	Gigolo FRH	1810
Nicole Uphoff-Becker	Rembrandt Borbet	1742
Klaus Balkenhol	Goldstern	1717
Karin Rehbein	Donnerhall	1675
2. Niederlande		5196
Anky van Grunsven	Olympic Bonfire	1819
Sven Rothenberger	Dondolo	1693
Ellen Bontje	Heuriger N	1684
3. USA		4787
Robert Dover	Devereaux	1651
Kathleen Raine	Avontuur	1568
Gary Rockwell	Suna	1568
Carol Lavell	Gifted	1535
4. Frankreich		4633
5. Italien		4616
6. Schweden		4614
7. Großbritannien		4578
8. Schweiz		4556
9. Dänemark		4532
10. Kanada		4477
11. Rußland		4453
12. Belgien		4395
13. Österreich		4362
14. Australien		4335
15. Polen		4099

Zwischen Barcelona und Atlanta

Einen spannenden Zweikampf lieferten sich im Grand Prix Special Olympiasiegerin Nicole Uphoff-Becker auf Rembrandt Borbet (links) und die Europameisterin Isabell Werth auf Gigolo FRH (oben), den Isabell Werth knapp zu ihren Gunsten entscheiden konnte. Beide Ritte waren eine große Werbung für den Dressursport und in ihrer Ausstrahlung nahezu gleichwertig (siehe Ergebnistabelle unten).

WM Den Haag 1994 – Einzelwertung Grand Prix Special

Reiter	Nation	Pferd	E	H	C	M	B	Total
1. Isabell Werth	GER	Gigolo FRH	309 (02)	321 (02)	321 (01)	322 (01)	332 (01)	1605
2. Nicole Uphoff-Becker	GER	Rembrandt Borbet	311 (01)	323 (01)	321 (01)	322 (01)	315 (02)	1592
3. Sven Rothenberger	NED	Dondolo	294 (04)	296 (04)	301 (03)	297 (03)	307 (03)	1495
4. Emile Faurie	GBR	Virtu	301 (03)	287 (05)	296 (04)	289 (04)	296 (04)	1469
5. Ellen Bontje	NED	Heuriger N	288 (05)	297 (03)	284 (06)	287 (05)	296 (04)	1452
6. Anna Merveldt-Steffens	IRE	Flashdancer	273 (10)	278 (09)	294 (05)	277 (07)	279 (06)	1401
7. Hans Staub	SUI	Dukaat	278 (07)	286 (06)	282 (07)	263 (12)	278 (07)	1387
8. Ulla Hakanson	SWE	Flyinge Tolstoy	278 (07)	280 (08)	274 (08)	274 (08)	273 (10)	1379
9. Pia Laus	ITA	Adrett	272 (11)	285 (07)	273 (09)	278 (06)	269 (11)	1377
9. Anne van Olst	DEN	Chevalier	279 (06)	278 (09)	273 (09)	273 (09)	274 (09)	1377
11. Margit Otto-Crepin	FRA	Maritim	272 (11)	275 (11)	268 (11)	267 (10)	275 (08)	1357
12. Elisabeth Max-Theurer	AUT	Liechtenstein	276 (09)	271 (12)	252 (13)	256 (13)	254 (12)	1309
13. Gary Rockwell	USA	Suna	264 (13)	260 (13)	263 (12)	266 (11)	251 (13)	1304

Richter: E = Nico van Stigt (NED), H = Heinz Schütte (GER), C = Eric Lette (SWE), M = Mariette Withages (BEL), B = Nicholas Williams (NZL)

WM Den Haag 1994 – Einzelwertung Kür

Reiter	Nation	Pferd	E	H	C	M	B	Total
1. Anky van Grunsven	NED	Olympic Bonfire	16,56 (01)	17,15 (01)	17,27 (01)	16,18 (02)	15,92 (02)	83,08
2. Klaus Balkenhol	GER	Goldstern	16,40 (02)	16,41 (02)	16,87 (02)	16,22 (01)	16,50 (01)	82,40
3. Karin Rehbein	GER	Donnerhall	15,68 (03)	14,51 (05)	15,45 (03)	15,67 (03)	15,76 (03)	77,07
4. Kyra Kyrklund	FIN	Edinburg	15,19 (05)	14,71 (04)	14,79 (05)	14,74 (07)	15,45 (05)	74,88
5. Robert Dover	USA	Devereaux	15,28 (04)	14,38 (06)	14,93 (04)	14,53 (08)	15,51 (04)	74,63
6. Dominique D'Esmé	FRA	Arnoldo Thor	14,56 (08)	14,77 (03)	14,52 (07)	15,40 (04)	14,55 (07)	73,80
7. Gyula Dallos	HUN	Aktion	14,75 (06)	13,84 (07)	14,62 (06)	14,75 (06)	14,57 (06)	72,53
8. Kathleen Raine	USA	Avontuur	14,58 (07)	13,28 (10)	14,01 (08)	15,17 (05)	14,22 (10)	71,26
9. Carol Lavell	USA	Gifted	13,99 (09)	13,42 (09)	13,07 (12)	13,99 (10)	14,31 (08)	68,78
10. Anette Solmell	SWE	Strauss	13,18 (12)	13,16 (11)	13,24 (11)	14,01 (09)	14,31 (08)	67,90
11. Jane Bredin	GBR	Cupido	13,90 (10)	13,57 (08)	13,77 (09)	13,59 (11)	12,89 (12)	67,72
12. Nina Menkova	RUS	Dikson	13,24 (11)	12,72 (12)	13,45 (10)	13,44 (12)	13,34 (11)	66,19

Richter: E = Mariette Withages (BEL), H = Nicholas Williams (NZL), C = Nico van Stigt (NED), M = Eric Lette (SWE), B = Heinz Schütte (GER)

EM Mondorf-les-Bains 1995

Durch die Änderung des Austragungsmodus kam es ein Jahr später bei den Europameisterschaften in Mondorf-les-Bains im September 1995 erstmals wieder zu einem direkten Vergleich im Kampf um den Einzeltitel. Zugleich waren die Europameisterschaften für jede Nation eine Standortbestimmung ein Jahr vor den Olympischen Spielen.

Ferner konnte sich noch ein Land für Atlanta qualifizieren, das in Den Haag nicht unter den ersten zehn plaziert war. Diese Qualifikation schaffte Spanien mit einem hervorragenden sechsten Platz im Mannschaftswettbewerb. Insgesamt wurde mit 60 Reitern ein neuer Starterrekord bei einer Europameisterschaft aufgestellt.

Leider konnte die russische Mannschaft die Chance auf die Qualifikation nicht wahren, weil sie nach Problemen mit dem Transport nach Mondorf nicht mehr rechtzeitig angereist war. Damit sollte in Atlanta erstmals keine russische Mannschaft bei Olympischen Spielen starten. Eine Nation mit großer Dressurtradition und zahlreichen Medaillengewinnern war damit auf dem Leistungstiefpunkt angelangt, und man kann nur hoffen, daß bald wieder neue russische Reiter in die Dressurspitze zurückkehren. Andernfalls hätte die Dressurreiterei eine Nation mit großer Tradition und Reitkultur verloren.

Die Goldmedaille gewann Deutschland mit 109 Punkten doch recht klar vor den Niederländern. Dennoch konnte man sich auf diesem Sieg keineswegs ausruhen, denn die Pferde der niederländischen Reiter sind jünger als die deutschen Pferde und insbesondere Silvano N unter Ellen Bontje noch nicht an der Grenze der Leistungsfähigkeit angelangt. Somit durfte man auf die weitere Entwicklung sehr gespannt sein. Dritter wurde die Mannschaft aus Frankreich, knapp vor Schweden.

In der Einzelentscheidung siegte in allen drei Teilprüfungen Isabell Werth mit Nobilis Gigolo FRH am Ende überlegen vor Anky van Grunsven mit Cameleon Bonfire, die als Weltcup-Siegerin von 1995 besonders in der Kür als Favoritin galt.

Isabell Werth konnte sowohl den Grand Prix als auch den Grand Prix Special erwartungsgemäß für sich entscheiden. Nobilis Gigolo FRH überzeugte dann vor allem mit einer bedeutenden Kür, die bezüglich Schwierigkeitsgrad und musikalischer Unterlegung neue Maßstäbe im Kürreiten setzen konnte. Anky van Grunsven zeigte mit Cameleon Bonfire ebenfalls beeindruckende Leistungen, gerade in der außergewöhnlichen Piaffe - Passage Tour. Ausschlaggebend für Nobilis Gigolo FRH war jedoch der schwache Schritt von Cameleon Bonfire und eine manchmal gespannte Grundgaloppade.

Die Entscheidung um den dritten Platz fiel erst in der abschließenden Kür. Nach Platz sechs im Grand Prix und Platz vier im Grand Prix Special konnte Sven Rothenberger auf Olympic Bo durch einen dritten Platz in der Kür die Bronzemedaille gewinnen. Vierter wurde der Debütant Martin Schaudt auf dem westfälischen Wallach Durgo. Vor allem an den ersten beiden Tagen konnte Martin Schaudt seine Nominierung durch sehr gute Leistungen rechtfertigen. Nächstplazierter war der inzwischen 18jährige Rembrandt Borbet unter Nicole Uphoff-Becker, der aufgrund seiner Leistung erstmals auf einem Championat nicht mehr ernsthaft in den Kampf um den Titel eingreifen konnte.

Abschließend bleibt festzuhalten, daß sich entgegen den Befürchtungen das neue Reglement für die Einzelwertung in Mondorf bewährte und die besten Paare die Einzelmedaillen gewannen.

Martin Schaudt rechtfertigte auf dem westfälischen Wallach Durgo mit Platz vier in der Einzelwertung seine erstmalige Berufung in die deutsche Mannschaft.

EM Mondorf 1995 – Mannschaftswertung Grand Prix

Nation/Reiter	Pferd	Punkte
1. Deutschland		5483
Isabell Werth	Nobilis Gigolo FRH	1909
Nicole Uphoff-Becker	Rembrandt Borbet	1793
Martin Schaudt	Durgo	1781
Klaus Balkenhol	Goldstern	1773
2. Niederlande		5374
Anky van Grunsven	Cameleon Bonfire	1883
Sven Rothenberger	Olympic Bo	1771
Ellen Bontje	Olympic Silvano N	1720
Tineke Bartels	Olympic Barbria	1660
3. Frankreich		4964
Margit Otto-Crepin	Lucky Lord	1703
Dominique Brieussel	Akazie	1645
Marie-Helene Syre	Marlon	1616
Dominique D'Esmé	Arnoldo Thor	1613
4. Schweden		4931
5. Schweiz		4759
6. Spanien		4755
7. Dänemark		4727
8. Großbritannien		4699
9. Österreich		4660
10. Italien		4638
11. Slowenien		4534
12. Australien		4527
13. Polen		4465
14. Japan		4459

Zwischen Barcelona und Atlanta

Oben: Anky van Grunsven auf Cameleon Bonfire wurde in Mondorf Vizeeuropameisterin, hier mit großer Eleganz in ausdrucksvoller Trabarbeit.
Rechts: Strahlende und verdiente Europameisterin Isabell Werth auf Nobilis Gigolo FRH, die alle drei Teilprüfungen für sich entscheiden konnte.

EM Mondorf 1995 – Einzelwertung Grand Prix Special

Reiter	Nation	Pferd	E	H	C	M	B	Total
1. Isabell Werth	GER	Nobilis Gigolo FRH	333 (01)	340 (01)	343 (01)	327 (02)	339 (01)	1672
2. Anky van Grunsven	NED	Cameleon Bonfire	327 (02)	331 (03)	332 (02)	335 (01)	327 (02)	1652
3. Martin Schaudt	GER	Durgo	316 (03)	333 (02)	331 (03)	309 (04)	318 (03)	1607
4. Sven Rothenberger	NED	Olympic Bo	316 (04)	310 (06)	313 (05)	324 (03)	311 (04)	1573
5. Klaus Balkenhol	GER	Goldstern	304 (08)	302 (07)	320 (04)	300 (06)	311 (04)	1536
6. Nicole Uphoff-Becker	GER	Rembrandt Borbet	307 (07)	313 (04)	309 (06)	296 (08)	310 (06)	1535
7. Ellen Bontje	NED	Olympic Silvano N	310 (05)	313 (04)	302 (07)	297 (07)	309 (07)	1531
8. Kyra Kyrklund	FIN	Flyinge Amiral	309 (06)	294 (09)	295 (08)	302 (05)	305 (08)	1505
9. Pia Laus	ITA	Adrett 37	288 (12)	296 (08)	292 (12)	284 (13)	295 (09)	1454
10. Louise Nathhorst	SWE	Walk on top	298 (09)	286 (13)	293 (10)	282 (14)	288 (12)	1447

vor weiteren dreizehn Teilnehmern
Richter: E = Eric Lette (SWE), H = Nicholas Williams (NZL), C = Uwe Mechlem (GER), M = Jan Peeters (NED), B = Wojciech Markowski (POL)

EM Mondorf 1995 – Einzelwertung Kür

Reiter	Nation	Pferd	E	H	C	M	B	Total
1. Isabell Werth	GER	Nobilis Gigolo FRH	16,27 (02)	16,35 (01)	15,85 (01)	16,92 (01)	16,77 (01)	82,16
2. Anky van Grunsven	NED	Cameleon Bonfire	16,37 (01)	16,02 (02)	15,17 (04)	16,22 (02)	16,17 (02)	79,95
3. Sven Rothenberger	NED	Olympic Bo	15,60 (04)	15,60 (03)	15,45 (02)	15,80 (03)	15,42 (06)	77,87
4. Nicole Uphoff-Becker	GER	Rembrandt Borbet	15,70 (03)	14,55 (08)	15,25 (03)	15,70 (04)	15,60 (05)	76,80
5. Klaus Balkenhol	GER	Goldstern	14,75 (05)	15,36 (04)	15,00 (06)	14,72 (05)	15,75 (03)	75,57
6. Martin Schaudt	GER	Durgo	14,55 (07)	15,20 (05)	15,02 (05)	14,20 (06)	15,62 (04)	74,59
7. Margit Otto-Crepin	FRA	Lucky Lord	14,72 (06)	15,00 (06)	14,27 (07)	13,92 (07)	13,82 (10)	71,53
8. Ellen Bontje	NED	Olympic Silvano N	13,85 (09)	14,87 (07)	14,00 (08)	13,20 (11)	13,85 (09)	69,77
9. Louise Nathhorst	SWE	Walk on top	13,62 (10)	14,02 (10)	13,85 (09)	13,90 (08)	14,07 (08)	69,46
10. Pia Laus	ITA	Adrett 37	13,95 (08)	14,07 (09)	12,95 (11)	13,62 (09)	13,57 (11)	68,16
11. Dominique Bricussel	FRA	Akazie	13,12 (12)	13,72 (12)	13,50 (10)	13,55 (10)	14,20 (07)	68,09
12. Kyra Kyrklund	FIN	Flyinge Amiral	13,47 (11)	13,80 (11)	12,60 (12)	12,65 (12)	12,87 (12)	65,39

Richter: E = Jan Peeters (NED), H = Wojciech Markowski (POL), C = Eric Lette (SWE), M = Nicholas Williams (NZL), B = Uwe Mechlem (GER)

EM Mondorf 1995 – Endergebnis Einzelwertung

Reiter	Nation	Pferd	Grand Prix	Grand Prix Special	Kür	Total
1. Isabell Werth	GER	Nobilis Gigolo FRH	76,36 (01)	77,77 (01)	82,16 (01)	236,29
2. Anky van Grunsven	NED	Cameleon Bonfire	75,32 (02)	76,84 (02)	79,95 (02)	232,11
3. Sven Rothenberger	NED	Olympic Bo	70,84 (06)	73,16 (04)	77,87 (03)	221,87
4. Martin Schaudt	GER	Durgo	71,24 (04)	74,74 (03)	74,59 (06)	220,57
5. Nicole Uphoff-Becker	GER	Rembrandt Borbet	71,72 (03)	71,40 (06)	76,80 (04)	219,92
6. Klaus Balkenhol	GER	Goldstern	70,92 (05)	71,44 (05)	75,57 (05)	217,93
7. Ellen Bontje	NED	Olympic Silvano N	68,80 (07)	71,21 (07)	69,77 (08)	209,78
8. Margit Otto-Crepin	FRA	Lucky Lord	68,12 (08)	66,70 (12)	71,53 (07)	206,35
9. Louise Nathhorst	SWE	Walk on top	66,92 (10)	67,30 (10)	69,46 (09)	203,68
10. Kyra Kyrklund	FIN	Flyinge Amiral	67,64 (09)	70,00 (08)	65,39 (12)	203,03
11. Pia Laus	ITA	Adrett 37	66,28 (11)	67,63 (09)	68,16 (10)	202,07
12. Dominique Brieussel	FRA	Akazie	65,80 (12)	67,07 (11)	68,09 (11)	200,96

Der Sichtungsweg im Olympiajahr 1996

Nach den Europameisterschaften von Mondorf wurde deutlich, daß die deutsche Vormachtstellung in Atlanta durch ein starkes niederländisches Team in Gefahr geraten könnte. Daraufhin beschloß der Dressurausschuß bereits zu einem frühen Termin – im März 1996 –, beim Hallenturnier in Dortmund eine erste Vorbereitungsprüfung für die möglichen Olympiakandidaten auszutragen.

Außer Nobilis Gigolo FRH, Rembrandt Borbet und Goldstern waren alle potentiellen Olympiakandidaten am Start. Sowohl den Grand Prix als auch den Grand Prix Special konnte Monica Theodorescu mit Grunox gewinnen, der nach über einjähriger Verletzungspause an frühere Glanzleistungen anknüpfen konnte.

Aufgrund der in Dortmund gezeigten Leistungen berief der Vorstand des Dressurausschußes den Olympiakader wie folgt:

Klaus Balkenhol mit **Goldstern**,
Nadine Capellmann-Biffar mit **Gracioso**,
Martina Hannöver mit **Rubinstein**,
Dr. Reiner Klimke mit **Biotop**,
Martin Schaudt mit **Durgo**,
Monica Theodorescu mit **Grunox**,
Nicole Uphoff-Becker mit **Rembrandt Borbet**,
Isabell Werth mit **Nobilis Gigolo FRH**.

Nach ihren Erfolgen in Bad Salzuflen und beim Hamburger Dressurderby wurde **Karin Rehbein mit Donnerhall** als neunte Reiterin am Anfang der grünen Saison nachnominiert.

Nadine Capellmann-Biffar zeigte auf dem westfälischen Wallach Gracioso in Balve die besten Piaffen aller am Start befindlichen Pferde.

DM Balve 1996

Die erste Olympiasichtung waren die deutschen Meisterschaften vom 7. - 9. Juni 1996 in Balve, wobei nach dem Austragungsmodus von Atlanta, also Grand Prix, Grand Prix Special und Kür geritten wurde.

Isabell Werth demonstrierte ihre Ausnahmestellung, indem sie alle drei Prüfungen überlegen gewann. Danach konnten sich Monica Theodorescu, Klaus Balkenhol und Nicole Uphoff-Becker in wechselnder Reihenfolge plazieren.

Diese vier Paare, die bereits in Barcelona 1992 die Goldmedaille erritten haben, bildeten die deutsche Mannschaft für Aachen. In den Prüfungen von Balve konnte von den weiteren Olympia-Aspiranten vor allem Nadine Capellmann-Biffar positiv überraschen. Sie zeigte die besten Piaffen aller am Start befindlichen Pferde und konnte über drei Tage konstante Leistungen zeigen.

In der entscheidenden Kür wurde Dr. Reiner Klimke mit Biotop fünfter und zeigte eindrucksvoll, welche Möglichkeiten in diesem Pferd stecken, auch wenn sich dies in der Bewertung noch nicht immer niederschlägt. Etwas enttäuschend war Martin Schaudt auf Durgo, der nicht ganz an seinen großen Erfolg von Mondorf anknüpfen konnte.

DM Balve 1996 – Einzelwertung Grand Prix

Reiter	Nation	Pferd	E	H	C	M	B	Total
1. Isabell Werth	GER	Nobilis Gigolo FRH	397 (01)	391 (01)	381 (01)	386 (01)	391 (01)	1946
2. Klaus Balkenhol	GER	Goldstern	367 (04)	379 (03)	379 (02)	372 (03)	378 (02)	1875
3. Monica Theodorescu	GER	Grunox	375 (02)	380 (02)	370 (03)	378 (02)	369 (04)	1872
4. Nicole Uphoff-Becker	GER	Rembrandt Borbet	373 (03)	358 (11)	369 (04)	363 (06)	371 (03)	1834
5. Martin Schaudt	GER	Durgo	363 (06)	374 (04)	357 (08)	365 (05)	365 (08)	1824
6. N. Capellmann-Biffar	GER	Gracioso	358 (08)	361 (08)	365 (06)	362 (07)	368 (05)	1814
7. Karin Rehbein	GER	Donnerhall	359 (07)	365 (06)	366 (05)	354 (11)	368 (05)	1812
8. Isabell Werth	GER	Nobilis Antony FRH	355 (09)	363 (07)	365 (06)	358 (09)	368 (05)	1809
9. Martina Hannöver	GER	Rubinstein	351 (11)	368 (05)	355 (09)	359 (08)	351 (09)	1784
10. Dr. Reiner Klimke	GER	Biotop	364 (05)	360 (10)	346 (11)	367 (04)	345 (10)	1782
11. Klaus Balkenhol	GER	Garcon	352 (10)	361 (08)	354 (10)	357 (10)	343 (11)	1767
12. Rudolf Zeilinger	GER	Livijno	342 (13)	356 (12)	343 (12)	337 (13)	330 (15)	1708

vor weiteren elf Teilnehmern
Richter: E = Maria Günther, H = Christoph Hess, C = Heinz Lemmermann, M = Heinz Schütte, B = Dr. Evi Eisenhardt

DM Balve 1996 – Einzelwertung Grand Prix Special

Reiter	Nation	Pferd	E	H	C	M	B	Total
1. Isabell Werth	GER	Nobilis Gigolo FRH	328 (03)	343 (01)	346 (01)	342 (01)	340 (01)	1699
2. Klaus Balkenhol	GER	Goldstern	332 (01)	330 (02)	334 (02)	327 (02)	326 (03)	1649
3. Monica Theodorescu	GER	Grunox	323 (08)	327 (03)	332 (03)	318 (03)	333 (02)	1633
4. Nicole Uphoff-Becker	GER	Rembrandt Borbet	330 (02)	326 (04)	321 (05)	317 (04)	325 (04)	1619
5. Martin Schaudt	GER	Durgo	326 (05)	319 (07)	318 (07)	316 (05)	322 (05)	1601
6. Isabell Werth	GER	Nobilis Antony FRH	327 (04)	319 (07)	320 (06)	310 (09)	318 (07)	1594
7. N. Capellmann-Biffar	GER	Gracioso	322 (09)	318 (09)	322 (04)	311 (07)	320 (06)	1593
7. Karin Rehbein	GER	Donnerhall	325 (07)	323 (05)	316 (09)	311 (07)	318 (07)	1593
9. Martina Hannöver	GER	Rubinstein	326 (05)	320 (06)	317 (08)	315 (06)	308 (11)	1586
10. Dr. Reiner Klimke	GER	Biotop	317 (10)	318 (09)	304 (11)	307 (11)	314 (09)	1560
11. Klaus Balkenhol	GER	Garcon	313 (11)	309 (11)	312 (10)	310 (09)	313 (10)	1557
12. Rudolf Zeilinger	GER	Livijno	282 (17)	294 (12)	295 (12)	301 (12)	293 (12)	1465

vor weiteren neun Teilnehmern
Richter: E = Christoph Hess, H = Dr. Evi Eisenhardt, C = Heinz Schütte, M = Maria Günther, B = Uwe Mechlem

DM Balve 1996 – Einzelwertung Kür

Reiter	Nation	Pferd	E	H	C	M	B	Total
1. Isabell Werth	GER	Nobilis Gigolo FRH	17,05 (01)	16,30 (01)	16,43 (01)	16,43 (01)	16,88 (01)	83,09
2. Monica Theodorescu	GER	Grunox	16,23 (02)	15,75 (02)	16,10 (02)	15,65 (04)	15,88 (05)	79,61
3. Nicole Uphoff-Becker	GER	Rembrandt Borbet	16,00 (03)	15,73 (04)	15,65 (05)	15,68 (03)	16,30 (02)	79,36
4. Klaus Balkenhol	GER	Goldstern	15,33 (06)	15,75 (02)	15,85 (04)	15,25 (06)	16,08 (03)	78,26
5. Dr. Reiner Klimke	GER	Biotop	15,58 (05)	15,60 (05)	15,63 (07)	15,28 (05)	15,28 (07)	77,37
6. N. Capellmann-Biffar	GER	Gracioso	14,83 (09)	15,00 (08)	16,03 (03)	15,78 (02)	15,58 (06)	77,22
7. Martin Schaudt	GER	Durgo	15,05 (08)	15,53 (06)	15,65 (05)	14,50 (10)	16,03 (04)	76,76
8. Karin Rehbein	GER	Donnerhall	15,75 (04)	15,23 (07)	15,05 (10)	15,13 (08)	15,03 (09)	76,19
9. Martina Hannöver	GER	Rubinstein	15,15 (07)	14,68 (10)	15,20 (09)	15,23 (07)	15,28 (07)	75,54
10. Marion Henkel	GER	Contrast	14,75 (10)	14,85 (09)	15,30 (08)	14,70 (09)	14,68 (10)	74,28
11. Heike Ingebrand	GER	Fritz Eto	13,70 (11)	14,23 (11)	14,23 (11)	14,00 (11)	14,38 (11)	70,54
12. Ludger König	GER	Sherlock	13,65 (12)	14,03 (12)	13,48 (12)	13,40 (12)	13,95 (12)	68,51

Richter: E = Heinz Schütte, H = Maria Günther, C = Uwe Mechlem, M = Christoph Hess, B = Heinz Lemmermann

Karin Rehbein überzeugte auf dem Oldenburger Hengst Donnerhall durch gleichmäßige Leistungen in allen drei Prüfungen.

Schönheit und Harmonie sind das Markenzeichen von Martina Hannöver und dem westfälischen Hengst Rubinstein, die ihre Berufung in den Olympiakader auch in Balve rechtfertigten.

CDIO Bad Aachen 1996

Während die Richtergruppe in Balve ausnahmslos mit deutschen Richtern besetzt war, amtierte bei der letzten Sichtung in Aachen die komplette Jury von Atlanta. Deshalb kam dieser zweiten Olympiasichtung besondere Bedeutung zu.

Hier wartete insbesondere Martin Schaudt auf ESGE-Durgo mit einer deutlichen Leistungssteigerung auf, die um so mehr zählte, als sie von der Olympiajury auch honoriert wurde. Mit Platz zwei im Grand Prix, Platz drei im Grand Prix Special und Platz drei in der Kür konnte sich Martin Schaudt in die Mannschaft für Atlanta reiten. Daneben wurde Isabell Werth mit Nobilis Gigolo FRH benannt, die erneut alle drei Prüfungen gewinnen konnte. Sie wurde damit zur Top-Favoritin für den Einzelsieg in Atlanta, auch wenn ihre stärkste Konkurrentin aus Holland, Anky van Grunsven auf einen Start mit Cameleon Bonfire verzichtete.

Als dritte Reiterin wurde Monica Theodorescu benannt, die nach mäßigem Grand Prix vor allem im Grand Prix Special eine hervorragende Leistung zeigte.

Schließlich entschied sich der Dressurausschuß für Klaus Balkenhol als vierten Mannschaftsreiter, der in Aachen nicht wie gewohnt ritt und besonders in der Kür weit hinter den Erwartungen zurückblieb. Nicht berücksichtigt wurde die zweimalige Einzelolympiasiegerin Nicole Uphoff-Becker, die auf die Rolle der Ersatzreiterin verzichtete. Nicole Uphoff-Becker auf Rembrandt Borbet konnte sich in allen Sichtungsprüfungen zwar unter den ersten vier Reitern plazieren, aber Rembrandt Borbet konnte wohl als Folge seines Alters nicht an die Glanzleistungen früherer Tage anknüpfen.

Nach den Eindrücken von Balve und Aachen stand fest, daß sich auch bei den Olympischen Spielen in Atlanta eine leistungsstarke deutsche Equipe präsentieren würde, die aus einem sehr guten Olympiakader ausgesucht werden konnte.

Der Dressurausschuß des DOKR schlug aufgrund der Sichtungsprüfungen in Balve und Aachen folgende Olympiamannschaft vor:

**Klaus Balkenhol
mit Goldstern,**

**Martin Schaudt
mit ESGE-Durgo,**

**Monica Theodorescu
mit Grunox,**

**Isabell Werth
mit Nobilis Gigolo FRH.**

Nach dem Verzicht von Nicole Uphoff-Becker mit Rembrandt Borbet als Ersatzreiterin wurde hierfür **Nadine Capellmann-Biffar mit Gracioso** benannt.

CDIO Aachen 1996 – Einzelwertung Grand Prix

Reiter	Nation	Pferd	E	H	C	M	B	Total
1. Isabell Werth	GER	Nobilis Gigolo FRH	389 (01)	380 (01)	381 (01)	393 (01)	380 (01)	1923
2. Martin Schaudt	GER	ESGE-Durgo	371 (03)	366 (02)	374 (02)	376 (02)	351 (02)	1838
3. Klaus Balkenhol	GER	Goldstern	361 (04)	357 (05)	368 (03)	376 (02)	349 (03)	1811
4. Nicole Uphoff-Becker	GER	Rembrandt Borbet	373 (02)	353 (06)	368 (03)	365 (04)	338 (05)	1797
5. Monica Theodorescu	GER	Grunox	359 (05)	361 (03)	367 (05)	361 (06)	337 (06)	1785
6. N. Capellmann-Biffar	GER	Gracioso	348 (09)	360 (04)	347 (09)	365 (04)	323 (15)	1743
7. Anna Merveldt-Steffens	IRL	Rousseau	351 (08)	341 (09)	340 (11)	351 (08)	339 (04)	1722
7. Karin Rehbein	GER	Donnerhall	355 (07)	343 (07)	359 (06)	341 (13)	324 (13)	1722
9. Anky van Grunsven	NED	Cameleon TCN Partout	356 (06)	339 (11)	341 (10)	343 (11)	334 (09)	1713
10. Dr. Reiner Klimke	GER	Biotop	336 (14)	343 (07)	335 (13)	360 (07)	333 (10)	1707
11. Christine Stückelberger	SUI	STC Aquamarin	334 (16)	332 (13)	358 (07)	345 (09)	335 (07)	1704
12. Ignacio Rambla Algarin	ESP	Invasor	338 (12)	340 (10)	357 (08)	345 (09)	323 (15)	1703

vor weiteren 23 Teilnehmern
Richter: E = Uwe Mechlem (GER), H = Jan Peeters (NED), C = Linda Zang (USA), M = Eric Lette (SWE), B = Bernard Maurel (FRA)

CDIO Aachen 1996 – Einzelwertung Grand Prix Special

Reiter	Nation	Pferd	E	H	C	M	B	Total
1. Isabell Werth	GER	Nobilis Gigolo FRH	322 (01)	330 (01)	330 (01)	332 (01)	321 (06)	1635
2. Monica Theodorescu	GER	Grunox	320 (02)	328 (02)	325 (02)	320 (02)	327 (02)	1620
3. Martin Schaudt	GER	ESGE-Durgo	305 (06)	317 (06)	324 (03)	317 (04)	330 (01)	1593
4. Nicole Uphoff-Becker	GER	Rembrandt Borbet	313 (03)	325 (03)	309 (06)	318 (03)	325 (05)	1590
5. N. Capellmann-Biffar	GER	Gracioso	307 (04)	322 (04)	314 (05)	317 (04)	326 (04)	1586
5. Klaus Balkenhol	GER	Goldstern	306 (05)	319 (05)	321 (04)	313 (06)	327 (02)	1586
7. Karin Rehbein	GER	Donnerhall	289 (09)	314 (07)	304 (07)	302 (08)	306 (07)	1515
8. Dr. Reiner Klimke	GER	Biotop	303 (07)	309 (08)	288 (12)	311 (07)	283 (15)	1494
9. Anky van Grunsven	NED	Cameleon TCN Partout	297 (08)	302 (09)	291 (11)	300 (09)	300 (08)	1490
10. Ignacio Rambla Algarin	ESP	Invasor	283 (13)	302 (09)	292 (09)	296 (10)	288 (12)	1461
11. Anna Merveldt-Steffens	IRL	Rousseau	280 (18)	289 (14)	301 (08)	295 (11)	295 (09)	1460
12. Dominique Brieussel	FRA	Akazie	282 (15)	295 (11)	285 (13)	291 (13)	278 (16)	1431

vor weiteren neun Teilnehmern
Richter: E = Bernard Maurel (FRA), H = Uwe Mechlem (GER), C = Eric Lette (SWE), M = Jan Peeters (NED), B = Linda Zang (USA)

Unmittelbar nach Aachen machte Nicole Uphoff-Becker auf Grund einer Bestimmung der FEI ihre Startberechtigung als olympische Titelverteidigerin von Barcelona 1992 geltend. Gemäß dieser Bestimmung konnte der Einzelsieger von Barcelona in Atlanta als Einzelreiter seinen Titel verteidigen. Durch eine einstweilige Verfügung beim Landgericht in Münster – gegen die die Deutsche Reiterliche Vereinigung e.V. (FN) keinen Widerspruch einlegte – erreichte Nicole Uphoff-Becker ihre Teilnahme als Einzelreiterin, da weder das deutsche NOK, noch die FEI sowie das IOC Einwände erhoben. Allerdings wurde, um Nachteile für die übrigen Starter zu vermeiden, die Zulassungszahl in Atlanta für den Grand Prix Special von 24 auf 25 und für die Kür von 12 auf 13 Teilnehmer erhöht.

Als Einzelsiegerin von Barcelona 1992 machte Nicole Uphoff-Becker auf Rembrandt Borbet von ihrem Recht Gebrauch, ihren Titel in Atlanta als Einzelreiterin zu verteidigen.

CDIO Aachen 1996 – Einzelwertung Kür

Reiter	Nation	Pferd	E	H	C	M	B	Total
1. Isabell Werth	GER	Nobilis Gigolo FRH	16,23 (02)	15,63 (01)	16,53 (01)	16,33 (01)	16,13 (01)	80,85
2. Monica Theodorescu	GER	Grunox	16,13 (03)	15,10 (03)	15,63 (03)	15,53 (02)	16,03 (02)	78,42
3. Martin Schaudt	GER	ESGE-Durgo	16,58 (01)	15,23 (02)	15,48 (04)	14,98 (03)	15,35 (03)	77,62
4. N. Capellmann-Biffar	GER	Gracioso	15,98 (04)	15,10 (03)	16,30 (02)	14,88 (04)	15,30 (04)	77,56
5. Nicole Uphoff-Becker	GER	Rembrandt Borbet	14,98 (06)	14,60 (07)	15,38 (05)	14,70 (05)	15,05 (07)	74,71
6. Dr. Reiner Klimke	GER	Biotop	14,23 (07)	14,95 (05)	14,98 (08)	14,20 (07)	15,30 (04)	73,66
7. Karin Rehbein	GER	Donnerhall	15,03 (05)	14,43 (08)	15,33 (07)	13,30 (11)	15,15 (06)	73,24
8. Klaus Balkenhol	GER	Goldstern	13,85 (12)	14,75 (06)	15,35 (06)	14,40 (06)	14,55 (09)	72,90
9. Anky van Grunsven	NED	Cameleon TCN Partout	14,10 (09)	14,18 (09)	14,18 (11)	14,08 (08)	14,63 (08)	71,17
10. Ignacio Rambla Algarin	ESP	Invasor	14,20 (08)	14,18 (09)	14,30 (09)	13,23 (12)	14,25 (10)	70,16
11. Christine Stückelberger	SUI	STC Aquamarin	13,88 (11)	14,08 (11)	14,20 (10)	13,58 (09)	14,03 (11)	69,77
12. Anna Merveldt-Steffens	IRL	Rousseau	13,98 (10)	13,88 (12)	14,15 (12)	13,43 (10)	13,43 (12)	68,87

Richter: E = Linda Zang (USA), H = Eric Lette (SWE), C = Uwe Mechlem (GER), M = Bernard Maurel (FRA), B = Jan Peeters (NED)

Dr. Reiner Klimke zeigte in Balve und Aachen auf dem 11jährigen, gekörten russischen Trakehnerhengst Biotop Vorführungen von hoher Eleganz.

Zur Information

Reiten heißt Partner sein

Der NÜRNBERGER Burg-Pokal der Dressurreiter

Viel Trainingsfleiß und intensive Ausbildungsarbeit sind erforderlich, um die perfekte Harmonie zwischen Pferd und Reiter herzustellen. Der **NÜRNBERGER Burg-Pokal der Dressurreiter** ist die Plattform, um das gemeinsam Erreichte vor einem großen und fachkundigen Publikum zu präsentieren. Nicht nur für aufstrebende Talente, sondern auch für amtierende Europa- und Weltmeister.

Seit vielen Jahren fördert die **NÜRNBERGER VERSICHERUNGSGRUPPE** den Dressursport. Mit ihren hohen Anforderungen an das gegenseitige Verständnis von Pferd und Reiter steht die Dressur für den Grundsatz „Reiten heißt Partner sein". Mittlerweile verzeichnete der **Burg-Pokal** bereits fast 2.000 Nennungen und gilt als „kleine Deutsche Meisterschaft".

Ein Blick in die Siegerliste zeigt es: Im **NÜRNBERGER Burg-Pokal** führen die Großen der Dressurszene wie Isabell Werth (Siegerin 1995 mit Aurelius) und Klaus Balkenhol (Sieger 1993 mit Ehrengold) ihre jungen Pferde an die Weltklasse heran. Beim **Burg-Pokal** beginnen aber auch Nachwuchsreiterinnen und -reiter wie Martina Hannöver (Siegerin 1994 mit Rubinstein) ihre erfolgversprechende internationale Karriere.

Für die Teilnehmer ist der **NÜRNBERGER Burg-Pokal** wichtiges Sprungbrett, für die Zuschauer spannender und unterhaltsamer Sport auf hohem Niveau.

Anspruchsvolle Spezialaufgabe

1996 ging der **NÜRNBERGER Burg-Pokal der Dressurreiter** ins fünfte Jahr. Die Prüfungsreihe umfaßt alljährlich bundesweit mindestens zwölf Ausscheidungsturniere. Die Gewinner der Einzelturniere wetteifern beim großen Finale in der Frankfurter Festhalle um den Gesamtsieg.

Prüfungsaufgabe ist seit 1995 der „Prix St. Georges Spécial", der die wesentlichen Elemente des bekannten Prix St. Georges beinhaltet. Diese eigens für den **NÜRNBERGER Burg-Pokal** geschaffene Aufgabe ist kurzweiliger und anspruchsvoller als der Prix St. Georges und damit für Reiter und Publikum gleichermaßen interessant. Auch hier gilt also: „In der Kürze liegt die Würze".

Der **Burg-Pokal** steht allen Reiterinnen und Reitern der Leistungsklassen 1 und 2 offen. Sie dürfen nur sieben- bis neunjährige Pferde satteln, die noch keine Plazierung im Grand Prix vorweisen können. Damit ist sichergestellt, daß der Nachwuchs seine Chance erhält.

Schirmherr Dr. Reiner Klimke

Schirmherr und sportlicher Berater ist kein geringerer als der erfolgreichste Dressurreiter aller Zeiten, Dr. Reiner Klimke. Sein Wissen, seine Erfahrung und Stellung in der deutschen Dressurreiterei haben dazu beigetragen, daß sich der **NÜRNBERGER Burg-Pokal** in kurzer Zeit große Anerkennung verschaffen konnte.

Wenn Sie noch Fragen haben oder einen kostenlosen Prüfungsbogen bestellen möchten, dann wenden Sie sich bitte an:

NÜRNBERGER VERSICHERUNGSGRUPPE, Abt. Öffentlichkeitsarbeit, Herrn Hans-Jürgen Krieg, Rathenauplatz 12-18, 90489 Nürnberg, Tel.: (09 11) 5 31 - 39 75.

Die Gewinner des NÜRNBERGER Burg-Pokals der Dressurreiter

Jahr	Reiter(in)	Pferd
1992	Nicole Uphoff-Becker	Sir Lennox
1993	Klaus Balkenhol	Ehrengold
1994	Martina Hannöver	Rubinstein
1995	Isabell Werth	Aurelius

Rechts und unten: Isabell Werth auf dem hoffnungsvollen hannoveraner Wallach Aurelius von Acapulco.

Hans Günter Winkler und Reinhard Wendt

Zur Entwicklung im Springen von 1992 bis 1996

Szenenwandel nach Barcelona

> „Unsere derzeitige Situation ist besser als unser 11. Platz im Nationenpreis, sicher aber nicht so gut wie das fantastische Abschneiden in der Einzelwertung. ... Junge Reiter machen auf sich aufmerksam ... . Der Beritt unserer bewährten, stärksten Reiter ist bis auf wenige Ausnahmen aber z. Zt. nicht gut genug; vielfach fehlt auch guter, vielversprechender Pferdenachwuchs."

Dies ist ein Auszug aus der ersten Situationsanalyse von Bundestrainer Herbert Meyer nach den Olympischen Spielen in Barcelona. Bereits unmittelbar nach Abschluß dieser Spiele ergaben sich einschneidende Wandlungen in der deutschen Springsportszene.

Zunächst verließ Otto Becker den Stall von Paul Schockemöhle und zog in das Bundesleistungszentrum in Warendorf. Dieser Schritt bedeutete gleichzeitig intensives Bemühen um neuen Beritt, um den Anschluß an die Weltspitze zu halten. Das gelang Otto Becker immerhin so gut, daß er bereits 1994 mit Herrmann's Ascalon wieder Deutscher Meister werden konnte und sowohl bei vielen hochrangigen internationalen Springprüfungen herausragende Ergebnisse erzielte, als auch bei den Sichtungsprüfungen für die Europameisterschaften, Weltreiterspiele und Olympischen Spiele eine bedeutende Rolle spielte. Letztlich blieb ihm das Glück der Nominierung versagt, teils, weil die Leistungen doch nicht ganz ausreichten, teils wegen Verletzung des Spitzenpferdes.

Wenig später löste sich auch Franke Sloothaak vom Stall Schockemöhle und wagte den Schritt in die Selbständigkeit. Der italienische Sponsor Vincenzo Muccioli, der leider am 19. September 1995 verstorben ist, gab ihm hierfür den entscheidenden Rückhalt. Damit konnte die Frage besten Beritts auch sehr bald gelöst werden. Spitzenpferde in großer Zahl hielten Einzug in Franke Sloothaaks Stall.

1 $^1/_2$ Jahre später vollzog sich der nächste große Wandel. Wirtschaftliche Entwicklungen machten den Auszug Ludger Beerbaums aus dem Stall Moksel erforderlich. Zusammen mit Ralf Schneider zog er im Mai 1994 in das Bundesleistungszentrum in Warendorf, um dort für genau zwei Jahre bis zur Errichtung einer eigenen Anlage in Riesenbeck zu trainieren. Unmittelbar nach Barcelona war das Olympia-Siegerpferd Almox Classic Touch absprachegemäß in die Hände von Ralf Schneider übergegangen, gleichzeitig wurde aber für adäquaten Ersatz für Ludger Beerbaum gesorgt: Ratina Z, die in Barcelona unter dem niederländischen Reiter Piet Raymakers Mannschaftsgold und Einzelsilber gewann, wechselte in Ludger Beerbaums Stall.

Auch Markus Beerbaum wechselte aus Bayern in den Norden. Zunächst gab es eine Zwischenstation im Stall Hafemeister, bis dann die wohl längerfristig angelegte Lösung in der Anlage des Reitervereins Balve unter stetiger „Aufsicht" unseres Reiterpräsidenten Graf Landsberg-Velen gefunden wurde.

Der hochbegabte, bei Championaten bewährte und doch oft nicht gut berittene René Tebbel wechselte aus dem Stall seines Vaters in den Stall Paul Schockemöhle, wohl in der Hoffnung, hier dauerhaft gut beritten gemacht und bestens gemanagt zu werden. Von allzulanger Dauer war diese Zusammenarbeit indes nicht und mittlerweile hat René Tebbel ebenfalls den Sprung in die Selbständigkeit gewagt.

Lars Nieberg, der nach mehrmonatigem Trainingsaufenthalt in Warendorf bereits vor geraumer Zeit eine erfolgversprechende sportliche Bleibe im Gestüt Wäldershausen in Homberg (Ohm) gefunden hatte, wuchs mit dem wunderschönen hannoverschen Hengst For Pleasure mehr und mehr zu einem erfolggarantierenden Paar zusammen.

Kurt Gravemeier mußte aus gesundheitlichen Gründen seine aktive Laufbahn beenden. Er wechselte im Turnierstall des neuen Vorsitzenden des DOKR-Springausschusses, Hendrik Snoek, in die Position des Ausbildungsleiters. Intensive Suche nach einem geeigneten Reiter förderte den jungen Markus Merschformann zu Tage. Ein glücklicher Griff, wie viele erfolgreiche Ritte zunächst mit Wum, später noch erfolgreicher mit Ballerina zeigten. Bleibt zu hoffen, daß das Team Hendrik Snoek als Stallbesitzer, Kurt Gravemeier als Ausbildungsleiter und Markus Merschformann als Reiter auf lange Zeit zusammen und erfolgreich bleibt.

Auch zwei andere hoch erfolgreiche Reiter zogen sich aus dem internationalen Turniersport zurück: Die Mannschaftsolympiasieger von Seoul Wolfgang Brinkmann und Dirk Hafemeister. Wolfgang Brinkmanns Entscheidung zwischen beruflichem und reiterlichem Engagement fiel für das Metier, in dem er Profi ist: der Beruf. Bei Dirk Hafemeister sorgte der Tod des Vaters für eine Zäsur. Er verlor seinen größten Förderer, der zugleich einer der größten Mäzene des deutschen Springsports überhaupt war: Dieter Hafemeister, hoch engagiert, immer hilfsbereit und Förderer vieler Reiter, nicht nur des eigenen Sohnes.

Am 28.04.1996 verlor der deutsche Springsport einen seiner größten Mäzene der letzten beiden Jahrzehnte: Dieter Hafemeister.

Andere jüngere Reiter machten durch ansprechende und konstante Leistungen auf sich aufmerksam, so daß nach dem Mannschaftsmißerfolg von Barcelona doch mancher Silberstreif am Springsport-Horizont erschien. Besonders erfreulich, daß sich im Laufe der Jahre mehr und mehr zwei junge Reiter aus der ehemaligen DDR in den Vordergrund gearbeitet haben: Holger Wulschner und Rico Lorengel.

Zwischen Barcelona und Atlanta

EM Gijon 1993

Die geschilderten Wandlungen vollzogen sich teils sehr kurzfristig nach Barcelona, teils aber erst im Verlaufe der folgenden Jahre. In unmittelbar herausragenden Erfolg ließen sich die Änderungen noch nicht ummünzen. Langer Atem und Festhalten an einer als richtig erkannten Planung waren gefragt.

Die Mannschaft für die Europameisterschaft in Gijon wurde in den Sichtungsprüfungen der Deutschen Meisterschaften 1993 in Verden und während des CHIO in Aachen zusammengestellt. Die ersten vier der Deutschen Meisterschaft durften die deutschen Farben vertreten: Ludger Beerbaum mit Almox Rush On, Franke Sloothaak mit San Patrignano Weihaiwej, René Tebbel mit Dexter und Holger Hetzel mit St. Ludwig's Gipfelstürmer. Als Reservereiter war Ralf Schneider mit Almox Classic Touch mit von der Partie.

Das Zeitspringen zeigte eine sehr erfolgreiche deutsche Mannschaft, die mit dem Ideal-Ergebnis Null von Franke Sloothaak und 2,06 von Ludger Beerbaum zunächst den zweiten Platz hinter der Schweiz einnahm. Das Mannschaftsspringen brachte aber nicht das gewünschte Ergebnis. René Tebbel erkämpfte zwar mit dem schwierigen Dexter zwei fehlerfreie Runden, auch Holger Hetzel lieferte mit null und 8 Strafpunkten auf St. Ludwig's Gipfelstürmer ein ordentliches Ergebnis ab. Bei Franke Sloothaak indes zeigte sich, daß die Feinabstimmung für ganz große Aufgaben zwischen ihm und seiner auffälligen Stute San Patrignano Weihaiwej noch nicht ausreichend gefestigt war, so daß zwei 8-Fehler-Runden voll zu Buche schlugen. Almox Rush On war nur schwer zum Mitmachen zu motivieren, so daß er mit seinem Reiter mit 12 und 10$\frac{1}{2}$ Punkten jeweils das Streichergebnis lieferte.

Strahlende Mannschafts-Europameister wurden die Reiter aus der Schweiz, vor den englischen Routiniers und der Mannschaft Frankreichs. Für die Deutschen reichte es zum 4. Platz vor den mit gut einem Springfehler Abstand folgenden Niederländern.

In der Einzelwertung lag nach Zeitspringen und Nationenpreis René Tebbel mit 5,9 Punkten immerhin auf dem 4. Platz, knapp hinter Willi Melliger, Schweiz, mit 4,58 Michel Robert, Frankreich, mit 4,91 und Michael Whitaker, England, mit 5,33 Punkten. Alles dicht auf, so daß schon geringe Zeitfehler im Finale dieses Bild verschieben konnten.

Mit vier Strafpunkten im Parcours A des Finales sicherte sich René Tebbel noch eine günstige Position. Im Parcours B ging die Kontrolle über den starken und heftigen Dexter leider verloren und 13,75 Punkte sorgten zwar für das beste deutsche Einzelergebnis, insgesamt aber leider nur für Platz 13. Auch in dieser Einzelwertung hatte die Schweiz mit dem überragenden Willi Melliger auf Quinta-C wieder die Nase vorn, vor dem Franzosen Michel Robert auf Miss San Patrignano und Michael Whitaker, England, auf Everest Midnight Madness.

EM Gijon 1993 – Mannschaftswertung

Nation/Reiter	Total/Pferd	Zeitspringen	1.Umlauf	2.Umlauf
1. Schweiz	19,23	7,23	12,00	0,00
Willi Melliger	Quinta C	0,58	4,00	0,00
Lesly McNaught Mändli	Pirol IV	4,27	4,00	0,00
Stefan Lauber	Lugana II	4,18	4,00	0,00
Thomas Fuchs	Dylano	2,47	4,00	4,00
2. Großbritannien	21,15	9,15	8,00	4,00
Nick Skelton	Everest Dollar Girl	1,96	0,00	4,00
Michael Whitaker	Everest Midnight Madness	1,33	4,00	0,00
Mark Armstrong	Corella	15,38	4,00	8,00
John Whitaker	Everest Gammon	5,86	4,00	0,00
3. Frankreich	29,88	13,88	8,00	8,00
Hubert Bourdy	S Patrignano Razzia du Poncel	12,19	8,00	4,00
Michel Robert	Miss San Patrignano	4,91	0,00	0,00
Herve Godignon	Twist du Valon	5,42	8,00	8,00
Eric Navet	Waiti Quito de Baussy	3,55	0,00	4,00
4. Deutschland	31,96	7,96	8,00	16,00
René Tebbel	Dexter	5,90	0,00	0,00
Holger Hetzel	St. Ludwig's Gipfelstürmer	11,83	0,00	8,00
Ludger Beerbaum	Almox Rush On	2,06	12,00	10,50
Franke Sloothaak	San Patrignano Weihaiwej	0,00	8,00	8,00
5. Niederlande	36,57	12,57	12,00	12,00
Piet Raymakers	Rinnetou-Z	5,03	4,00	4,00
Emile Hendrix	Anadolu Arabian	9,51	4,00	13,00
Roelof Bril	Bollvorm's Let's Go	3,43	4,00	4,00
Jos Lansink	Bollvorm's Easy Jumper	4,11	4,00	4,00
vor vier weiteren Mannschaften				

Mannschafts-Europameister Schweiz: Willi Melliger, Thomas Fuchs, Stefan Lauber und Lesley McNaught-Mändli mit Equipe-Chef Martin Walther.

Das spanische Publikum war mehr wettals spitzensportbegeistert. Erst gegen Abend, bei den Rahmenprüfungen, füllte sich das Stadion und vermittelte auch erst dann den Eindruck spanischen Flairs. In diesen Prüfungen wurde gewettet, und darum ging es. Die so erfolgreiche Schweizer Mannschaft und auch alle anderen EM-Teilnehmer hätten mehr Publikumsinteresse verdient gehabt. Tatsächlich spielten sie neben dem Wettbetrieb nur eine Nebenrolle.

Für unsere Reiter war das Leistungstal noch nicht durchschritten. Bundestrainer Herbert Meyer hatte noch große Anstrengungen vor sich, um zusammen mit seinen Reitern die erfolgten und noch folgenden Wandlungen in sportlichen Erfolg umzusetzen.

EM Gijon 1993 – Einzelwertung

Reiter	Nation	Pferd	Punkte
1. Willi Melliger	SUI	Quinta C	8,83
2. Michel Robert	FRA	Miss San Patrignano	8,91
3. Michael Whitaker	GBR	Everest Midnight Madness	9,33
4. Stefan Lauber	SUI	Lugana II	12,18
5. Hugo Simon	AUT	Apricot	14,00
6. Roelof Bril	NED	Bollvorm's Let's Go	15,68
7. Lesly McNaught-Mändli	SUI	Pirol	16,27
8. John Whitaker	GBR	Everest Gammon	18,11
9. Thomas Fuchs	SUI	Dylano	18,47
10. Jos Lansink	NED	Bollvorm's Easy Jumper	20,11
13. René Tebbel	GER	Dexter	23,65
14. Franke Sloothaak	GER	San Patrignano Weihaiwej	28,00
16. Holger Hetzel	GER	St. Ludwig's Gipfelstürmer	32,08

Oben: Mit 0 und 8 Strafpunkten brachte Holger Hetzel mit St. Ludwig's Gipfelstürmer eine gute Mannschaftsleistung.

Rechts oben: Europameister wurde der Schweizer Willi Melliger auf Quinta-C.

Rechts: Strafpunktfrei war René Tebbel auf Dexter zusammen mit dem Franzosen Michel Robert auf Miss San Patrignano Sieger des Mannschaftsspringens.

WM Den Haag 1994

Nach den 1990 in Stockholm erstmals ausgetragenen und so glanzvoll verlaufenen Weltreiterspielen freute sich alles auf die zweite Auflage in Den Haag. Man war sich sicher, daß diese starke Reitsportnation mit so vielen organisatorisch und atmosphärisch herausragenden internationalen Turnieren ein richtiges Fest des Pferdes zelebrieren würde. Leider schienen die Organisatoren der Aufgabe dann doch nicht gewachsen zu sein und das Interesse des Publikums war längst nicht so, wie es wünschenswert gewesen wäre.

Glanzvoll hingegen war der Sport, besonders glanzvoll das Abschneiden unserer Teilnehmer in fünf der ausgetragenen sechs Disziplinen.

Der Sichtungsweg der Springreiter führte wiederum über den CHIO Aachen und die Deutschen Meisterschaften in Mannheim. Mit Ludger Beerbaum und Sprehe Ratina Z, Sören von Rönne und Taggi, Dirk Hafemeister und P.S. Priamos sowie Franke Sloothaak und San Patrignano Weihaiwej nominierte der DOKR-Springausschuß unter Vorsitz von Hendrik Snoek eine sehr erfahrene Mannschaft. Als Ersatzreiter wurde sie ergänzt durch Markus Beerbaum mit Almox Poker. Der Deutsche Meister Otto Becker mit Herrmann's Ascalon konnte nicht berücksichtigt werden, da er in Aachen nicht angetreten war und den nominierten Paaren für die erwarteten hohen Anforderungen über mehrere Tage hinweg sportlich der Vorzug gegeben wurde.

In Den Haag mußten die Springreiter glücklicherweise erst in der zweiten Woche antreten. Die wesentlichsten organisatorischen Schwächen waren mittlerweile beseitigt und alles hatte sich soweit eingespielt, daß der Sport tatsächlich im Vordergrund stand.

Das Zeitspringen sah einen kämpferischen und aufs Ganze gehenden Markus Fuchs mit Interpane Goldlight an der Spitze. Dies war allerdings ein Ritt, der die Durchlässigkeit des Pferdes für die nächsten Prüfungen nicht gerade verbesserte, was sich dann auch in schlechteren Ergebnissen niederschlug. Sehr dicht gedrängt folgten der Engländer Nick Skelton vor dem Franzosen Eric Navet, dem Iren Eddie Macken und Franke Sloothaak. Auch Dirk Hafemeister konnte sich mit einer makellosen, zügigen Runde bis auf den siebten Platz nach vorne kämpfen. Das deutsche Team rangierte nach diesem ersten Tag hinter Frankreich und vor der Schweiz an zweiter Stelle bei insgesamt zwanzig startenden Equipen.

Der Donnerstag, 04.08.1994, bescherte unserer Mannschaft einen überragenden Erfolg. Eine geschlossene Mannschaftsleistung mit jeweils nur 4 anzurechnenden Strafpunkten in beiden Umläufen sicherte mit dem hinzuzuaddierenden Ergebnis des Zeitspringens einen Vorsprung vor den Franzosen von mehr als 3 Springfehlern. Der Abstand zu der drittplazierten schweizerischen Mannschaft betrug mehr als sechs Abwürfe! Mannschafts-Weltmeister Deutschland, das hat es im Springen noch nicht gegeben!

Nach der gebührenden und überschäumenden Feier blieb ein Tag, um sich neu zu konzentrieren und das Springen der besten zwanzig ins Visier zu nehmen. Die gesamte deutsche Mannschaft hatte sich hierfür qualifiziert, Franke Sloothaak in Front liegend vor Sören von Rönne, Nelson Pessoa und Ludger Beerbaum. Also allerbeste Aussichten, daß zumindest einer unserer Reiter den Einzug ins Finale der besten vier schaffen könnte. Dieser Samstag war dann voller Dramatik. Franke Sloothaak und Sören von Rönne sicherten sich die Final-Teilnahme. Ludger Beerbaum schien durch einen Springfehler abgeschlagen zu sein. Doch auch anderen passierten Mißgeschicke, so dem brasilianischen Altmeister Nelson Pessoa, dem alle den Einzug ins Finale so sehr gegönnt hätten. Auch Thomas Fuchs aus der Schweiz und der Franzose Roger-Yves Bost konnten die Form der Vortage nicht halten und mußten doch wieder Ludger Beerbaum und auch Michel Robert aus Frankreich an sich vorbeiziehen lassen. Nun war wieder etwas geschehen, das es zuvor noch nie gegeben hatte: drei deutsche Reiter im Finale der Weltmeisterschaft. Dazu der Franzose Michel Robert. Und ein Quartett von Stuten!

Rechts: Der Schweizer Markus Fuchs ging mit Interpane Goldlight nach einer äußerst kämpferischen Leistung im Zeitspringen in Führung.
Unten: Starke Leistungen von Dirk Hafemeister mit P.S. Priamos im Zeitspringen und im zweiten Umlauf des Mannschaftsspringens trugen zur Mannschafts-Goldmedaille bei.

Dies macht wohl deutlich: hat man als Reiter das Herz einer Pferdedame wirklich für sich gewonnen, so gibt es keinen besser mitkämpfenden Partner in diesem Sport.

Was sollte nun wohl noch geschehen, am Ende der für unsere Vertreter so überaus erfolgreichen Weltmeisterschaften? Nachdem die Dressurreiter und die Fahrer bereits Mannschafts- und Einzelgoldmedaillen gewonnen hatten, die Voltigierer wiederum eine wahre Medaillenflut ihrer Erfolgsstatistik hinzuaddieren konnten und auch die Vielseitigkeitsreiter mit der Mannschafts-Bronzemedaille ein sehr erfreuliches Ergebnis erzielten, mußte der letzte Tag dieser Weltreiterspiele eigentlich einen abschließenden Höhepunkt aus deutscher Sicht bringen. Die Voraussetzungen waren mehr als gut und aus Sicht von Michel Robert muß die Konkurrenz gleich dreier deutscher Reiter geradezu erdrückend erschienen sein.

Mannschaftsweltmeister Deutschland: Von links nach rechts: Franke Sloothaak, Dirk Hafemeister, Sören von Rönne, Ludger Beerbaum.

WM Den Haag 1994 – Mannschaftswertung

Nation/Reiter	Total/Pferd	Zeitspringen	1.Umlauf	2.Umlauf
1. Deutschland		16,88	8,88	4,00	4,00
Franke Sloothaak	San Patrignano Weihaiwej	2,42	0,00	0,00
Sören von Rönne	Taggi	3,91	4,00	0,00
Dirk Hafemeister	P.S. Priamos	2,55	12,00	4,00
Ludger Beerbaum	Sprehe Ratina Z	4,30	0,00	4,00
2. Frankreich		31,63	8,38	12,00	11,25
Roger-Yves Bost	Souviens Toi III Equus	2,43	0,00	7,25
Philippe Rozier	Baiko Rocco V	2,17	16,00	0,00
Eric Navet	Waiti Quito de Baussy	20,67	8,00	12,00
Michel Robert	Miss San Patrignano	3,78	4,00	4,00
3. Schweiz		45,69	9,69	16,00	20,00
Thomas Fuchs	Major AC Folien	4,74	4,00	0,00
Stefan Lauber	Lugana II	4,95	4,00	12,00
Markus Fuchs	Interpane Goldlights	0,00	8,00	8,00
Lesly McNaught Mändli	Pirol IV	18,74	8,00	16,00
4. Brasilien		48,31	13,31	11,00	24,00
Andre Johannpeter	Cassiana Joter	18,15	8,00	8,00
Luciana Diniz	Graf Grande	6,51	7,00	24,00
Nelson Pessoa	Chouman	4,02	0,00	4,00
Rodrigo Pessoa	Loro Piana Special Envoy	2,78	4,00	12,00
5. USA		49,90	21,90	12,00	16,00
Susan Hutchison	Samsung Woodstock	8,48	12,00	8,00
Patty Stovel	Mont Cenis	4,65	4,00	4,00
Tim Grubb	Elan Denizen	10,02	4,00	4,00
Leslie Lenehan	Charisma	8,77	4,00	12,00
vor 15 weiteren Mannschaften				

Zwischen Barcelona und Atlanta

WM Den Haag 1994 – Einzelwertung nach dem 3. Umlauf

Reiter	Nation	Pferd	Punkte
1. Franke Sloothaak	GER	San Patrignano Weihaiwej	6,67
2. Ludger Beerbaum	GER	Sprehe Ratina Z	9,05
3. Michel Robert	FRA	Miss San Patrignano	11,78
4. Sören von Rönne	GER	Taggi	12,16
5. Nelson Pessoa	BRA	Chouman	13,77
6. Roger-Yves Bost	FRA	Souviens Toi III Equus	14,68
7. Thomas Fuchs	SUI	Major AC Folien	16,74
8. Rodrigo Pessoa	BRA	Loro Piana Special Envoy	22,78
9. Philippe Rozier	FRA	Baiko Rocco V	23,42
10. Jessica Chesney	IRL	Diamond Exchange	24,70

vor weiteren 73 Teilnehmern

Sie qualifizierten sich fürs Finale – vier Stuten mit einem Franzosen und drei deutschen Reitern.
Ludger Beerbaum mit Sprehe Ratina Z (links oben), Sören von Rönne mit Taggi (rechts oben), Franke Sloothaak mit San Patrignano Weihaiwej (links unten) und Michel Robert mit Miss San Patrignano (rechts unten).

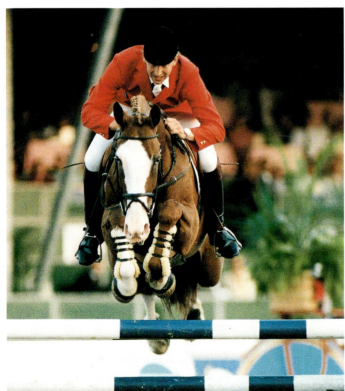

Zwischen Barcelona und Atlanta 41

Das Finale der besten vier mit Pferdewechsel ist immer wieder umstritten. Die Spannung, die es erzeugt, kann aber nicht überboten werden. Und die Leistungen, die Reitern und Pferden abverlangt werden, sind wahrlich weltmeisterlich.

Zunächst mußte jeder sein eigenes Pferd über die Klippen des anspruchsvollen Finalparcours steuern. Drei schafften es ohne Fehler: Ludger Beerbaum mit Sprehe Ratina Z, Franke Sloothaak mit San Patrignano Weihaiwej und Michel Robert mit Miss San Patrignano. Für Sören von Rönne mit Taggi schien in dieser ersten Runde der Anschluß bereits verloren zu sein, da ein dummer Flüchtigkeitsfehler mit 4 Punkten zu Buche schlug.

Für die nächsten drei Runden läßt das Reglement jedem Reiter drei Minuten Vorbereitungszeit auf den Pferden der Konkurrenten mit jeweils zwei Probesprüngen. Knapp bemessen, die Spannung bis aufs äußerste steigernd und Einfühlungsvermögen, Anpassungsfähigkeit und reiterliche Potenz in konzentriertester Form abverlangend.

Exakt vorbereitet gelang Franke Sloothaak mit Sprehe Ratina Z wieder ein fehlerfreier Ritt. Ruhig und sicher zog Michel Robert mit San Patrignano Weihaiwej die nächste Runde. Etwas zu ruhig, 1/2 Zeitfehler mußte angerechnet werden. Sören von Rönne hielt mit einer fehlerfreien Runde mit Miss San Patrignano Anschluß und lediglich Ludger Beerbaum mußte mit Taggi einen Springfehler hinnehmen.

Beim dritten Durchgang legten Michel Robert mit Sprehe Ratina Z und Sören von Rönne mit San Patrignano Weihaiwej fehlerfreie Runden vor. Ludger Beerbaum mußte sich mit der zunehmend schwieriger werdenden Miss San Patrignano abstimmen. Dies gelang leider nicht, so daß zwei Springfehler für nunmehr deutlichen Abstand zur Konkurrenz sorgten. Franke Sloothaak ließ nichts anbrennen: Null Fehler mit Taggi.

Alles mußte sich nun in der letzten Runde entscheiden. Franke Sloothaak lag fehlerfrei vor dem mit 1/2 Strafpunkt belasteten Michel Robert und Sören von Rönne mit 4 Strafpunkten. Ludger Beerbaum folgte mit 12 Punkten.

Sören von Rönne begann mit Sprehe Ratina Z und blieb fehlerlos. Gleiches Ergebnis für Ludger Beerbaum mit San Patrignano Weihaiwej, womit der Abstand nicht vergrößert wurde, Hoffnung auf einen Medaillenplatz aber nur durch großes Mißgeschick der letzten beiden Konkurrenten genährt werden konnte.

Wie würde Franke Sloothaak nun mit Miss San Patrignano fertig werden? Wiederum exakte und gezielte Vorbereitung in den verbleibenden drei Minuten. Dann der entscheidende Ritt: fehlerfrei, eine weitere Goldmedaille und der Einzel-Weltmeistertitel waren gesichert! Daran änderte auch die nachfolgende makellose Runde von Michel Robert mit Taggi nichts mehr. Diesem französischen Stilisten, der sich im nachhinein sehr über das ruhige Tempo mit San Patrignano Weihaiwej geärgert haben mag, blieb am Ende die Silbermedaille vor dem glücklichen Bronze-Gewinner Sören von Rönne.

Eindrücke vom Pferdewechsel (von oben nach unten): Michel Robert mit Sprehe Ratina Z, Sören von Rönne mit San Patrignano Weihaiwej, Ludger Beerbaum mit Taggi und Weltmeister Franke Sloothaak mit Miss San Patrignano (links unten).

WM Den Haag 1994 – Finale (mit Pferdewechsel)

Reiter	Nation	R	W	M	T	Total
1. Franke Sloothaak	GER	0	0	0	0	0,00
2. Michel Robert	FRA	0	0,5	0	0	0,50
3. Sören von Rönne	GER	0	0	0	4	4,00
4. Ludger Beerbaum	GER	0	0	8	4	12,00
Sprehe **R**atina Z		0				
San Patrignano **W**eihaiwej			0,5			
Miss San Patrignano				8		
Taggi					8	

EM St. Gallen 1995

Das Jahr 1995 war ein besonderes Jahr. Nach den herausragenden Erfolgen in Den Haag galt es, die gesamte Planung auf den bestmöglichen Erfolg bei den Olympischen Spielen 1996 in Atlanta auszurichten. Dabei sollte die Europameisterschaft in St. Gallen eine Zwischenstation mit Standortbestimmung auf höchstem europäischen Niveau sein.

1995 war auch insofern ein besonderes Jahr, als zum erstenmal die Deutschen Meisterschaften der Dressur- und Springreiter in den neuen Bundesländern ausgetragen wurden. Gera, in Thüringen gelegen und bereits mehrfacher CSIO-Veranstalter, war der auserwählte Veranstaltungsort. Gute organisatorische Vorbereitung, großzügige Generalüberholung der Turnieranlagen und ein begeistertes Publikum gaben diesen Meisterschaften einen sehr würdigen Rahmen. Die Dramaturgie der Tage wollte es, daß am Ende drei punktgleiche Reiter um die Medaillen stechen mußten: Lars Nieberg mit For Pleasure, Ludger Beerbaum mit Sprehe Ratina Z und Otto Becker mit Herrmann's Poker. Dies war dann auch die Reihenfolge der Medaillenvergabe. Ein sehr erfolgreiches Jahr für Lars Nieberg, der zum Ende der Hallensaison bereits den 2. Platz beim Weltcup-Finale belegte.

Nach den Eindrücken von Aachen und von dieser Deutschen Meisterschaft wurden der Deutsche Meister Lars Nieberg mit For Pleasure, Ludger Beerbaum mit Sprehe Ratina Z, Weltmeister Franke Sloothaak mit San Patrignano Weihaiwej, Ulrich Kirchhoff mit Jus de Pommes und Sören von Rönne mit Taggi für die Europameisterschaft nominiert.

Die nächste Besonderheit des Jahres war dann die Europameisterschaft selber. Lange ausgiebige Regenfälle machten den ohnehin anfälligen Rasenboden des St. Gallener Stadions zu einem unkalkulierbaren Risiko. Die Grasnarbe schien oberflächlich zu halten, die Pferde traten aber weit durch und verloren den Halt. Die Vorbereitungsmöglichkeiten waren durch ein errichtetes Zeltdach noch gerade tragbar, aber auch sie waren nur ein Behelf. Auch die Stallungen konnten nur mit Mühe und nicht überall mit Erfolg vor den Wassermassen geschützt werden.

Das Eröffnungsspringen zeigte: die Pferde waren zwar gut vorbereitet und in guter Kondition, die Bodenverhältnisse hingegen waren Anlaß zu Kritik und großer Sorge.

Was folgte, waren besorgte Diskussionen der Aktiven untereinander und mit den Verantwortlichen des Veranstalters. Der Beginn der Europameisterschaft wurde verschoben. Dann wurde das Zeitspringen gestrichen. Der Nationenpreis wurde abermals auf Samstag verschoben, immer in der Hoffnung, das Wetter möge sich doch bitte bessern.

Schade für den Veranstalter, der mit so großer Mühe ohne Zweifel viel für die Verbesserung der Bodenverhältnisse getan hat. Schade für das Publikum, das an Stelle hochrangiger Wettkämpfe nur ein verregnetes Stadion zu sehen bekam. Schade auch für die Sponsoren, die mit großem Engagement und hohem finanziellen Aufwand zu ihrem Veranstalter St. Gallen standen.

Besonders traurig aber für die Aktiven, für die Zwei- und Vierbeinigen! Sie hatten sich über Monate auf dieses Ereignis vorbereitet, wurden hierfür trainiert und haben hierfür auf manch anderen lukrativen Start verzichtet. Besorgniserregend auch für die Besitzer der so wertvollen Pferde. Der Entschluß unserer Mannschaft ist bekannt: Trotz aller Vorbereitung und trotz aller hochgesteckten Erwartungen Verzicht auf den Start in St. Gallen. Bei vielen stieß dieser Verzicht auf Unverständnis. Wieder einmal eine deutsche Sonderrolle! Alle anderen gingen doch an den Start und sowohl am Samstag als auch am Sonntag gab es sehr spannende Europameisterschaftsentscheidungen – zum Schluß sogar bei Sonnenschein.

Waren eventuell die deutschen Pferde gar nicht so fit, wie man verlauten ließ? War der schlechte Boden ein gern gefundener Vorwand, um die vorzeitige Abreise anzutreten?

Der Verband Deutscher Sportjournalisten hat es richtig erkannt: Verantwortung für den Sportpartner Pferd, Verantwortung gegenüber den Pferdebesitzern und Verantwortung in bezug auf das sich selbst gesteckte Ziel – Olympia 1996. Unsere Mannschaft erritt zwar keine Medaille, erhielt aber die Fair-Play-Trophy des Verbandes Deutscher Sportjournalisten.

Links: Grüner Schein der trog – aufgrund mehrwöchiger Regenfälle wurde der Boden zum unkalkulierbaren Risiko (unten).

Wegen Startverzichts Fair-Play-Trophy des Verbandes Deutscher Sportjournalisten an die deutsche Mannschaft: Ulrich Kirchhoff, Sören von Rönne, Lars Nieberg, Bundestrainer Herbert Meyer, Ludger Beerbaum (von links nach rechts, nicht auf dem Bild Franke Sloothaak).

Nun, ein Jahr später, lohnt sich ein Rückblick. Überprüfe man einmal, welche europäischen Mannschaften in der Lage waren, die Pferde der Europameisterschaft in Atlanta an den Start zu bringen. Überprüfe man einmal die Mannschaften, die in St. Gallen Medaillen gewonnen haben und die Einzelmedaillengewinner. Und stelle man dies dem Team gegenüber, das für St. Gallen nominiert war und in Atlanta die deutschen Farben vertreten hat. Ein Kompliment dem Equipechef und Bundestrainer Herbert Meyer und jedem einzelnen Reiter!

Doch nun zum sportlichen Ergebnis dieser Europameisterschaft. Titelverteidiger Schweiz war zu Hause nicht zu schlagen und eroberte abermals die Mannschafts-Goldmedaille. Willi Melliger mit Calvaro V, Lesley McNaught-Mändli mit Dönhoff, Thomas Fuchs mit Major AC Folien und Stefan Lauber mit Bay Networks Escado waren das glückliche Quartett.

Auf Rang zwei rangierten die Briten mit Nick Skelton mit Everest Dollar Girl, den Gebrüdern Michael und John Whitaker mit Everest Two Step und Welham sowie Alison Bradley mit Endeavour. Um die bronzene Medaille mußte gestochen werden. Frankreich und Irland wiesen nach beiden Umläufen je 16 Strafpunkte auf. Die französische Mannschaft war die glücklichere mit der schnelleren Zeit im Stechen und gewann Bronze, für die Iren blieb der undankbare 4. Platz.

EM St. Gallen 1995 – Mannschaftswertung

Nation/Reiter	Total/Pferd	1. Umlauf	2. Umlauf
1. Schweiz	8,00	8,00	0,00
Willi Melliger	Calvaro V	4,00	0,00
L. McNaught-Mändli	Dönhoff	0,00	0,00
Stefan Lauber	Bay Networks Escado	8,50	0,00
Thomas Fuchs	Major AC Folien	4,00	8,00
2. Großbritannien	12,00	4,00	8,00
Nick Skelton	Everest Dollar Girl	8,00	8,00
Michael Whitaker	Everest Two Step	0,00	4,00
Alison Bradley	Endeavour	0,00	0,00
John Whitaker	Welham	4,00	4,00
3. Frankreich	16,00 (Stechen 0,00/107,74 sec)	4,00	12,00
Hervé Godignon	Unic du Perchis	4,00	4,00
Jean-Maurice Bonneau	Urleven Pironniere	12,00	4,00
Alexandra Ledermann	Rochet M	0,00	12,00
Roger-Yves Bost	Souviens Toi III Equus S.A.	0,00	4,00
4. Irland	16,00 (Stechen 0,00/111,44 sec)	8,00	8,00
Peter Charles	La Ina	0,00	0,00
John Ledingham	Kilbaha	8,00	8,00
Trevor Coyle	Cruising	12,00	4,00
Eddie Macken	Miss F. A. N.	0,00	4,00
5. Belgien	16,50	8,25	8,25
Stanny van Paesschen	Mulga Bill	0,00	4,00
Ludo Philippaerts	Trudo King Darco	4,00	4,00
Eric Flameng	Vert et Rouge	4,25	4,00
Michel Blaton	Revoulino 2	20,00	0,25
vor weiteren sechs Mannschaften			

Zwischen Barcelona und Atlanta

Links: Bronzemedaille für Willi Melliger mit dem wie immer gewaltig springenden Calvaro V.

Oben: Nach Stechen gegen Michael Whitaker ging die Einzel-Goldmedaille an den Iren Peter Charles mit La Ina.

Großes irisches Glück gab es dann aber am Sonntag mit dem Sieg des neuen Europameisters Peter Charles auf La Ina. Auch für diese Entscheidung und auch für den Kampf um die bronzene Medaille waren wiederum Stechen erforderlich. Im Kampf um Gold war Michael Whitaker mit Everest Two Step der Konkurrent von Peter Charles und gewann die silberne Medaille.

Um Bronze bewarben sich gleich drei Konkurrenten, und zwar Willi Melliger mit Calvaro V, der Niederländer Jan Tops auf Top Gun La Silla und der Brite John Whitaker mit Welham. In dieser Reihenfolge endete auch die Stechentscheidung, so daß die bronzene Medaille an den schweizer Titelverteidiger Willi Melliger ging.

EM St. Gallen 1995 – Einzelwertung

Reiter	Nation	Pferd	Punkte	Stechen
1. Peter Charles	IRL	La Ina	8,00	4,00/49,83
2. Michael Whitaker	GBR	Everest Two Step	8,00	4,00/50,97
3. Willi Melliger	SUI	Calvaro V	12,00	0,00/48,13
4. Jan Tops	NED	Top Gun La Silla	12,00	4,00/46,92
5. John Whitaker	GBR	Welham	12,00	8,00/47,99
6. Ludo Philippaerts	BEL	Trudo King Darco	16,00	
7. Eddie Macken	IRL	Miss F. A. N.	18,00	
8. Stanny van Paesschen	BEL	Mulga Bill	20,00	
8. Emile Hendrix	NED	Anadolu Arabian	20,00	
8. Alexandra Ledermann	FRA	Rochet M	20,00	
8. Peter Eriksson	SWE	Robin Z	20,00	

vor weiteren 42 Teilnehmern

DM Balve und CSIO Aachen 1996
Die letzten Stationen langfristiger Planung

Das Jahr 1996 mußte zeigen, ob alle Planung und aller gezielte Einsatz der Pferde wirklich der richtige Weg zum Erfolg bei den Olympischen Spielen gewesen ist. Über vier Jahre wurden die als herausragend erkannten Pferde sehr behutsam aufgebaut und auf Turnieren dosiert an den Start gebracht. Bundestrainer Herbert Meyer hatte hierüber Einverständnis mit allen in Frage kommenden Reitern und den dazugehörigen Pferdebesitzern erzielt. Man sprach sich ab und hielt sich daran. Nie über einen Kamm geschoren, immer individuell zugeschnitten waren die einzelnen Wege. Verzicht auf so lukrative Turniere wie Modena, Calgary und Welt-Cup-Finale gehörten genauso zum Programm wie in Einzelfällen der Start beim CHIO Aachen nur in Rahmenprüfungen.

Bei aller Schonung mußte der Leistungsstand natürlich von Zeit zur Zeit auf echte Proben gestellt werden. Dann wurde aufgetreten, mal mit großem Erfolg, mal mit weniger. Die Marschroute wurde aber nie verlassen, auch nicht, als nach dem Startverzicht in St. Gallen alles vergeblich gewesen zu sein schien.

Zur langfristigen Vorbereitung gehörte auch die Planung der letzten Wochen vor dem olympischen Start. Unsere Trainer und Mannschaftstierärzte waren sich einig: die besonderen klimatischen Verhältnisse in Atlanta und die unmittelbar nach Ankunft auf dem Flugplatz einsetzende Quarantäne verlangten frühzeitigen Antransport. Nur so konnten die allmähliche Akklimatisierung und Wiederherstellung olympischer Fitness sichergestellt werden.

So wurde bereits im Januar 1995 die Merichase-Farm – etwa $3/4$ Autostunden südlich von Atlanta – als Trainingslager für Dressur und Springen festgemacht und gleichzeitig ausreichend Hotelkapazität für Reiter, Pfleger, Mannschaftsführung und Pferdebesitzer gebucht.

Natürlich gab es auch offizielle Sichtungsprüfungen. Die Deutsche Meisterschaft in Balve und wieder das internationale Turnier in Aachen. Die Deutsche Meisterschaft sah einen Reiter ganz vorne, der schon im Vorjahr mehr und mehr von sich Reden machte: der frühere Pferdepfleger und erfolgreiche Ponyreiter Ulrich Kirchhoff hatte nach ausgedehnten Lehr- und Wanderjahren beim Schwiegervater, kombiniert mit weiteren potenten Sponsoren und Pferdebesitzern, eine sehr erfolgversprechende sportliche Bleibe gefunden. Auf Opstalan's Jus de Pommes wurde er mit deutlichem Vorsprung Deutscher Meister vor Franke Sloothaak auf San Patrignano Weihaiwej und Holger Wulschner mit Capriol. Auf dem 4. Platz folgten punktgleich Lars Nieberg mit For Pleasure und Ludger Beerbaum mit Sprehe Ratina Z.

DM Balve 1996 – Einzelwertung

Reiter	Pferd	Punkte
1. Kirchhoff, Ulrich	Opstalan's Jus de Pommes	5,50
2. Franke Sloothaak	San Patrignano Weihaiwej	12,00
3. Holger Wulschner	Capriol	15,25
4. Lars Nieberg	For Pleasure	16,00
4. Ludger Beerbaum	Sprehe Ratina Z	16,00
6. Markus Merschformann	Ballerina	20,00
7. Rico Lorengel	Araff	21,75
8. Peter Weinberg	Polarkönig	24,00
9. Markus Beerbaum	Jabot	27,00
10. Ralf Schneider	Classic Touch by Sprehe	32,00

vor weiteren zwölf Teilnehmern

Ulrich Kirchhoff wird mit Opstalan's Jus de Pommes Deutscher Meister 1996 in Balve.

Zwischen Barcelona und Atlanta

Für Aachen wurde folgende Mannschaft nominiert: Ulrich Kirchhoff mit Opstalan's Jus de Pommes, Franke Sloothaak mit San Patrignano Joly, Ludger Beerbaum mit Sprehe Ratina Z, Lars Nieberg mit For Pleasure und Ralf Schneider mit Classic Touch by Sprehe. Im Nationenpreis kamen die ersten vier genannten zum Einsatz und auch zum Erfolg. Das Ergebnis ist bekannt: Sieg vor der Schweiz und Belgien.

Was war das für ein Omen? Man konnte glücklich sein, auch hoffnungsvoll nach Atlanta blicken, aber auch zweifeln. Hatten unsere Reiter nicht auch vor Barcelona den Aachener Nationenpreis gewonnen? Und was kam dann?

Der Rest des Aachener Turnieres war ein Ludger Beerbaum Festival mit Siegen in den bedeutendsten Prüfungen bis hin zum Großen Preis von Aachen.

Nachdem der Sport gesprochen hatte, hatte jetzt der Springausschuß unter Leitung von Hendrik Snoek das Wort. Es galt zu nominieren. Konzentrierte Sitzung, Vorschlag des Bundestrainers, Stellungnahme des Mannschaftstierarztes, Diskussion eigentlich nur noch um den fünften Mann, der als Reservereiter mit nach Atlanta sollte. Wegen des erfahreneren Pferdes wurde Ralf Schneider mit Classic Touch by Sprehe der Vorzug vor dem aufstrebenden Markus Merschformann gegeben. Der eigentliche Kern der Mannschaft wurde ohne große Diskussion aus den Reitern gebildet, die gerade den Nationenpreis gewonnen hatten.

CSIO Aachen 1996 – Mannschaftswertung

Nation/Reiter	Total/Pferd	1.Umlauf	2.Umlauf
1. Deutschland	0,00	0,00	0,00
Franke Sloothaak	San Patrignano Joly	0,00	0,00
Lars Nieberg	For Pleasure	4,00	0,00
Ulrich Kirchhoff	Opstalan's Jus de Pommes	0,00	0,00
Ludger Beerbaum	Sprehe Ratina Z	0,00	
2. Schweiz	4,00	0,00	4,00
Beat Mändli	City Banking	4,00	0,00
L. McNaught Mändli	Doenhoff	0,00	0,00
Markus Fuchs	Interpane Adelfos	0,00	8,00
Willi Melliger	Calvaro V	0,00	4,00
3. Belgien	8,00	8,00	0,00
Stanny van Paesschen	Mulga Bill	12,00	8,00
Michel Blaton	Revoulino 2	4,00	0,00
Eric Wauters	Bon Ami	4,00	0,00
Ludo Philippaerts	Trudo King Darco	0,00	0,00
4. Niederlande	12,00	4,00	8,00
Piet Raymakers	Jewel's Amethyst	4,00	8,00
Emile Hendrix	ten Cate Finesse	0,00	4,00
Jan Tops	Operette La Silla	0,00	0,00
Jos Lansink	Visa Dulf Z	4,00	4,00
5. Irland	12,25	4,25	8,00
Peter Charles	Beneton	0,25	4,00
John Ledingham	Kilbaha	4,00	4,00
Jessica Chesney	St. Ludwig's Diamond Exchange	8,00	4,00
Trevor Coyle	Cruising	0,00	0,00
vor weiteren sieben Mannschaften			

Schwierige Entscheidung für den Reservereiter zwischen zwei Kandidaten: Ralf Schneider mit Classic Touch by Sprehe (rechts) und Markus Merschformann mit Ballerina (rechts außen).
Der DOKR-Springausschuß entschied sich zugunsten des erfahreneren Pferdes Classic Touch by Sprehe .

Trainingslager Merichase Farm

Am 30.6. war Aachen zu Ende. Am 3.7. waren die Dressur- und Springpferde bereits in der Luft. Das Unternehmen Atlanta begann. Die Quarantäne verlief unproblematischer und kürzer als gedacht. Bereits nach 35 Stunden konnten unsere Pferde die Boxen auf dem Flugplatz verlassen und in die wunderschöne Trainingsfarm einziehen.

Herbert Meyer, Manfred Kötter und die Pferdepfleger übernahmen das erste aufbauende Training der Pferde. Bewegung am Morgen und am Abend, viel Spazierenreiten, Gymnastizieren und Verbesserung der Durchlässigkeit.

Die Reiter kamen am 9.7. nach und übernahmen selbst die Arbeit. Herbert Meyer dirigierte von unten, Manni Kötter dozierte von unten und demonstrierte von oben: so muß geritten werden.

Leichtes, gymnastizierendes Springtraining war erst ab Mitte Juli angesagt. Das eigentliche Leistungstraining erfolgte noch später, in den letzten beiden Tagen vor Aufbruch in die olympischen Wettkampfstätten.

Am 22.7, drei Tage vor dem offiziellen Trainingsspringen und zwei Tage vor einer ersten, inoffiziellen Verfassungsprüfung, wurde gepackt und umgezogen: in die olympischen Wettkampfstätten, den Georgia International Horse Park (GIHP), der sehr gute Stallungen und beste Trainingsbedingungen aufwies.

Rechte Seite:
Deutschland gewinnt 1996 den Nationenpreis in Aachen.

Dr. Reiner Klimke

Centennial Olympic Games
Atlanta 1996 – Bleibende Eindrücke

Im Stadtzentrum von Atlanta drängten sich die Besucher im Centennial Park.

Vom 19. Juli 1996 bis zum 04. August 1996 war Atlanta Schauplatz der Spiele der XXVI. Olympiade der Neuzeit und feierte damit zugleich den 100. Geburtstag. Die Erwartungen waren groß. Nach den Vorankündigungen sollten die Spiele in Atlanta alle Rekorde brechen und den Weg aufzeigen für den Übergang in das zweite Jahrhundert der modernen Olympischen Spiele.

Rekorde, was die Beteiligung anbetrifft, wurden in Atlanta aufgestellt. 197 Nationen sind derzeit dem Internationalen Olympischen Komitee (IOC) angeschlossen. Alle 197 Nationen entsandten Aktive zur Teilnahme an den Jahrhundertspielen. Mit 37 Disziplinen aus 26 Sportarten erreichte das olympische Programm von Atlanta eine neue Rekordmarke. Es gab in 271 Wettbewerben Goldmedaillen zu gewinnen. Auch das war eine Steigerung gegenüber Barcelona '92, wo 257 Wettkämpfe ausgetragen wurden. Etwa 11.000 Athleten und 5.000 Betreuer mußten im Olympischen Dorf untergebracht werden. 15.000 (Barcelona 13.500) Medienvertreter berichteten über die Spiele.

Beteiligungsrekorde allein sind kein Garant für Qualität. Das wurde in Atlanta augenfällig. Gewiß: der Gastgeber hatte sich alle Mühe gegeben, um die Teilnehmer, Besucher und die Zuschauer an den Bildschirmen zufrieden zu stellen. Aber dies war nur bedingt möglich. Das IOC hatte die Spiele entgegen ihrer sonstigen Gepflogenheit nicht an die Stadt Atlanta vergeben, sondern an eine private Betreibergesellschaft: dem Atlanta Committee for the Olympic Games (ACOG) unter der Leitung von William (Billy) Payne. Bei der Abschlußpressekonferenz räumte der Präsident des IOC, Juan Antonio Samaranch, ein, daß dies keine glückliche Lösung war; denn weder die Stadt Atlanta noch der Staat Georgia konnten dadurch vom IOC in die Pflicht genommen werden, wodurch sich weitreichende Folgen für die Beteiligten ergaben.

Bevor Kritik geäußert wird, verdient der Veranstalter in bezug auf die Durchführung der sportlichen Wettkämpfe ein großes Lob. Sämtliche Olympiasportstätten entsprachen dem modernsten Standard. Der Ablauf der Wettkämpfe und die Organisation in den Stadien selbst waren hervorragend und haben mit dazu beigetragen, daß die großartigen Leistungen der Athleten und die olympischen Rekorde erzielt werden konnten.

Auf der anderen Seite darf nicht verschwiegen werden, daß die Stadt Atlanta als Bremser auftrat und es dadurch zu zahlreichen Pannen kam, die zu Verärgerungen führten. Mit ca. 65.000 freiwilligen Helfern wollte das ACOG die Transportprobleme lösen und die Betreuung der Gäste gewährleisten. Das ging schief. Die freiwilligen Helfer kamen aus ganz Amerika und waren mit den Örtlichkeiten in Atlanta durchweg nur unzureichend vertraut. Die Polizei in Atlanta sperrte nach Belieben bei Überfüllung die Straßen, was dann zu chaotischen Zuständen führte, weil die freiwilligen Helfer die Ausweichstraßen nicht kannten, und dann mit ihrem wertvollen Transportgut in der Gegend herumirrten. In der Tagespresse ist darüber ausführlich berichtet worden.

Centennial Olympic Games 49

Was den kulturellen Anspruch betrifft, so hat Atlanta die von Gästen aus aller Welt an die Jahrhundertspiele gestellten Erwartungen nicht erfüllen können. Die Innenstadt von Atlanta war ein einziger Jahrmarkt. Jede freie Fläche war mit Verkaufsständen, Kirmesbuden und Jahrmarktzelten besetzt. Dazu wurde man von Werbung an jeder Ecke nahezu erschlagen.

In meiner Freizeit bin ich ausgerechnet an dem Abend, an dem die Bombe explodierte und den olympischen Frieden erschütterte, durch den Centennial Park gebummelt, der der Anziehungspunkt der Olympiagäste war. Dort fühlte man sich wie in den Freizeitparks von Disneyland. Für außeramerikanische Gäste war dies bestimmt alles andere als ein olympisches Kulturangebot, das uns in das zweite Jahrhundert der Olympischen Spiele der Neuzeit führen sollte. Aber es ließ sich nicht leugnen, daß die Amerikaner happy waren und teilweise die Kritik nicht verstanden haben. Insofern muß zur Kenntnis genommen werden, daß dort eine andere Welt herrscht, mit der wir uns nicht identifizieren müssen, der wir aber fairerweise Toleranz schulden.

In Erinnerung bleiben werden die großartigen Wettkämpfe sowie die Athletinnen und Athleten der XXVI. Olympischen Spiele von Atlanta 1996. Sie standen im Mittelpunkt und prägten die Spiele trotz beängstigender Signale fortschreitender Kommerzialisierung.

Dr. Bernd Springorum

Military

Georgia International Horse Park, Conyers

Die olympische Vielseitigkeitsprüfung 1996 wird ein Markstein in der Geschichte dieser Sportart bleiben. Trotz aller Warnungen ist es den Verantwortlichen nicht gelungen, diesen umfassenden Test für Reiter und Pferd aus unzumutbaren Klimazonen herauszuhalten. Hauptsponsor Coca-Cola ist mit seinen Bemühungen um einen fernsehgünstigen Termin der Spiele erfolgreich geblieben. Ein Südstaatler geht in dieser feuchtwarmen Jahreszeit nicht einmal zum Rasenmähen vor die Tür.

Demzufolge sind auf der Grundlage umfassender veterinärmedizinischer Vorarbeiten Bedingungen für diese Prüfung erarbeitet worden, die einem Championat bei normalem Wetter entsprechen sollten. Die einzelnen Phasen der Olympischen ****-Geländestrecke sind in etwa auf das ***-Niveau verkürzt worden. Darüber hinaus ist die Phase C, die zweite Wegstrecke, durch den Einbau mehrerer Pausen zu einer reinen Erholungsphase umgestaltet worden.

Eine weitere einschneidende Veränderung ist die Teilung der olympischen Military in zwei unabhängig voneinander laufende Prüfungen für Mannschaften und Einzelreiter. Herr Samaranch und sein IOC haben durchgesetzt, nicht mehr zwei Medaillen für „eine Leistung" zu vergeben. Es ist uns nicht gelungen, die unbestrittenen Vorteile des alt bewährten Austragungsmodus überzubringen. Man kann nur noch hoffen, daß diesem Schritt in Richtung Spezialisierung weder Bestand noch Beispielwirkung zukommt.

Noch ein Ziel des IOC besteht in der weltweiten Vertretung aller olympischen Disziplinen. Auf diesem Gedanken beruht das komplizierte Qualifikationssystem für Nationen und Einzelreiter. Maximal 100 Pferde mit ihren Reitern wurden zugelassen, wobei die zugelassenen Paare innerhalb eines Zeitraums von ca. 2½ Jahren vor den Spielen ein CCI*** mit 20 Fehlerpunkten oder weniger im Gelände (oder die Beendigung eines CCI****) vorzuweisen hatten. Dieser Vorlauf hat genügend Teilnehmer hervorgebracht. Kenner der Szene wissen jedoch, daß Reiter, die sich möglicherweise vor längerer Zeit qualifiziert haben, auch mit Pferden antreten können, deren aktueller Leistungsstand fraglich ist. Da die Fitneß des Pferdes und das Verantwortungsbewußtsein des Reiters die einzige Bremse ist, die schlechte Bilder im Gelände verhindern kann, ist es wichtig, das zukünftige Qualifikationssystem um einen aktuellen Beweis der Einsatzfähigkeit qualifizierter Pferde zu erweitern.

Immerhin funktionierte das Qualifikationssystem insofern, als von 100 zugelassenen Paaren 98 in Conyers antraten. 63 Mannschaftsreiter, aufgeteilt auf 16 Teams, der Rest Einzelreiter. Erstmals in der Geschichte der Olympischen Spiele wurde es max. 2 Reitern einer Nation gestattet, 2 Pferde, d.h. je eins in der Mannschafts- und Einzelwertung einzusetzen. Im deutschen Team wäre allenfalls Marina Loheit zweifach beritten gewesen, hätte es nicht das bedauerliche Aus nach den guten Geländeleistungen in Luhmühlen gegeben.

Das System der olympischen Akkreditierungen erschien nicht ideal. Ihm fielen unsere beiden Reiter Matthias Baumann und Wolfgang Mengers zum Opfer, die ihre nicht einsatzfähigen Pferde Valesca und Flaming Affair in der Pine-Top-Farm lassen mußten. Wenn Reservereiter schon nicht eingesetzt werden können, sollten sie wenigstens die Möglichkeit haben, im Team zu bleiben und dort mitzuhelfen, anstatt mit ihrem Frust auf der Tribüne zu sitzen. Demgegenüber steht die erstmals zugelassene Ausweitung der Akkreditierung von Pferdebesitzern. In Conyers hat sich jedoch herausgestellt, daß die berechtigten Interessen der Pferdebesitzer nicht immer mit einer optimalen Mannschaftsbetreuung in Einklang gebracht werden können. Insofern erscheint es mir zumindest in der Disziplin Vielseitigkeit, die den Reitern physischen und mentalen Druck über mehrere Tage abverlangt, nötig darüber nachzudenken, wie sich die Reiter zumindest in der heißen Wettkampfphase ausschließlich auf den Einfluß der vorgesehenen Betreuer konzentrieren können.

Die Organisation dieser Olympischen Spiele erschien aus Sicht der Buschreiter amerikanisch-perfekt. Das Olympiagelände ist innerhalb kurzer Zeit aus dem Boden einer hügeligen Wald- und Weidelandschaft gestampft worden. Sämtliche Anlagen sollen später weiter genutzt werden und für dauerhafte Attraktion des Georgia International Horse Park (GIHP) sorgen. Lediglich die Zukunft der Geländestrecke scheint noch offen, wird aber bereits als US-CCI**** gehandelt.

Stallungen, Vorbereitungsplätze und die Wettkampfstätte waren für alle Disziplinen bestens vorbereitet. Zusätzlich stand den Vielseitigkeitsreitern das Gelände der vorjährigen Testprüfung einschließlich der 96er Wegstrecken zum Training zur Verfügung.

Mängel gab es u. a. im Transportsystem des Veranstalters, wozu allerdings auch die erhöhten Sicherheitskontrollen nach dem Attentat in Atlanta beitrugen. Besonders gravierend auch der Zusammenbruch des EDV-Systems am Tag der Mannschafts-Geländeprüfung. Es gab keinerlei Zwischenergebnisse, das Endergebnis kam sehr spät und teilweise fehlerhaft. Letzteres veranlaßte die Neuseeländer, einen offiziellen Protest gegen die Wertung eines Engländers einzulegen. Da der Fehler intern längst berichtet war, haben sich Brits und Kiwis schnell geeinigt, die Protestgebühr von $ 150 in Flüssigkeit umzusetzen.

Die Organisation in den eigenen Reihen wurde wieder von dem bewährten Triumvirat Equipechef Martin Plewa, Trainer Horst Karsten und Teamveterinär Dr. Karl Blobel angeführt sowie von Fritz Otto-Erley koordiniert. Aber ohne den mannschaftsdienlichen Einsatz aller, vom Schmied bis hin zu den Pflegern, sind Leistungen in dieser Disziplin nicht zu erzielen. Für den Einsatz der

Die deutsche Mannschaft

Reiter	Alter	Pferd Pfleger	Alter	Zuchtgebiet	Züchter Besitzer
Mannschaftswettbewerb					
Bodo Battenberg	33	Sam the Man (br.W.) Gabriela Kissova	8	Irland	Dr. Brigitte Battenberg
Jürgen Blum	40	Brownie Mc Gee (br.W.) Stefanie Strubel	14	England	Jürgen Blum
Ralf Ehrenbrink	35	Connection L (F.W.) Claire Fitzmaurice	12	England	Edith Mattern
Bettina Overesch-Böker	33	Watermill Stream (Sch.W.) Katrin Krage	13	England	FORS/DOKR
Einzelwettbewerb					
Herbert Blöcker	53	MobilCom Kiwi Dream (br.W.) Jannie Schmidt	10	Neuseeland	FORS/MobilCom
Hendrik von Paepcke	22	Amadeus (br.W.) Christian Stocker	10	Hannover	Hermann Gerken Jobst von Paepcke
Peter Thomsen	35	White Girl (Sch.St.) Merrit Hinrichs	13	Trakehner	Sibbert Lorenzen Gestüt Sachsen/H. Müller/P. Thomsen
mit im Trainingslager					
Dr. Matthias Baumann	33	Valesca (br.St.) Catherine Oates	10	Hannover	Annette Spethmann-Stankus Alexandra Wolfshöfer
Wolfgang Mengers	50	Flaming Affair (br.St.) Liane Mengers	11	England	Karin Schwarze/Josef Feichtinger
Bundestrainer		**Equipechef**		**Tierarzt**	
Martin Plewa (46 Jahre)		Horst Karsten (60)		Dr. Karl Blobel (61)	

Betreuer im deutschen Team an dieser Stelle unser aller Dank. Leider werden für diese wichtigen Leistungen vor Ort keine Medaillen vergeben.

Unsere Außenwirkung dagegen kann bis zum Jahr 2000 noch weiter verbessert werden. Die Olympischen Spiele sind immer ein Ereignis von großer Publikumswirksamkeit und jedes Wort eines Sportlers oder Funktionärs hat höchsten Stellenwert. Wir müssen uns bemühen, dieses Forum noch besser zu nutzen, um eine möglichst hohe positive Wirkung zu erzielen. Es kann nicht angehen, daß sich Olympioniken hinter vorgehaltener Hand oder gar offen über angebliche oder tatsächliche Probleme in den Nachbardisziplinen auslassen. So etwas ist stets ein gefundenes Fressen für die Standleitungen der Redaktionen Richtung Heimat. Manchmal auch deswegen, weil der betroffene Redakteur ganz gut weiß, daß die Information, die er bekommen hat nicht richtig sein muß, um gut verkäuflich zu sein. Hier kommt auf die jeweiligen Equipechefs und die Gesamtleitung unseres Aufgebots bei zukünftigen Championaten die rasant wachsende Aufgabe zu, allen Teilnehmern das Rüstzeug für eine positive Außenwirkung mitzugeben.

1. Verfassungsprüfung

Wie üblich fanden die Verfassungsprüfungen am Tage vor der jeweiligen Dressurprüfung statt. Für das Vortraben wurde eine weiche Asphaltpiste von ca. 30 m Länge im Stadion gegenüber der Ehrentribüne angelegt. Eine hauchdünne Schicht Sand auf dem Asphalt machte den Belag ideal. Dennoch animierte das beeindruckende Stadion einige der Pferde, ihre Reiter vorzuführen und nicht umgekehrt. Die Zuschauer auf der Tribüne dieses Teils der Arena beschränkten sich wie üblich auf die engere Buschreiter-Familie.

In dieser ersten Verfassungsprüfung durften neben den für die Mannschaft benannten auch Pferde vorgestellt werden, die in der nachfolgenden Einzelprüfung eingesetzt werden sollten. Nach den gültigen Regeln ist es möglich, aus veterinärmedizinischen Gründen ein Pferd bis kurz vor Beginn der Dressurprüfung auszutauschen. Dieses Austauschpferd muß aber die Verfassungsprüfung der Prüfung absolviert haben, in der es startet. Die meisten Länder, die sich für beide Prüfungen qualifiziert haben, stellten somit aus Sicherheitsgründen alle Pferde vor. Die Pferde, die tatsächlich für die Einzelwertung benannt wurden, mußten sich zwei Tage später, am Montag den 22.07.1996 in jedem Fall noch mal ihrer gesonderten ersten Verfassungsprü-

Zeitplan

Sa, 20.07. Briefing, Besichtigung der Geländestrecken
1.Verfassungsprüfung (Mannschaft/Einzel)
So, 21.07. Dressur (M)
Mo, 22.07. Dressur (M)
1.Verfassungsprüfung (E)
Di, 23.07. Gelände (M)
Dressur (E)
Mi, 24.07. 3.Verfassungsprüfung (M)
Springen (M)
Dressur (E)
Do, 25.07. Gelände (E)
Fr, 26.07. 3.Verfassungsprüfung (E)
Springen (E)

fung stellen. Ein Austausch, abgesichert durch ein Testat der Veranstaltungstierärzte, wurde tatsächlich vorgenommen.

Der Typ des modernen Military-Pferdes hat sich nach den Eindrücken aus den beiden Verfassungsprüfungen nicht wesentlich verändert. Zur Weltklasse gehören weiterhin hohe Anforderungen an das Interieur, die nicht von der jeweiligen äußeren Erscheinung abhängig sind. Vorherrschend bleibt der hohe Vollblutanteil bei meist solidem Fundament.

Mit ausschließlich eigenen Zuchtprodukten traten die Brasilianer, Ungarn und Franzosen an. Engländer, Iren, Neuseelän-

1. Verfassungsprüfung

Oben: Jürgen Blum mit Brownie Mc Gee bei der 1. Verfassungsprüfung.
Rechts: Die Groundjury (Jack Le Goff, Giovanni Grignolo, Dr. Bernd Springorum, v.l.n.r.) in vorbildlicher Manier vor den Vernebelungsventilatoren.

der und Australier waren hauptsächlich mit eigenen Zuchtprodukten beritten, wobei die drei erstgenannten Nationen am häufigsten in der Züchterliste vertreten sind. In unserem Team diesmal nur zwei deutsche Pferde. Noch in Barcelona, wo wir zwei Medaillen gewonnen haben, war Kildare einziger Ausländer.

Es bleibt dabei, daß unsere Pferde zumindest genauso gut sind, wie die aus England, Neuseeland oder Irland. Es bleibt aber auch dabei, daß wir im Vielseitigkeitssport inzwischen hoch veranlagte Pferde für alle drei Teildisziplinen brauchen, um vorn dabei zu sein. Diese hoch veranlagten Pferde sind in Deutschland meist auch für die Disziplinen Dressur und Springen interessant, wo höhere Preise bezahlt werden. Es bleibt dabei, daß wir in England oder Irland ein vergleichbar veranlagtes und meist sogar vorgeprüftes Pferd deutlich preiswerter erwerben können, was vor allem in der Anschlußberittmachung unserer erfahreneren Reiter auch genutzt wird. Eine Verschiebung des Schwerpunktes zugunsten unserer Zuchtprodukte erscheint nur über die rechtzeitige Anbindung vieler junger Pferde erfolgversprechend.

Die ersten Verfassungsprüfungen hinterließen einen ausgesprochen guten Eindruck. Kein Pferd mußte herausgenommen werden. In der Mannschafts-Verfassungsprüfung wurden zwei Pferde zu einer eingehenden Untersuchung in die sogenannte Holdingbox geschickt. Der dort amtierende und sehr erfahrene amerikanische Tierarzt John Mayo hatte jedoch nach eingehender Untersuchung nichts entdeckt, was den Start dieser Pferde bedenklich machen könnte. Die deutschen Pferde machten allesamt einen hervorragenden und austrainierten Eindruck.

Der erste aufsehenerregende Ausfall traf die Neuseeländer. Das Pferd von Mark Todd, der als Mitfavorit angereist war, wurde zur Verfassungsprüfung gar nicht erst vorgestellt.

Die Richtergruppe bestehend aus Gen. Giovanni Grignolo (ITA, Präsident), Jack Le Goff (USA) und Dr. Bernd Springorum (GER) wurde ergänzt durch den auswärtigen Veterinär-Delegierten Prof. Leo Jeffcott

(GBR), der bereits in Barcelona dieses Amt ausübte und zwischenzeitlich mit den tiermedizinischen Forschungen auf Atlanta hin befaßt war. Praktische Erfahrung, wissenschaftliches Fundament und nie versagender Humor haben Leo zu einem idealen Begleiter unserer nun schon beinah traditionellen Hitze-Championate werden lassen.

Der Einsatz des Deutschen unter den FEI-Funktionären war ursprünglich im Schiedsgericht für alle drei Disziplinen vorgesehen. Da jedoch die Tochter des designierten Chef-Richters Lord Carew in der Mannschaftswertung an den Start ging, mußte gewechselt werden. Lord Carew richtete letztendlich die Prüfung der Einzelwertung als Präsident.

Im Vorfeld der olympischen Vielseitigkeitsprüfung war natürlich das Wetter ein zentrales Thema. Die Veterinäre haben inzwischen den sogenannten Comfort-Index verfeinert. Es werden jetzt neben Temperatur und Luftfeuchtigkeit auch Windeinwirkung und Sonneneinstrahlung berücksichtigt. Man ging davon aus, daß dieser Index bei einem Wert von ca. 30 Punkten dem „normalen" Sommerwetter in und um Atlanta entspricht, d. h. Temperaturen um ca. 30°C bei hoher Luftfeuchtigkeit und Sonneneinstrahlung. Für diese Bedingungen war die verkürzte Geländestrecke konzipiert. Höheren Werten des Comfort-Index hätte mit der vorbereiteten Verkürzung zunächst der Rennbahn in mehreren Abschnitten von je 30 sec bis auf 3 min begegnet werden können. Die nächsten Schritte konnten durch eine Verkürzung der Querfeldeinstrecke (Herausnahme von zwei getrennten Schleifen, je ca. 1 min = 570 m) eingeleitet werden.

Die Meßdaten wurden von einem Team von Meteorologen und Tierärzten an verschiedenen Punkten des Olympiageländes und in der Geländestrecke ermittelt. Die entsprechenden Kurven sind dann täglich zwischen Richtergruppe, Technischem Delegierten, der Veterinärkommission und Team-Chefs erörtert worden.

Zu keinem Zeitpunkt der olympischen Militaryprüfung wurde die Index-Norm von 30 überschritten. Während der Dressurtage lag sie knapp, zum Zeitpunkt des Individual-Geländerittes deutlich darunter. Letztendlich sind beide Gelände-Teilprüfungen auch ohne weitere Reduzierungen durchgeführt worden und dies in vollem Einvernehmen mit allen teilnehmenden Nationen.

Dressur

Diesmal durften wir unter den gleichen Bedingungen wie die Großen reiten: Ein hervorragendes Sandviereck im Zentrum der Arena, dem bei uns lediglich die vier Figuren außerhalb der Ecken fehlten. Über dem Viereck die neue Television-Technik, bei der sich eine Kamera, wohl elektronisch gesteuert, über und mit dem Pferd bewegen kann. Nur in einem Fall bei der Einzelprüfung hatte ich den Eindruck, das ein Pferd diese Kamera wahrgenommen und dann gescheut hat. Auch später im Gelände wurden Kameras wie Seilbahnen oder an Laufschienen eingesetzt, die die Pferde im gleichen Tempo begleiten konnten.

Alle Dressurtage fanden unter hochsommerlichen aber nicht unbedingt höllischen Bedingungen statt. Die überwiegende Mehrheit der Mannschaften hatte sich auf Anfrage gegen Marscherleichterung ausgesprochen; es wurde also im Frack geritten.

Das Stadion mit angeblich über 30.000 Plätzen war am ersten Mannschafts-Dressurtag etwa halb, am zweiten Tag fast voll besetzt. Die Einzeldressur war eher noch besser besucht. Die Begeisterung dieser Zuschauer, vor allem nach den Ritten der Amerikaner hat eindrucksvoll bewiesen, daß die Military-Dressur auch publikumswirksam sein kann. Dazu hat zweierlei beigetragen: zum einen wurde der Testreiter, bei dem sich die Richter zu Beginn der Dressurprüfung abstimmen, mit einem Mikrofon ausgestattet. So konnten während des Testrittes die einzelnen Lektionen, ihr Inhalt und die Beurteilungskriterien, eindrucksvoll auch für den Laien erklärt werden. Zum andern wurden über die Anzeigetafel die einzelnen Noten der Richter zu jeder Lektion veröffentlicht, wobei die Lektion (z.B. „Rückwärtsrichten") jeweils auf der Tafel erschien, damit die Zuschauer die Noten auch zuordnen konnten.

Die Verlosung der Startfolge in der Mannschaftsprüfung wurde den Anlagen des Gastgebers entsprechend per EDV erledigt. Es brauchte nur die Reihenfolge der Teams verlost zu werden. Die jeweiligen Equipechefs legten dann die Reihenfolge der Reiter in ihrer Mannschaft fest und für den Zuschauer blieb dann alles recht übersichtlich, weil nach den ersten Reitern einer jeden Mannschaft in verloster Reihenfolge die zweiten Reiter folgten und so fort. Die gleiche Startfolge galt auch im Gelände, wobei die einzige Mannschaft, die mit drei Reitern antrat, die Schweiz, den Startplatz des letzten, des vierten Reiters, unbesetzt ließ, was unüblich ist. Der Grund: Wer eher startet, genoß die etwas kühleren Morgenstunden im Gelände. Lediglich im Springen starteten Mannschaften und Einzelreiter in umgekehrter Reihenfolge der Geländeplazierung.

In der Mannschaftsprüfung gab es mit Ian Stark (GBR) und Stanwick Ghost sowie mit Karen O'Conner (USA) und Biko zwei sehr gute Dressuren unter 40 Punkten, deren Qualität später nur von King William mit Mary King (GBR) in der Prüfung für Einzelreiter übertroffen wurde. King William ging selten so gut wie in Conyers und darf als Beispiel einer schwungvollen, ansprechenden Vielseitigkeitsdressur herhalten. Die Richter gaben ihm zwischen 182 und 191 Punkten, womit er die Einzeldressur mit einer Punktzahl von 31,1 gewann.

Die Durchschnittsleistungen, auch in der Mannschaftprüfung, sind besser geworden. USA, GBR und NZL, die in dieser Reihenfolge die Dressurwertung anführten, stellten jeweils drei Pferde mit einer Endnote unter 50 Punkten vor. Die weiteren Plazierten CAN und GER stellten jeweils noch zwei Pferde in diesem Punktbereich, die dann folgenden Australier, die stark verbesserten Japaner und Frankreich jeweils noch einen. Immerhin erzielte auch der Spanier Santiago Centenera noch 47,80 Punkte für seine an 12. Stelle plazierte Mannschaft, was belegt, daß bessere Dressuren nicht mehr auf einzelne Länder beschränkt sind.

In der Mannschaftsdressur hat Bodo Battenberg mit Sam the Man einen durchaus ansprechenden Ausgangspunkt gelegt. Dieses Paar hat in Atlanta eine persönliche Bestleistung im Viereck geboten. Mit 52,0 Punkten hat es die Erwartungen voll erfüllt. In Zukunft läßt sich die Dressur sicherlich weiter verbessern, wenn das Gleichmaß der Bewegungen und eine stabile Anlehnung gefördert werden können.

Brownie McGee mit Jürgen Blum sind die Anlagen eines Dressursiegers mit Sicherheit nicht in die Wiege gelegt worden. Dieses Paar empfahl sich durch seine zuverlässigen Geländeleistungen im Vorfeld der Spiele und ist nach dem Ausfall der eher als Mannschaftsreiter gehandelten Baumann und Mengers in die Mannschaft genommen worden, da man ihm nach den Vorleistungen einen stabilen Teambeitrag zutrauen konnte. Mit 61,6 Dressurpunkten blieb noch alles offen.

Connection L mit Ralf Ehrenbrink zeigte dann die beste Dressur der deutschen Mannschaftsteilnehmer und wurde in der Punktzahl nur von Herbert Blöcker übertroffen. Ein gehorsames Pferd, eine gute Reiterleistung und schwungvolle Bewegungen resultierten in einem erwarteten Ergebnis knapp über 40 Punkten.

Bettina Overesch-Böker mit ihrem Watermill Stream war von vorn herein die entscheidende vierte Position im Mannschaftswettbewerb zugedacht. Damit wird deutlich, wie dünn die Decke der einsatzfähigen deutschen Pferde bis zum Beginn der Olympischen Spiele geworden ist, wie sehr die Teamleitung jonglieren mußte. Bettina zeigte mit ihrem Schimmel eine sehr ansprechende Dressur, die am Ende 48,8 Punkte einbrachte. Einige kleine Patzer fielen nur unbedeutend ins Gewicht.

Solche Dressuren werden allerdings bei uns zu Hause in der Regel höher bewertet. Im Gegensatz zur internationalen Übung gibt es bei uns manchmal eine Hemmschwelle, das was mangelhaft ist auch mit 4 geschweige denn 3 zu bewerten. So sind denn auch spontane Unmutsäußerungen deutscher Teilnehmer im Ausland verständlich, wenn Richternoten niedriger als gewohnt ausfallen. Dennoch scheint es mir für Richter und Hingerichtete immer wieder sinnvoll danach zu fragen, ob nicht die Leistungen der Konkurrenten trotz niedriger Noten entsprechend besser waren und ob nicht gefälliges Richten an Stelle von richtigem Richten zu falschen Einschätzungen unserer Reiter führen kann.

Von den 35 Pferden in der Einzelwertung blieben immerhin 13 unter 50 Punkten darunter Herbert Blöcker mit MobilCom Kiwi Dream der mit 42,4 Punkten eine ausgesprochen gute Leistung bot. Herbert ritt äußerst konzentriert, hatte sein Pferd stets an den Hilfen und ist vor allem durch seine tadellose reiterliche Leistung mit dem 6. Platz honoriert worden.

Die Trakehnerstute White Girl und Peter Thomsen gingen mit 53,6 Punkten unter Wert. Dem Schimmel fehlte es ein wenig an Schwung, so daß vor allem bei den Trablektionen mit Biegung Rhythmusstörungen auftraten. Da auch der Schritt nicht gleichmäßig schien, wurde White Girl im Anschluß an die Dressurprüfung zu einer gesonderten Verfassungsprüfung zitiert, in der sich die Stute allerdings ohne Befund präsentieren konnte. Um so bedauerlicher ist ihr nachfolgender Rückzug aus dem Wettkampf. Die deutsche Mannschaftsleitung hat auf Anraten des Mannschaftstierarztes verzichtet, weil die zu erwartenden Belastungen im Gelände ein Restrisiko für die im Vorjahr leicht verletzte Stute erwarten ließen.

Das dritte deutsche Ergebnis in der Einzelprüfung, das unser jüngster Teilnehmer Hendrik von Paepcke mit Amadeus ablieferte, ist ebenfalls etwas unter der Norm ausgefallen. Die Richtergruppe hat an einige Unebenheiten im geschmeidigen Bewegungsablauf des tüchtigen Hannoveraners mit 56,2 Punkten strenge Maßstäbe gelegt. Ursprünglich sollte Amadeus in der Mannschaft eingesetzt werden. Wegen leichter Verdauungsstörungen kurz vorher hielt man die Umbesetzung für sinnvoll.

Ein Mangel der Military-Dressuren auch in Conyers liegt in den oft fehlenden Grundlagen von Takt, Losgelassenheit und Anlehnung. Zwar sind unsere Pferdeathleten nicht immer geborene Tänzer auf dem Viereck. Dennoch scheint es im Schnitt an solider Grundausbildung zu fehlen. Viel zu früh wird mit der Hand eine Art künstlicher Anlehnung hergestellt und damit die Verbindung der tragenden Hinterhand über einen schwingenden Rücken bis hin zur Dehnung des Halses an die Reiterhand verhindert. Die Folge sind häufig Taktfehler der Gangarten, der Verlust des Moments der freien Schwebe und grobe Anlehnungsprobleme, die sich in mangelnder Kautätigkeit oder offenen Mäulern zeigen, auch wenn die Silhouette manchmal stimmt. Diese Grundlagenprobleme werden immer noch zu freundlich benotet, während das gut veranlagte Pferd auf richtigem Weg mit dem einen oder anderen Patzer oft überproportional zur Notenader gelassen wird.

Bettina Overesch-Böker und Watermill Stream zeigten eine sehr ansprechende Dressur, die mit 48,8 Punkten bewertet wurde.

Military Dressur – Mannschaftswettbewerb

Nation/Reiter	Pferd	Total
1. USA		123,00
Karen O'Connor	Biko	39,60
David O'Connor	Giltedge	40,80
Bruce Davidson	Heyday	42,60
Jill Henneberg	Nirvana	57,00
2. Großbritannien		127,80
Ian Stark	Stanwick Ghost	35,20
William Fox-Pitt	Cosmopolitan II	49,00
Gary Parsonage	Magic Rogue	62,60
Karen Dixon	Too Smart	43,60
3. Neuseeland		135,60
Blyth Tait	Chesterfield	48,80
Andrew Nicholson	Jagermeister II	47,20
Vicky Latta	Broadcast News	41,00
Vaughan Jefferis	Bounce	47,40
4. Kanada		139,20
Therese Washtock	Aristotle	40,00
Kelli McMullen Temple	Kilkenny	47,20
Claire Smith	Gordon Gibbons	53,00
Stuart Young-Black	Market Venture	52,00
5. Deutschland		145,00
Bodo Battenberg	Sam the Man	52,00
Jürgen Blum	Brownie Mc Gee	61,60
Ralf Ehrenbrink	Connection L	44,20
Bettina Overesch-Böker	Watermill Stream	48,80
6. Australien		156,40
Wendy Schaeffer	Sunburst	49,40
Phillip Dutton	True Blue Girdwood	50,60
Gillian Rolton	Peppermint Grove	57,00
Andrew Hoy	Darien Powers	56,40
7. Japan		161,60
Kazuhiro Iwatani	Sejane de Vozerier	48,40
Masaru Fuse	Talisman de Jarry	53,40
Yoshihiko Kowata	Hell at Dawn	59,80
Takeaki Tsuchiya	Right on Time	61,60
8. Frankreich		162,40
Marie-Christine Duroy	Yarlands Summer Song	44,40
Rodolphe Scherer	Urane des Pins	50,60
Koris Vieules	Tandresse de Canta	81,60
Jacques Dulcy	Upont	67,40
9. Italien		166,40
Ranieri Campello	Mill Bank	64,20
Giacomo Della Chiesa	Diver Dan	61,80
Lara Villata	Nikki Dow	50,60
Nicola Delli Santi	Donnizetti	54,00
10. Schweden		166,80
Paula Tornqvist	Monaghan	58,80
Linda Algotsson	Lafayette	51,80
Therese Olavsson	Hector T	61,40
Dag Albert	Nice N'Easy	56,20
11. Irland		167,60
David Foster	Duneight Carnival	52,20
Virginia McGrath	The Yellow Earl	61,20
Alfie Buller	Sir Knight	74,60
Eric Smiley	Enterprise	54,20
12. Spanien		172,60
Luis Alvarez-Cervera	Pico's Nippur	77,60
Santiago Centenera	Just Dixon	47,80
Javier Revuelta	Toby	61,00
Enrique Sarasola	New Venture	63,80
13. Polen		182,80
Rafal Choynowski	Viva 5	67,20
Boguslaw Jarecki	Polisa	61,00
Artur Spolowicz	Hazard	63,00
Boguslaw Owczarek	Askar	58,80
14. Schweiz		190,60
Christoph Meier	Hunter V	56,80
Marius Marro	Gai Jeannot CH	65,00
Heinz Wehrli	Ping Pong	68,80
15. Ungarn		195,60
Gabor Schaller	Albattrosz	60,80
Attila Sos	Zsizsik	63,00
Pal Tuska	Zatony	71,80
Tibor Herczegfalvi	Lump	72,40
16. Brasilien		208,60
Serguei Fofanoff	Kaiser Eden	73,40
Sidney de Souza	Avalon da Mata	68,00
Andre Giovanini	Al do Beto	67,20
Luciano Miranda	Xilena	74,40

Military Dressur – Einzelwettbewerb

Reiter	Nation	Pferd	H	C	M	Total
1. Mary King	GBR	King William	191	189	182	31,60
2. David O'Connor	USA	Custom Made	176	178	178	37,60
3. Nikki Bishop	AUS	Wishful Thinking	169	173	178	40,00
4. Mara Depuy	USA	Hopper	163	182	174	40,20
5. Jean Teulere	FRA	Rodosto	163	173	178	41,20
6. Herbert Blöcker	GER	MobilCom Kiwi Dream	169	167	172	42,40
7. Didier Willefert	FRA	Seducteur Biolay	170	167	170	42,60
8. David Green	AUS	Chatsby	169	166	156	45,80
9. Kerry Millikin	USA	Out and About	167	156	159	47,60
10. Marie-Christine Duroy	FRA	Ut du Placineau	162	156	163	47,80
11. Andrew Nicholson	NZL	Buckley Province	158	162	158	48,40
12. Chris Hunnable	GBR	Mr. Bootsie	158	157	158	49,40
13. Charlotte Bathe	GBR	The Cool Customer	166	161	144	49,80
18. Peter Thomsen	GER	White Girl 3	158	153	141	53,60
23. Hendrik von Paepcke	GER	Amadeus 188	156	128	155	56,20

vor weiteren zwölf Teilnehmern

Richter: H = Jack Le Goff (USA), C = Lord Patrick Conolly Carew (IRL), M = Giovanni Grignolo (ITA)

Die Geländestrecke der olympischen Military

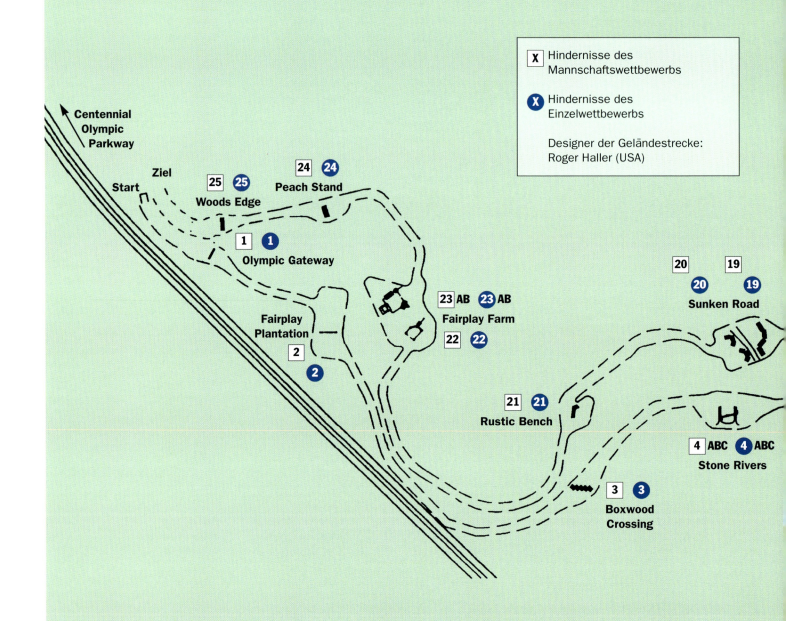

Geländeritt – Mannschaftswettbewerb

Phase	Länge	Tempo	Hindernisse	Bestzeit
Phase A – Wegestrecke 1	3.520 m	220 m/min	–	16:00 min
Phase B – Rennbahn	2.760 m	690 m/min	8	4:00 min
Phase C – Wegestrecke 2	7.700 m	220 m/min	–	55:00 min
2 x 10 Minuten Zwangspause in Phase C, 15 Minuten Zwangspause vor Phase D				
Phase D – Querfeldeinstrecke	5.715 m	570 m/min	25	10:02 min

Geländestrecke 57

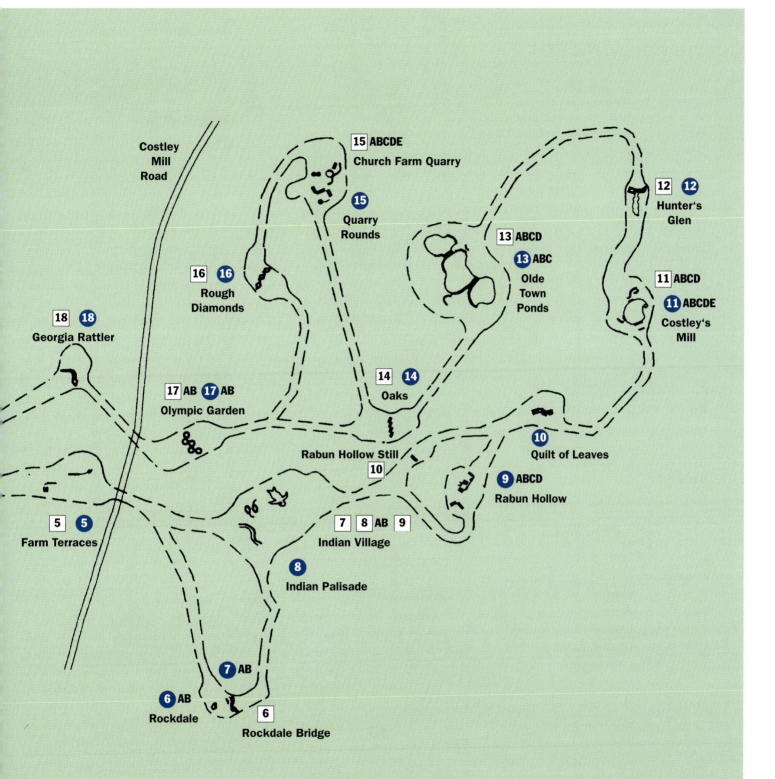

Geländeritt – Einzelwettbewerb

Phase	Länge	Tempo	Hindernisse	Bestzeit
Phase A – Wegestrecke 1	3.520 m	220 m/min	–	16:00 min
Phase B – Rennbahn	2.760 m	690 m/min	8	4:00 min
Phase C – Wegestrecke 2	7.700 m	220 m/min	–	55:00 min
2 x 10 Minuten Zwangspause in Phase C, 15 Minuten Zwangspause vor Phase D				
Phase D – Querfeldeinstrecke	5.757 m	570 m/min	25	10:06 min

Die Hindernisse der Querfeldeinstrecke

Nachfolgend werden die 25 Hindernisse der Querfeldeinstrecke vorgestellt. Die Hindernisse des Mannschaftswettbewerbs sind mit schwarzen Ziffern auf weißem Quadrat numeriert, Hindernisse des Einzelwettbewerbs mit weißen Ziffern auf blauem Kreis.

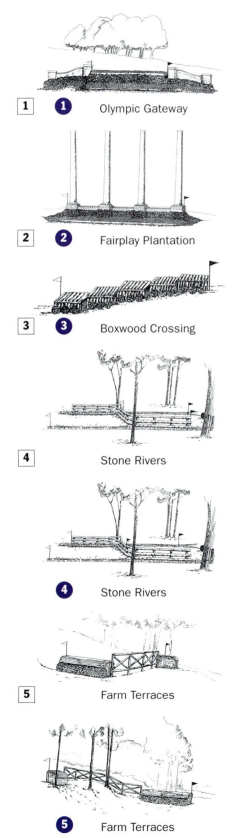

1 ① Olympic Gateway

2 ② Fairplay Plantation

3 ③ Boxwood Crossing

4 Stone Rivers

④ Stone Rivers

5 Farm Terraces

⑤ Farm Terraces

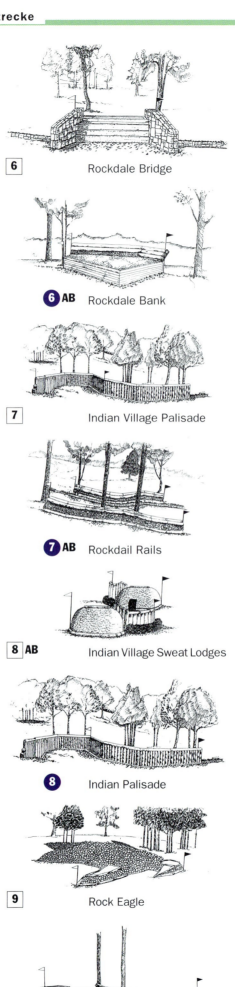

6 Rockdale Bridge

⑥ AB Rockdale Bank

7 Indian Village Palisade

⑦ AB Rockdail Rails

⑧ AB Indian Village Sweat Lodges

⑧ Indian Palisade

9 Rock Eagle

⑨ A Rabun Hollow Logpile

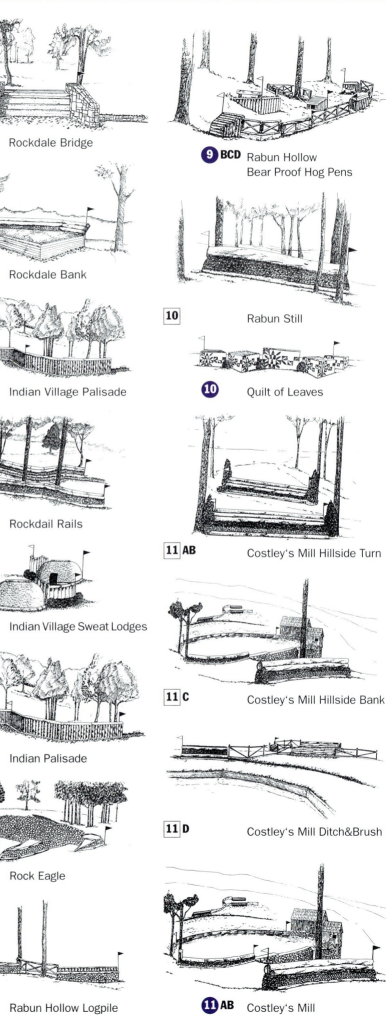

⑨ BCD Rabun Hollow Bear Proof Hog Pens

10 Rabun Still

⑩ Quilt of Leaves

11 AB Costley's Mill Hillside Turn

11 C Costley's Mill Hillside Bank

11 D Costley's Mill Ditch&Brush

11 AB Costley's Mill

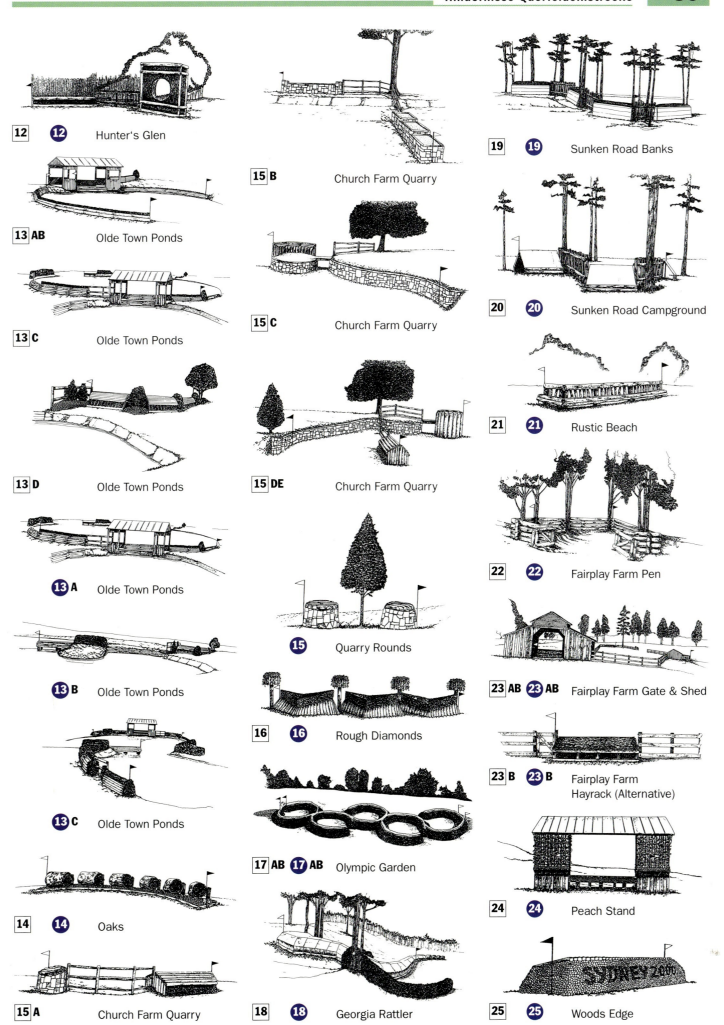

Die Geländestrecke

Die Phasen A und C (die Wegestrecken 1 und 2) waren wie die Phase B (die Rennbahn) für Mannschafts- und Einzelwettbewerb identisch. Die erste Wegestrecke begann am Stallgelände, führte in leicht hügeligem Gelände um den Olympiakomplex herum, wies fünf Tore auf und war teilweise schattig angelegt. Auch die teilweise festen Wege, mit einer grauen Steinstaubauflage hergerichtet, ließen sich hervorragend reiten. Die Distanz mit ca. 3,5 km = 16 min entsprach unseren Erfahrungen einer geeigneten Lockerungsübung vor der Rennbahn. Viel kürzer sollte diese Phase allerdings nicht ausfallen.

Die Rennbahn gegenüber der Querfeldeinstrecke und durch die doppelbahnige Hauptverbindungsstraße zum olympischen Reiterstadion getrennt, war in den Maßen eines professionellen Ovals mit zwei Diagonalen angelegt. Schon bei der Testprüfung 1995 stellte sich das Geläuf in olympischer Spitzenklasse vor: ein künstliches Bewässerungssystem, elektronisch gesteuert und zusätzlich auch auf die Querfeldeinstrecke und Teile der zweiten Wegestrecke ausgedehnt, gab der Rennbahn-Rasenmischung die Basis für diese einzigartig federnde Bodenqualität. Abweichend von der üblichen Besichtigung der Geländestrecke im Anschluß an die Einweisung der Teilnehmer, das Briefing, sind Wegestrecken und Rennbahn schon einen Tag vorher von den Teilnehmern inspiziert worden. Am folgenden 20. Juli, dem Tag der Eröffnungsfeier, konnten sich die Reiter dann ausschließlich auf das Herzstück der Geländestrecke, die Phase D, konzentrieren.

Die Rennbahnhindernisse, im englischen Stil gehaltene schräg gestellte Bürsten, die von gelben hölzernen Querbändern markiert waren, ließen sich gut springen. So ist denn auch an den 776 Sprüngen, die die Olympiapferde auf dieser Rennbahn absolviert haben, kein einziger Hindernisfehler notiert worden. Insgesamt zehn Pferde erhielten Strafpunkte für Zeitüberschreitung. Es gab nur einmal eine leichte Unsicherheit in der Mannschaftsprüfung, als eine Zeitverzögerung von einer Minute aufzuholen war. Die Rennbahnbox ließ den auf Bodo Battenberg folgenden Starter also eine Minute früher los, was dazu führte, daß dieser plötzlich neben Bodo auftauchte. Kein Problem für Buschreiter: Sprung 1 und 8 waren identisch, so daß beide Reiter ihren ersten bzw. letzten Sprung einträchtig miteinander springen konnten.

Die zweite Wegestrecke, die Phase C, ist in ihrer Grundstruktur so verändert worden, daß man nicht mehr von einem Geschwindigkeits- und Ausdauertest auf höchstem Niveau sprechen kann. Zwar war diese zweite Wegestrecke mit 7.700 m = 35 min noch im Minimalbereich angelegt – in Barcelona waren es nach Kürzung noch

Die Hindernisse der Querfeldeinstrecke

Auf den folgenden Seiten kann der Leser anhand der abgebildeten Hindernisfotos eine Besichtigung der Querfeldeinstrecke vornehmen.

1. Olympic Gateway

2. Fairplay Plantation

3. Boxwood Crossing

4. Stone Rivers

5. Farm Terraces (M = Mannschaftswettbewerb)

9.000 m – doch wurde dieser Teil durch zwei zusätzliche Zwangspausen von je 10 min unterbrochen. Diese einbezogen entstand eine Bestzeit von 55 min für die Phase C. In diesen Zwangspausen wurden die Pferde von einem Tierärzteteam untersucht. Es wurden die Körpertemperaturen zu Beginn und nach weiteren 6 min gemessen, um positive oder negative Veränderungen feststellen zu können. Es standen in allen Zwangspausen die Ventilatoren zur Verfügung, die schon vor Atlanta für Aufsehen gesorgt haben. Diese Ventilatoren vernebeln zugeführtes Wasser und sorgen in unmittelbarer Nähe für einen deutlich spürbaren Rückgang der Außentemperatur. Zusätzlich standen Unmengen an Eis zur Verfügung, wobei man davon abgekommen ist die Pferde direkt mit Eis zu kühlen sondern statt dessen mit Eiswasser.

An den Geländetagen, vor allen Dingen in den frühen Morgenstunden, herrschten durchaus akzeptable Bedingungen bei Temperaturen, die bei ca. 25°C begannen und gegen Ende der Mannschaftsprüfung knapp, der Einzelprüfung sichtbar unter 30°C geblieben sind. Dennoch war die Armee der Tierärzte im Einsatz nicht mehr zu stoppen. Zwar gab es eine Zusage, Pferde die sich nach der Rennbahn schnell erholen nicht mit dauernden Messungen zu malträtieren, sondern erst wieder abschließend vor der Querfeldeinstrecke anzusehen. Eine Abweichung vom eingepaukten Prozedere war jedoch unmöglich. Jedes Pferd wurde mindestens achtmal rektal mit einem Fieberthermometer behängt. Untersuchungen der Herz- und Atemfrequenz und die Massen kühlender Menschenhände sorgten dafür, daß eigentlich alle Pferde dem Kenner signalisierten, wie lästig ihnen diese Art der Behandlung ist.

Mit diesen Unterbrechungen in der Phase C ist die olympische Geländestrecke 1996 in zwei Teile geteilt worden. Der Dauerleistungsinhalt dieser Strecke ist entfallen. Nach dem Ausgaloppieren im Anschluß an die Rennbahn, nach etwa 1.000 m, die erste Zwangspause von 10 min, in der die Pferde oft schon gute Erholungswerte erreichten. Dann gab es eine Schlei-

5. Farm Terraces (E = Einzelwettbewerb)

7. Indian Palisade (M)   8. Indian Palisade (E)

6. Rockdale Bridge (M)

7. AB Rockdail Rails (E)

6. AB Rockdale Bank (E)

8. AB Indian Village Sweat Lodges (M)

fe der Phase C zum zweiten 10 min-Stop, dessen Areal angrenzend an das der ersten Pause austrassiert war. Von diesem Stop aus ging es nunmehr gegenläufig die gleiche Schleife zurück, deren letzter Teil dann in die Startbox der Phase D führte. Die etwas hügelige aber auf dem guten Geläuf der Vorjahres-Querfeldeinstrecke angelegte Wegestrecke fiel konditionell bei all den Pausen überhaupt nicht ins Gewicht. Kalle Blobel hat vielmehr darauf achten müssen, daß die Pferde nicht unterkühlt zum Start der Phase D antraten.

In der Phase C waren 14 Tore zu durchreiten, drei bis zum ersten Stop, sechs bis zum zweiten Stop, davon fünf dann wieder in Gegenrichtung bis zur Phase D. In dieser Strecke holt sich die Irin Virginia McGrath auf The Yellow Earl 39 Strafpunkte für Zeitüberschreitung und das polnische Pferd Askar muß ausscheiden, weil sein Reiter ein Tor nicht getroffen hat.

Die Zwangspause vor dem Start zur Querfeldeinstrecke war von den üblichen 10 min auf 15 min ausgedehnt worden. Bis hierher hatten sich die Pferde durchweg so gut erholt, daß Nachwirkungen einer Energieleistung nicht mehr feststellbar waren. Auch wegen Lahmheit oder anderer Bedenken vor dem Start zur letzten Teilstrecke mußte in beiden Prüfungen nicht ein Pferd aus dem Wettbewerb ausscheiden und es mag schon hier festgehalten werden, daß der Durchschnitt der Pferde den Geländeritt in einer außerordentlich guten und für Championatsanforderungen bei normalem Wetter selten festgestellten Verfassung beendet hat.

Nach dem Willen des IOC sollten die beiden olympischen Prüfungen auch unterschiedliche Voraussetzungen haben. Folgsam hat man zwei unterschiedliche Dressuraufgaben reiten lassen, die von 1975 und die von 1995, man hat zwei unterschiedliche Springparcours erstellt und schließlich hat der Designer der Geländestrecke, Roger Haller (USA), gemeinsam mit dem Technischen Delegierten der FEI, Hugh Thomas (GBR), auch zwei verschiedene Geländestrecken angeboten. Allerdings war der Streckenverlauf identisch, lediglich an den größeren Hinderniskomplexen gab es für die eine und andere Prüfung unterschiedliche Wege. So sind denn auch die Distanzen mit 5.715 m (Mannschaft) und 5.757 m (Einzel) nahezu identisch und liefen auf eine um 4 sek höhere Mindestzeit beim Einzelwettbewerb heraus. Der Gesamtschwierigkeitsgrad der Prüfung war aufgrund der äußeren Bedingungen etwa im ***-Niveau angesetzt.

In dem hügeligen Gelände der Phase D, in dem im Testjahr 1995 die Kurzprüfung der US-Meisterschaft abgehalten wurde, hat sich Roger Haller mit Erfolg bemüht, größere Höhenunterschiede zu vermeiden. Dennoch blieben einige Steigungen und auch diese Strecke hat wieder sehr deutlich gezeigt, daß in Ländern wie Australien, Irland oder Neuseeland viel Zeit und Kilometer in die Geländeausbildung investiert werden. Pferde, die häufig und in allen Gangarten in unterschiedlichen Gelände bewegt werden, gehen mit Bodenunebenheiten, mit dem Auf und Ab und sonstigen Bedingungen viel selbstverständlicher um. Sie sind sicherer und vergeuden weniger Kraft.

Die Mannschaftsprüfung war wie üblich darauf angelegt, möglichst viele Mannschaften heil ins Ziel zu bringen. Die geraden und etwas schwereren Wege in direkter Linie hatten in der Regel eine leichtere Alternative, die aber mehr Zeit zur Überwindung erforderte. Das erste Wasser war

9. Rock Eagle (M)

9. A Rabun Hollow Logpile (E)

9. BCD Rabun Hollow – Bear Proof Hog Pens (E)

10. Rabun Still (M)

10. Quilt of Leaves (E)

leicht und vertrauenerweckend angelegt, auch wenn sich tatsächlich später am Stufenaussprung mehr Probleme ergaben als erwartet.

Die Phase D der Einzelreiter war im Anfang etwas schwieriger und teilweise ohne Ausweichmöglichkeiten angelegt. Das Coffin (Nr. 6,7), die Palisade (Nr. 8), die Reihe (Nr. 9) und das erste Wasser (Nr. 11) stellten die Pferde vor Aufgaben, denen sie nur frisch und in guter Form gewachsen waren. Solche Anforderungen erleichtern es Reiter und Pferd rechtzeitig die Tagesform zu überprüfen. Rechtzeitig heißt, bevor zusätzliche Ermüdungsrisiken gegen Ende der Strecke auftreten könnten. Man wird uns vielleicht vorhalten, ob denn nicht der Reiter selbst und ohne solche Designüberlegungen die Fähigkeiten seines Pferdes im Verlauf der Strecke einschätzen und danach handeln sollte. Dem kann ich nur zustimmen, möchte aber dennoch in diesem Ausnahmefall für doppelte Sicherung plädieren. Einer der großen Nachteile dieser hoffentlich einmaligen olympischen Einzelwertung liegt sicherlich darin, daß der risikobegrenzende, auf Fehlervermeidung ausgerichtete Mannschaftsbeitrag eines Reiters entfällt. Damit ist für jeden Reiter, ganz gleich ob er zu den stärkeren oder schwächeren gezählt wird, nur noch die Einzelleistung Ziel. Einem Olympiateilnehmer kann man es nicht verdenken, wenn er die Risikogrenze auf sein Ziel hin etwas höher hängt. Um so wichtiger ist es, daß wir ihm beim Streckenbau helfen, auf dem Boden der Tatsachen zu bleiben. Dies ist Roger Haller voll gelungen.

Die unterschiedlichen Strecken waren in unterschiedlichen Farben ausgeschildert, was zunächst etwas verwirrend erschien. Es sind dann aber jeweils einen Tag vor der Prüfung nur die relevanten Flaggen und Hindernisnummern (in blau oder weiß) verwandt worden, womit die Streckenführung dann auch für den Laien klar und deutlich zu erkennen war.

Ein weiteres Glanzstück dieser olympischen Strecken lag in der Zuschauerführung. Bei Sprung 12 erreichte die Strecke ihre größte Entfernung von der Startbox und wurde dann in etwa parallel wieder zurückgeführt. Dies ermöglichte eine Zuschauerführung in drei Strömen und zwar außerhalb des Hin- und Rückweges sowie zwischen beiden Strecken. Durch genügend Abstand und genügend hervorragend kontrollierte Kreuzungspunkte konnten die rund 35.000 Zuschauer pro Geländetag ohne Probleme und insbesondere ohne Engpässe geführt werden. Die Zuschauerzahl wurde auf die genannte Höhe begrenzt, weil angeblich die Kapazität der Busse von und zu den öffentlichen Parkplätzen nicht mehr zuließ.

Die ersten drei Sprünge waren für beide Prüfungen gleich und als einladende Einzelsprünge angelegt, um den Pferden zu ermöglichen, zunächst ihren Rhythmus zu finden. Die erste Kombination, Nr. 4 ABC Stone Rivers verlangte den Pferden einen kleinen Graben und ein Rick mit vorgebautem Graben, für beide Prüfungen in unterschiedlicher Reihenfolge, ab.

Nr. 5 Farm Terraces bot in gerader Linie ein schmales rundes Holzelement, wobei der Absprung für die Einzelpferde wegen des etwas höheren Aufsprungs davor vergleichsweise schwerer schien.

Als nächstes für das Team ein gewaltiger Hoch-Weitsprung, Nr. 6 Rockdale Bridge, daneben die erste wirkliche Aufgabe für die Einzelreiter, Nr. 6 AB und 7 AB, Rockdale Bank & Rails. Nr. 6, ein Aufsprung mit unterschiedlichen Distanzen oben und

11. AB Costley's Mill – Hillside Turn (M)

11. D Costley's Mill – Ditch & Brush (M)

11. CD Costley's Mill (M)   ABCD Costley's Mill (E)

12. Hunter's Glen

Geländestrecke

13. AB Olde Town Ponds (M)

15. AB Church Farm Quarry (M)

13. C Olde Town Ponds (M)

15. B Church Farm Quarry (M)

13. D Olde Town Ponds (M)

15. CDE Church Farm Quarry (M)

14. Oaks

15. Quarry Rounds (E)

Geländestrecke 65

16. Rough Diamonds

17 AB Olympic Garden

18. Georgia Rattler

über ein steiles Element wieder herunter, bergab in wenigen Galoppsprüngen auf den Coffin-Einsprung mit tieferer Landestelle zu. Dann in 1er- oder 2er-Distanz zu einem respektablen Aussprung - Graben plus Hinterbau.

Nr. 7/8, Indian Palisade, für alle ein Graben mit Palisade dahinter, der nach allgemeiner Einschätzung vorher eher optisch als tatsächlich schwer schien. An diesem Sprung gab es Probleme, obgleich aus der Richtung heraus auch eine leichtere Möglichkeit angeboten wurde.

Für die Mannschaftspferde folgte Indian Village, Nr. 8 AB und 9. In direkter Linie ein runder beachtlicher In and Out, die Sauna-Hütten, gefolgt von einer etwas leichteren Ecke, dem Kopf des indianischen Adlersymbols, das auch über einen Flügel alternativ geritten werden konnte.

Nr. 10 Rabun Still ein Einzelsprung in der Schrägen für die Mannschaft, korrespondiert mit Nr. 9 A-D Rabun Hollow für die Einzelreiter: hier war über ein Vorelement in leichter Schräge und dann in leichter Biegung auf eine Reihe zuzureiten, wobei man vor allem das erste Element der Hoch-/Weitsprünge gut treffen mußte. Eine zeitraubende Alternative ist hier in der Regel erst im zweiten Anlauf angenommen worden.

Dem Einzelsprung Nr. 10 Quilt of Leaves, versetzte Elemente für die Einzelreiter, folgte der erste Wasserkomplex Costley's Mill. Für die Mannschaftsreiter mit Nr. 11 A-D ein relativ einfacher Einritt über zwei Einzelsprünge vor dem Wasser, Einritt ohne Hindernis, verlassen des Wassers über eine Stufe und dann – relativ schwer – das knapp folgende Abschlußelement mit Graben davor, das vor allem bei unglücklichem Verlassen des Wassers Schwierigkeiten machte. Für die Individualisten gab es eine Art Skisprung auf das Wasser zu, dann eine zweite runde Mauer in das Wasser. Der Abgang auch über die Stufe mit weiter zurückliegendem Doppelsprung. Es gab in der Teamwertung eine Reihe unschöner Bilder eben an dieser Stufe, die nach überwiegender Meinung auf tieferes Wasser im Absprungbereich und möglicherweise zusätzliche optische Schwierigkeiten für die Pferde – Wasser und Stufe braun in braun – beruhten. Für die Einzelprüfung hat man beide Wasser blau gefärbt und Nr. 11 C-E ganz gestrichen.

Nr. 12 für beide Prüfungen hieß Hunter's Glen. Links ein Eulenloch mit ca. 1,80 m Durchmesser. Rechts davon und ohne sehr viel größeren Umweg eine Doppelhecke mit Innenteil zum Aufsetzen.

Das zweite Wasser Nr. 13 ABC für beide Wettbewerbe, und für die Mannschaft ein zusätzliches Element D, hieß Olde Town Ponds. Die Mannschaftspferde sprangen über ein vergleichsweise weniger schweres Blumenelement in den See und mußten dann in einer Linkswendung auf eine

Brücke springen und dann über ein Element in and out zurück ins Wasser. Rechts von der Brücke war die gleiche Aufgabe mit einem Galoppsprung möglich. Der nicht ganz so schwierige Ausstieg dann über unterschiedliche Kistenelemente, die aber bereits auf Land zu überwinden waren. Der direkte Weg der Einzelreiter ging über einen etwas schwereren Einsprung und über ein rundes Element im Wasser, das durch zwei Sprünge auf Land umgangen werden konnte. Eine zeitraubende Alternative zum Einsprung gab es ebenfalls. Ab hier werden auch den Einzelpferden achtbare Alternativen geboten, die den Schwierigkeitsgrad der beiden Strecken in etwa wieder ausgeglichen haben. Zunächst folgen aber drei Einzelsprünge, wobei die Nr. 15 Quarry Rounds, wieder relativ schmal ist.

Hier ist für die Teamprüfung mit Nr. 15 A-E Church Farm Quarry entstanden, ein eindrucksvoller Bruchsteinkomplex, der in gerader Linie ein schmales Element, einen runden Sprung mit tieferer Landestelle und ein Billard vorsah, an dem z.B. Marie-Christine Duroy (FRA) aufgeben mußte, weil ihr Pferd in das Absprungelement hineinrutschte und sie selbst mit eindrucksvollem Überschlag an den Fuß des Billards setzte.

Nr. 17 AB für beide Wettbewerbe dann die Olympischen Ringe auf abschüssigem Geläuf, Olympic Garden, Ringe mit Blumen verschönt, bei denen jedoch durch schmale Öffnungen die Notwendigkeit entfiel, beide Elemente zu springen. Einritt und Sprung nur eines Elements der Ringe kosteten zudem nicht viel Zeit.

Nr. 18 Georgia Rattler, die Klapperschlange aus Holz, mußte direkt nach einem Hang bergab und Linkswendung über den Schlangenkopf gesprungen werden, gefolgt von Nr. 19 und 20 Sunken Road. Das waren versetzte Wälle, dann ein tiefer liegender Weg und dahinter versetzte, stilisierte und schmale Zelte, die wieder präzises Reiten verlangten. Danach mit Nr. 21 Rustic Bench ein Einzelsprung, auch als schmales Element geradeaus zu reiten.

Der letzte Komplex vor zwei einladenden Schlußsprüngen; dann die Fairplay Farm mit einem Rick, Nr. 22, einer Ecke Nr. 23 AB, die allerdings durch einen zeitkostenden Sprung unter Dach plus Futterraufe umgangen werden konnte.

Die häufig angebotenen schmalen Elemente dieser beiden Strecken haben die Reiter sicherlich veranlaßt auf Frische und Kontrollierbarkeit ihrer Pferde zu achten. Andererseits haben diese Elemente im Verein mit den Hinderniskombinationen auch dazu beigetragen, daß relativ hohe Anforderungen an das parcoursmäßige Reiten im Gelände gestellt wurden. Es bleibt bei dem Lob an den Designer, daß die Geländestrecken unter den gegebenen Umständen kaum anders hätten angelegt werden können. Dennoch ist darauf zu achten, daß der Grundstil des Geländereitens, das möglichst rhythmische Überwinden von Hindernissen in gleichmäßigem Tempo, nicht durch zu hohe Ansprüche an die Fähigkeiten unserer Pferde im Springparcours zurückgedrängt werden.

Als einflußreichste Hindernisse in der Mannschaftswertung erwiesen sich der Einsprung in das zweite Wasser Nr. 13 A, die Palisade Nr. 7, das zweite Element des In and Out Nr. 8 B und die Zelte Nr. 20 mit 6 (2. Wasser) bzw. je 5 fehlerträchtigen Pferden. In der Einzelwertung waren dies ebenfalls die Palisade mit 6, das vorherge-

Geländestatistik

	Mannschaft		Einzel	
Teilnehmer gesamt	63	100%	34	100%
ohne Hindernisfehler	26	41%	12	35%
ohne Zeitfehler	1	2%	–	– %
mit Hindernisfehler in Phase D	18	40%	11	32%
Prüfung beendet	45	71%	20	59%

Bis auf zwei Ausnahmen sind die Pferde in Phase D ausgeschieden.

19. Sunken Road Banks

21. Rustic Bench

20. Sunken Road Campground

22. Fairplay Farm Pen

hende letzte Element des Coffins, Nr. 7 B, mit 5 und der erste Einsprung ins Wasser, Nr. 11 B, mit 4 Fehlerpferden.

Ein erstes Olympia ohne Strafzonen an den Hindernissen und mit der neuen Regelung, daß zwar der Reiter, nicht aber das Pferd seine Meinung in einem Hinderniskomplex ändern darf, hat dieserhalb kein Aufsehen erregt.

Der Geländeritt

Am Dienstag kurz nach Sonnenaufgang um 6:45 Uhr ging der erste Reiter in die Phase A: Blyth Tait, NZL, im 3 min-Abstand gefolgt von Ian Stark, GBR. Beruhigend für alle Beteiligten, daß Chesterfield und Stanwick Ghost mit ihren überaus erfahrenen Reitern zeigen würden, wie sich die Strecke reiten ließ, die übrigens von niemandem allzu schwer eingeschätzt worden ist. Bedenken gab es bis dato vor allem hinsichtlich der Witterungsbedingungen, die sich an diesem Morgen als äußerst angenehm und besser als erwartet präsentierten. Die gespannten Erwartungen im Pausenareal vor der Phase D konzentrierten sich vor zwei viel zu kleinen Fernsehschirmen, über die der größte Teil der Strecke theoretisch auch übertragen werden konnte. Leider ist aufgrund der engen Startfolge und wenigen Bildschirme nur ein Bruchteil dessen in der Zwangspause angekommen, was Kameras an allen Sprüngen einfingen.

Chesterfield hat dann auch gleich eine begeisternde Runde in Phase D vorgelegt und kam ohne Fehler mit nur 20,8 Strafpunkten für Zeitüberschreitung nach Hause. Großes Aufatmen in der Box, die Prognosen schienen sich zu bestätigen. Doch schon der Schimmel mit Ian Stark bekam ernste Probleme an Costley's Mill, was zu Verweigerung und Sturz an der Stufe beim Aussprung aus dem Wasser führte. Stanwick Ghost hat seine Stärke im Frühjahr in Badminton bewiesen und alle, die das wußten, waren gewarnt.

In dieser Mannschaftsprüfung hatten die Nationen ihre eher besseren Paare eingesetzt. Die meisten Teamchefs ließen diese Paare auch vorn gehen, um ihnen den kühleren Morgen zu gönnen. Mannschaftsdienliches Reiten heißt vor allem, fehlerlos den Kurs zu bewältigen. Um so mehr fällt die Zahl von 24 Stürzen in dieser Prüfung ins Gewicht. Fest steht, daß mit Sicherheit nur 3 Pferde gefallen sind. Bei 4 Stürzen war nicht mehr feststellbar, ob Reiter und Pferd den Boden berührt haben, so daß die Zahl der Reiter, die vom Pferd gefallen sind, mindestens 17 beträgt. Unter den Teilnehmern, die dieses Schicksal ereilte, finden sich neben Ian Stark höchst erfahrene, wie M.C. Duroy, V. McGrath, V. Latta, G. Rolton und J. Henneberg. Die Stürze haben sich außerdem auf viele Hindernisse verteilt.

Die Versuche hierfür eine Erklärung zu finden haben bisher nicht zu einheitlichen Ansichten und Ergebnissen geführt. Einig ist man sich darin, daß mangelnder Konditionsstand der Pferde hier ausscheidet. Die überwiegende Mehrzahl der Pferde kam mit hervorragenden und für eine lange Spitzenprüfung ungewöhnlich guten Werten ins Ziel. Ich selbst habe im Start- und Zielbereich „Dienst" getan und mir sind nur drei Pferde untergekommen, die nach äußerem Eindruck und Meßwerten als ermüdet eingestuft werden konnten. Eins dieser Pferde, der Brasilianer All Do Beto mit seinem Reiter Andre Giovanini wurde auch von der Richtergruppe im Nachhinein eliminiert, weil Streckenpersonal und Fernsehbilder eine klare Überforderung des Pferdes durch den Reiter dokumentiert haben. Natürlich gab es auch Reiterfehler, die vor allem bei den weniger stark eingeschätzten Paaren zu Stürzen beigetragen haben könnten. Die vielen schmalen Sprünge haben Verweigerungen und Absitzen schwächerer Reiter auch nicht unbedingt ausgeschlossen. Bei den Spitzenreitern, die das Schicksal ereilte, hatte man jedoch eher den Eindruck, daß die Pferde Schwierigkeiten hatten, die ideale Absprungstelle zu finden. Die Probleme an der Stufe im ersten Wasser mögen noch

23 AB Fairplay Farm – Gate & Shed

24. Peach Stand

23. B Fairplay Farm – Hayrack (Alternative)

25. Woods Edge

In der Zwangspause wurden die Pferde von Massen kühlender und untersuchender Hände betreut.

auf unterschiedliche Bodenverhältnisse beim Absprung im Wasser zurückzuführen gewesen sein. In anderen Fällen lag die Vermutung näher, daß blasse grüne und braune Farben in dem gleißenden Sonnenlicht Georgias', das auch bei einer dünnen Wolkendecke Menschen nach Sonnenbrillen greifen läßt, die solche Instrumente sonst nicht tragen - kurzum, daß zusätzlich optische Probleme den Pferden zu schaffen machten, die erfahrungsgemäß schnell zu einem Schnitzer führen.

Im deutschen Team gab es strahlende Gesichter und wachsende Hoffnung nach dem hervorragenden Ritt von Bodo Battenberg mit seinem Sam the Man. Hier wurde wieder einmal eindrucksvoll dokumentiert, wie zuverlässig mit Paaren gerechnet werden kann, die sich Zeit gelassen haben zusammenzuwachsen, und die sich in aufsteigender Form befinden. Ein gleichmäßiger, an den Hindernissen problemloser Ritt, der eines der wichtigsten Ausbildungsziele in unserer Disziplin demonstrierte: Fit zum richtigen Zeitpunkt. Bodo hat mit einem glänzenden Nullfehlerritt und nur 32,4 Strafpunkten für Zeitüberschreitung eine hervorragende Ausgangsbasis für die deutsche Mannschaft gelegt und findet sich mit seiner Geländeleistung auf einer Stufe mit David O'Conner (USA) oder Karen Dixon (GBR), letztere übrigens langsamer.

Als zweiter startete Jürgen Blum mit Brownie McGee, dessen Aufgabe es war, mit einer soliden Runde den Grundstock für mögliche Resultatverbesserungen der letzten beiden Starter zu legen. Die Rennbahn lief nicht so flüssig wie gewohnt, aber die Hoffnungen in Phase D hielten bis zur Palisade, Nr. 7, an. Aus vollem Anritt trat das Pferd in den Graben vor dem steilen Element und konnte nicht mehr losspringen. Es wird schwierig bleiben, die Reaktionen des Tieres zu interpretieren. Vielleicht war das Pferd nicht genügend an den Hilfen.

Dennoch bleibt der Verdacht, daß vor allem äußere, vielleicht optische Einwirkungen mitgespielt haben. Ein Graben vor dem Sprung ist in der Regel ein Sicherheitsfaktor, der das Pferd animiert, früh genug losspringen und das nachfolgende steilere Hindernis in guter Kurve zu überwinden. Es ist äußerst selten, daß ein Pferd in einen Graben hineintritt; dies kommt meist nur dann vor, wenn es stehen bleiben will und mit dem letzten Schwung in den Graben rutscht – eine Reaktion, die hier nicht erkennbar war.

Den ungebremsten Schwung des Paares konnte nur noch die Palisade halten. Mit einem Bluterguß über dem Auge, der schlimmer aussah als die Verletzung wirklich ist, mußte Jürgen sein Pferd leider aus dem Wettkampf nehmen und seine Aufgabe an Ralf weiterreichen.

Connection L sollte ursprünglich eher in der Einzelprüfung eingesetzt werden, weil gute Leistungen in allen drei Teilprüfungen hier auch Aussichten auf vordere Plätze weckte. Mit den Ausfällen im Vorfeld mußten die Überlegungen umgestellt werden, wobei der freundliche Aufbau der Wasseraufgaben in der Mannschaftsprüfung dem entgegen kam. Ralf Ehrenbrink fing auch vielversprechend an, mußte jedoch schon am Einsprung des Sauna-in-out, Nr. 8A, eine Verweigerung hinnehmen. Wahrscheinlich war dieser Fehler auf einen Rumpler am vorhergehenden Hindernis, der Palisade, zurückzuführen. Dennoch sah man nach dem Teich an der Wassermühle in der deutschen Ecke hoffnungsfrohe Gesichter. Was den Fuchs bewogen hat, am nächsten Hindernis hartnäckig stehen zu bleiben, am Eulenloch, Nr. 12, das Ralf von vornherein über die leichtere Alternative angegangen ist, wird unerfindlich bleiben. Dieses Siegerpaar in CCI-Prüfungen hat an solchen Hindernissen niemals Schwierigkeiten gehabt und wird sie hoffentlich auch nie wieder haben.

Damit war die Mannschaft praktisch ausgeschieden, nach neuem Olympiareglement aber in der Wertung geblieben, weil der Ausgeschiedene nunmehr buchmäßig mit 1.000 Strafpunkten belastet wird. Dies warf die deutsche Mannschaft auf den 12. Platz von 16 zurück. Für Bettina Overesch-Böker mit ihrem Watermill Stream war nun

die mißliche Situation entstanden, daß sie die Mannschaft auch mit einer noch so guten Leistung nicht mehr entscheidend nach vorn bringen konnte. Eine gute Leistung wird ihr auch nicht mehr über die Einzelwertung vergütet, so daß sich in ihrem Schicksal die ganze Problematik der Trennung von Mannschaft und Einzelwertung niederschlägt. Die besten Paare, in der Regel zuletzt eingesetzt, hätten nach dem alten Austragungsmodus ihre Ambitionen auch auf eine Einzelmedaille ausdehnen können. Für Bettina war dies nun nicht mehr möglich. Selbst ein Siegesritt hätte ihr in dieser Prüfung nichts mehr gebracht. Für Bodo gilt das gleiche, nur wußte er es vor seinem Ritt noch nicht. Um so höher ist es Bettina anzurechnen, daß sie trotzdem zu Ende geritten ist, um einen achtbaren Mannschaftsplatz im Mittelfeld abzusichern. Watermill Stream ging in gewohnt großartiger Manier. Es ist schon etwas besonderes, den Schimmel bei der spielerischen Bewältigung seiner Geländeaufgaben zuzusehen. Am zweiten Wasser, der In-and-Out-Brücke, gab es eine Verweigerung, ein Fehler den niemand ernst nahm und der eher als Schlußpunkt eines wenig erfreulichen deutschen Geländetages zu sehen war.

Australien hatte sich in begeisternder Manier mit 183,6 Punkten an die Spitze gesetzt. Selbst Gil Rolton brachte Peppermint

Oben und unten: Bodo Battenberg absolvierte mit Sam the Man als erster Starter für das deutsche Team einen hervorragenden Ritt.

Oben: Karen Dixon lieferte mit einer Geländerunde ohne Hindernisfehler das beste Gesamtergebnis für das britische Team.

Links: Ralf Ehrenbrink und Connection L fingen sehr vielversprechend an, mußten jedoch an Hindernis 12 ausscheiden.

Unten: Karen O'Conner (USA) mit Biko in vorbildlicher Manier über Hindernis 7 Indian Palisade.

Geländeritt 71

Oben: Gillian Rolton (AUS) beendete mit Peppermint Grove trotz Schlüsselbeinbruch den Geländeritt.

Unten: Weltmeister Vaughan Jefferis und Bounce (NZL) sicherten ihrem Team einen 3. Platz nach Dressur und Gelände.

Grove noch nach Sturz und Schlüsselbeinbruch ins Ziel. Es folgten die USA mit 244,6 Punkten, Neuseeland mit 255,8 und Frankreich mit 268,4. Erfreulich die Japaner an 7ter Stelle mit vier fehlerlosen, aber nicht sehr schnellen Ritten. Die Engländer an 6ter Stelle nahezu abgeschlagen.

In solchen Situationen kommt stets auch die Frage auf, ob nach den hohen verletzungsbedingten Ausfällen den deutschen Pferden nicht schon im Vorfeld Atlantas zu viel zugemutet worden ist. Dem kann man nur entgegenhalten, daß Lochinvar, die Sichtungsprüfung der Australier, in den Distanzen länger und in den Hindernissen deutlich schwerer angelegt war als Luhmühlen. Zusätzlich mag zu denken geben, daß Nationen wie GBR oder IRL immer dann auch in den internationalen Leistungen nachließen, wenn Sie ihre Spitzenprüfungen entschärften. Oder auch, daß Nationen wie NZL oder FRA ihre Reiter regelmäßig in das Feuer der ****-Prüfungen schicken. Bei sinnvollem Aufbau kann jedes gesunde Vielseitigkeitspferd die heute übliche Prüfungsfolge im internationalen Spitzensport problemlos absolvieren.

Gegen Mittag war die Prüfung gelaufen. Weder Reiter noch Pferde waren ernsthaft zu Schaden gekommen. Wendy Schaeffer (AUS) auf Sunburst führt mit 61,0 Punkten die inoffizielle und vor Ort nirgends veröffentlichte Einzelwertung an. Den einzig fehlerlosen Ritt in der Zeit lieferte Jacques Dulcy (FRA) auf Upont.

Das erfreuliche Zwischenergebnis führte zu einem erleichterten Aufatmen in aller Welt. Selbst dieser Sportart gegenüber skeptische Länder wie Schweden oder Holland reagierten über ihre Medien positiv. Nur im Deutschen Haus schien es so, als würde der Mittelplatz der deutschen Mannschaft gleichzeitig auch den Untergang der Disziplin Vielseitigkeit auslösen. Eine fiktive Zahl von 30 Stürzen mußte bei einigen Katastrophenanbetern dazu herhalten, Negativschlagzeilen zu erfinden. Vielleicht müssen wir die Vorteile der einzelnen Reitsportdisziplinen erst einmal selbst begreifen, bevor wir deren Huldigung von anderen erwarten. Wir müssen selbst erst einmal begreifen, daß Badminton nach dem Autorennen von Indianapolis weltweit Jahr für Jahr als Sportveranstalter die zweithöchsten Zuschauerzahlen anzieht. Daß die Military nach Barcelona wahrscheinlich auch in Atlanta wieder diejenige Einzeldisziplin mit den höchsten Zuschauerzahlen ist. Daß bei uns hübsche Mädchen und sympathische Jungen gemeinsam – und beide höchst erfolgreich – einen angeblich brutalen Sport ausüben. Daß diese Disziplin in Breite und Spitze konstante Zuwachsraten hat. Solange wir Pferdeleute uns gegenseitig und damit selbst in Frage stellen, können wir draußen nichts anderes erwarten.

Military Geländeritt – Mannschaftswettbewerb

Nation/Reiter	Pferd	A	B	C	D Hindernis	D Zeit	D Gesamt	ABCD Total	2. Tag Total
1. Australien									183,60
Wendy Schaeffer	Sunburst	0	0,00	0	0	11,60	11,60	11,60	61,00
Phillip Dutton	True Blue Girdwood	0	0,00	0	0	8,80	8,80	8,80	59,40
Gillian Rolton	Peppermint Grove	0	0,00	0	80	67,20	147,20	147,20	204,20
Andrew Hoy	Darien Powers	0	0,00	0	0	6,80	6,80	6,80	63,20
2. USA									244,60
Karen O'Connor	Biko	0	0,00	0	20	46,00	66,00	66,00	105,60
David O'Connor	Giltedge	0	0,00	0	0	35,20	35,20	35,20	76,00
Bruce Davidson	Heyday	0	0,00	0	0	20,40	20,40	20,40	63,00
Jill Henneberg	Nirvana	0	0,00	0			RT	RT	RT
3. Neuseeland									255,80
Blyth Tait	Chesterfield	0	0,00	0	0	20,80	20,80	20,80	69,60
Andrew Nicholson	Jagermeister II	0	0,00	0	20	31,20	51,20	51,20	98,40
Vicky Latta	Broadcast News	0	0,00	0			RT	RT	RT
Vaughan Jefferis	Bounce	0	0,00	0	0	40,40	40,40	40,40	87,80
4. Frankreich									268,40
Marie-Christine Duroy	Yarlands Summer Song	0	0,00	0			RT	RT	RT
Rodolphe Scherer	Urane des Pins	0	0,00	0	0	40,80	40,80	40,80	91,40
Koris Vieules	Tandresse de Canta	0	0,00	0	0	28,00	28,00	28,00	109,60
Jacques Dulcy	Upont	0	0,00	0	0	0,00	0,00	0,00	67,40
5. Irland									288,60
David Foster	Duneight Carnival	0	0,00	0	0	36,00	36,00	36,00	88,20
Virginia McGrath	The Yellow Earl	0	0,00	39	100	42,00	142,00	181,00	242,20
Alfie Buller	Sir Knight	0	0,00	0	0	15,60	15,60	15,60	90,20
Eric Smiley	Enterprise	0	0,00	0	40	16,00	56,00	56,00	110,20
6. Großbritannien									298,40
Ian Stark	Stanwick Ghost	0	0,00	0	80	41,20	121,20	121,20	156,40
William Fox-Pitt	Cosmopolitan II	0	0,00	0	20	42,80	62,80	62,80	111,80
Gary Parsonage	Magic Rogue	0	0,00	0	0	37,20	37,20	37,20	99,80
Karen Dixon	Too Smart	0	0,00	0	0	43,20	43,20	43,20	86,80
7. Japan									309,40
Kazuhiro Iwatani	Sejane de Vozerier	0	2,40	0	0	45,20	45,20	47,60	96,00
Masaru Fuse	Talisman de Jarry	0	0,80	0	0	93,60	93,60	94,40	147,80
Yoshihiko Kowata	Hell at Dawn	0	0,00	0	0	57,20	57,20	57,20	117,00
Takeaki Tsuchiya	Right on Time	0	0,00	0	0	34,80	34,80	34,80	96,40
8. Schweden									330,00
Paula Tornqvist	Monaghan	0	0,00	0	0	35,20	35,20	35,20	94,00
Linda Algotsson	Lafayette	0	0,00	0	0	16,40	16,40	16,40	68,20
Therese Olavsson	Hector T	0	0,00	0	60	46,40	106,40	106,40	167,80
Dag Albert	Nice N'Easy	0	0,00	0			RT	RT	RT
9. Italien									504,40
Ranieri Campello	Mill Bank	0	0,00	0			RT	RT	RT
Giacomo Della Chiesa	Diver Dan	0	0,00	0	20	62,40	82,40	82,40	144,20
Lara Villata	Nikki Dow	0	0,00	0	60	64,80	124,80	124,80	175,40
Nicola Delli Santi	Donnizetti	0	0,00	0	80	50,80	130,80	130,80	184,80
10. Schweiz									543,00
Christoph Meier	Hunter V	0	1,60	0	20	100,40	120,40	122,00	178,80
Marius Marro	Gai Jeannot CH	0	0,00	0	60	106,00	166,00	166,00	231,00
Heinz Wehrli	Ping Pong	0	0,00	0	0	64,40	64,40	64,40	133,20
11. Spanien									568,40
Luis Alvarez-Cervera	Pico's Nippur	0	0,00	0	80	104,80	184,80	184,80	262,40
Santiago Centenera	Just Dixon	0	16,00	0	0	57,20	57,20	73,20	121,00
Javier Revuelta	Toby	0	0,00	0	60	64,00	124,00	124,00	185,00
Enrique Sarasola	New Venture	0	6,40	0			EL	EL	EL
12. Deutschland									1192,40
Bodo Battenberg	Sam the Man	0	0,00	0	0	32,40	32,40	32,40	84,40
Jürgen Blum	Brownie Mc Gee	0	0,00	0			RT	RT	RT
Ralf Ehrenbrink	Connection L	0	0,00	0			EL	EL	EL
Bettina Overesch-Böker	Watermill Stream	0	0,00	0	20	39,20	59,20	59,20	108,00

RT = retired/aufgegeben   WD = withdrawn/zurückgezogen   EL = eliminated/ausgeschieden

Bettina Overesch-Böker und Watermill Stream an Hindernis 17 Olympic Garden.

Einzelwertung

Am Nachmittag dieses Geländetages stellte sich bereits das erste Drittel der Einzelwertung zur Dressur. Am Tag zuvor war die Verfassungsprüfung dieses Wettbewerbs in der Mittagspause der Mannschaftsdressuren abgehalten worden. Eine fast nicht zumutbare Belastung für die Richter Grignolo und LeGoff, die in beiden Prüfungen eingesetzt waren. Wie muß das erst für die Zwei-Pferde-Reiter gelten, die morgens ihren Mannschafts-Geländeritt und einige dann nachmittags ihre Einzeldressur abzuliefern hatten! Der Einzelwettbewerb (Gelände) am Donnerstag, dem 25. Juli, begann eine Viertelstunde später, also um 7:00 Uhr, mit Startintervallen von jeweils 4 Minuten. Dennoch war diese Prüfung schon kurz nach 11:00 Uhr am Vormittag beendet, weil nur gut die halbe Anzahl an Pferden, verglichen mit der Mannschaftswertung, an den Start ging. Das durchschnittliche Leistungsniveau in allen Teildisziplinen dieser Prüfung lag unter dem der Mannschaftswertung, auch wenn man berücksichtigt, daß mit Blyth Tait, David O'Connor, Marie-Christine Duroy oder Andrew Nicholson starke Reiter mit ihren Zweitpferden antraten. Der Olympiasieger Ready Teddy ist man gerade 8 Jahre alt.

Der eingangs beschriebene Zweck einer Geländestrecke, Reiter und Pferde zum Aufhören zu bewegen, die sich nicht fit fühlen, wurde bei folgenden Teilnehmern innerhalb des ersten Drittels der Strecke erfüllt: J. Revuelta ESP, M.C. Duroy FRA, D. Foster IRL, Y. Kowata JPN, N. Haagensen DEN, N. Bishop AUS, B. Piasecki POL, S. Hosono JPN, D. Green AUS, A. de Almeida BRA, I. Lamba IND. Der letztgenannte Reiter aus Indien hat sich nicht ordnungsgemäß über ein CCI*** qualifiziert, sondern wurde aufgrund einer Überprüfung seines Leistungsvermögens im Auftrage der FEI zugelassen. Die Vorstellung dieses Reiters bis hin zu Sprung 9 mit einem Sturz und zwei Verweigerungen an verschiedenen Hindernissen läßt Zweifel an solchen Ausnahmeregelungen aufkommen. Im übrigen aber ist allseits dankbar vermerkt worden, daß diese Reiter mit ihrem verantwortlichen Rückzug wesentlich zum Erfolg der olympischen Geländerprüfung beigetragen haben.

Der erst 22jährige Hendrik von Paepcke lieferte mit dem Hannoveraner Amadeus im Einzelwettbewerb das beste Ergebnis aus deutscher Sicht. Hier sind sie groß zu sehen an Hindernis 11 Costley's Mill, das Hendrik ohne Probleme bewältigte (kleines Bild rechts). Andrew Nicholson (NZL) mit Buckley Province hingegen nahm dort ein unfreiwilliges Bad im Wasser (kleines Bild rechts außen).

Geländeritt 75

Sally Clark (NZL) mit Squirrel Hill gewann mit der zweitschnellsten Geländezeit die Silbermedaille.

King William mit Mary King (GBR) mußte eine Verweigerung hinnehmen und fiel nach seinem hervorragendem Dressurergebnis auf den 7. Platz zurück.

Als erster Starter der Deutschen und erster Starter überhaupt ging Herbert Blöcker mit seinem MobilCom Kiwi Dream auf die Piste. Er ritt bei angenehmen Morgentemperaturen und bot seinem Tross den Vorteil, daß der erste Teil seines Rittes, solange er als einziger auf der Strecke war, lückenlos übertragen wurde. Nach couragiertem Beginn erlebten wir so einen Rumpler an Sprung Nr. 7 B, den Rockdale Rails mit. MobilCom Kiwi Dream klemmte vor dem Sprung und konnte nur dank Routine und energischem Einsatz seines Reiters zum Absprung bewegt werden, wobei das Pferd mit der Hinterhand das Hindernis streifte. Nach diesen Erfahrungen wußte Herbert am nächsten Sprung, der Palisade, wohl auch, was auf ihn zu kam, denn er ließ seinem Pferd keine Chance, hier nochmal alternative Überlegungen anzustellen. Schade dann der eher harmlose Vorbeilaufer am Sprung 9 B, dem Einsprung in die Hog Pens, weil MobilCom Kiwi Dream beim Anritt aus leichter Biegung aus der Bahn driftete. Eine zweite Verweigerung gab es noch gegen Ende an Sprung Nr. 20, den Zelten, was die schöne Dressurleistung um 40 Hindernispunkte herunterzog. Dennoch ist festzuhalten, daß Herbert in der relativ kurzen Zeit, in der er sich auf das Pferd hat einstellen müssen, das Beste daraus gemacht und die Erwartungen mehr als erfüllt hat.

Nach dem Rückzug von White Girl war Hendrik von Paepcke mit Amadeus zweiter und letzter deutscher Starter im Mittelfeld. Die Zuverlässigkeit dieses Paares war Trainer und Equipechef stets eine Bank. Im Nachhinein ist manch einer schlau und hätte Amadeus lieber in der Mannschaft gesehen. Berechtigte Gedankenspiele, die diesmal aber zu keiner Medaille führten.

Dies soll aber nicht von Hendrik's hervorragender Leistung ablenken. In einem sehr harmonischen und stilistisch einprägsamen Ritt legte Hendrik eine Zeit hin, die nur noch von 7 Reitern übertroffen werden konnte. Er verschaffte sich damit einen sehr guten Ausgangspunkt für den abschließenden Parcours. Reitweise und Auftreten haben ihn als sympathischen und talentierten Nachwuchsreiter unseres Landes unter den Buschreitern bekannt gemacht.

Der erst 8jährige Ready Teddy beendete das Gelände mit der schnellsten Zeit und sicherte seinem Reiter Blyth Tait (NZL) so die Goldmedaille.

Military Geländeritt – Einzelwettbewerb

Reiter	Nation	Pferd	A	B	C	D Hindernis	D Zeit	D Gesamt	ABCD Total	2. Tag Total
1. Blyth Tait	NZL	Ready Teddy	0	0,00	0	0	5,20	5,20	5,20	56,80
2. Sally Clark	NZL	Squirrel Hill	0	0,00	0	0	9,20	9,20	9,20	60,40
3. Kerry Millikin	USA	Out and About	0	0,00	0	0	19,60	19,60	19,60	67,20
4. Jean Teulere	FRA	Rodosto	0	0,00	0	0	26,00	26,00	26,00	67,20
5. David O'Connor	USA	Custom Made	0	0,00	0	0	30,80	30,80	30,80	68,40
6. C. van Rijckevorsel	BEL	Otis	0	0,00	0	0	21,60	21,60	21,60	77,40
7. Mary King	GBR	King William	0	0,00	0	20	26,40	46,40	46,40	78,00
8. Charlotte Bathe	GBR	The Cool Customer	0	0,00	0	0	28,80	28,80	28,80	78,60
9. Chris Hunnable	GBR	Mr. Bootsie	0	0,00	0	0	32,00	32,00	32,00	81,40
10. Hendrik von Paepcke	GER	Amadeus 188	0	0,00	0	0	26,00	26,00	26,00	82,20
11. Didier Willefert	FRA	Seducteur Biolay	0	0,00	0	0	41,60	41,60	41,60	84,20
12. Mara Depuy	USA	Hopper	0	0,00	0	20	24,80	44,80	44,80	85,00
13. Marco Cappai	ITA	Night Court	0	0,00	0	20	30,80	50,80	50,80	103,00
14. Fredrik Jonsson	SWE	Ulfung	0	0,00	0	0	39,60	39,60	39,60	110,40
15. Andrew Hoy	AUS	Gershwin	0	0,00	0	20	29,20	49,20	49,20	112,60
16. Roberta Gentini	ITA	Zigolo di San Calogei	0	0,00	0	20	59,20	79,20	79,20	139,00
17. Ramon Beca	ESP	Perseus II	0	0,00	0	0	72,00	72,00	72,00	141,00
18. Herbert Blöcker	GER	MobilCom Kiwi Dream	0	0,00	0	40	71,20	111,20	111,20	153,60
19. K. McMullen Temple	CAN	Amsterdam	0	0,00	0	40	61,60	101,60	101,60	156,80
20. Anita Nemtin	HUN	Kaesar	0	0,00	0	60	79,20	139,20	139,20	204,60

Von 35 Teilnehmern verblieben 20 in der Wertung.

Eine bedeutende Erfahrung der beiden Geländetage liegt darin, daß der enorme Aufwand an veterinärmedizinischen Vorsichtsmaßnahmen weitgehend verzichtbar gewesen ist. Die Ergebnisse umfassender Research-Arbeiten insbesondere zum Verhalten der Pferde bei großer Hitze und hoher Luftfeuchtigkeit konnten hier nicht wirksam umgesetzt werden. Nichtsdestotrotz haben die Forschungsarbeiten auf diese Spiele hin Erkenntnisse gebracht, die uns in Zukunft wichtig und wertvoll sein werden. Ein Defizit besteht allerdings noch in der Auswertung von Messungen des Milchsäuregehalts im Blut der Pferde. Bekanntlich werden in der Leichtathletik seit langem präzise Schlüsse aus diesen Messungen im Hinblick auf Trainingsdosierung und Ermüdungserscheinungen gezogen. Für den Geländeteil wird es immer wichtiger, den Energiehaushalt der Pferde aktuell zu bestimmen und danach zu handeln.

3. Verfassungsprüfung

Die beiden letzten Verfassungsprüfungen am 24. bzw. 26. Juli wurden wiederum im Reiterstadion durchgeführt, gefolgt von den jeweiligen Springprüfungen am Morgen.

In der Mannschaftsprüfung gab es nach den Ausfällen im Gelände 6 weitere Streichungen. Avalon da Mata (BRA), Diver Dan, (ITA) und Peppermint Grove (AUS) wurden nicht mehr vorgestellt. Die Iren, bis dahin an 5. Stelle, traf es besonders hart. Zwei ihrer Pferde, Sir Night und Enterprise wurden in die Holding Box geschickt und dort zurückgezogen. Eine ähnliche Reaktion hätte man von dem Schweizer Mario Marro erwartet, dessen Pferd ebenfalls zur Untersuchung in die Box geschickt werden mußte. Die Schweizer Mannschaftsführung ließ dieses Pferd jedoch zum zweitenmal vorstellen, was leider aber erwartungsgemäß zum Ausschluß geführt hat. Das vierte einer eingehenden Untersuchung unterzogene Pferd war der deutsche Sam the Man, dem jedoch erfreulicherweise außer einer etwas steifen Hinterhand nichts fehlte. In dieser Verfassungsprüfung fiel überhaupt auf, daß offensichtlich die Belastung der Hinterhand bei einer Reihe von Pferden unbedenkliche Nachwirkungen wie Muskelkater verursacht hat; dies ist in vergleichbaren Championatsprüfungen ansonsten selten zu beobachten.

Obwohl alle Mannschaften in der Wertung blieben, brachten drei Teams, nämlich CAN, BRA und POL nur einen Reiter ohne 1.000 Punkte-Belastung durch. Die Engländer und Japaner blieben mit allen vier Pferden in der klassischen Wertung. Einer der nachhaltigen Vorteile deutscher Teams aus der Vergangenheit, die gesunden Pferde am letzten Tag, konnten nicht mehr in die Waagschale geworfen werden.

Optisch erscheinen die gesamten Ausfälle hoch. Dennoch möchte ich nochmal dafür werben, eine solche Ausfallquote nicht negativ zu bewerten. Wir bemühen uns ständig, daß Verantwortungsbewußtsein der Reiter gegenüber ihren Pferden zu schärfen. Dazu gehört vor allem, daß der Reiter sich ohne Wenn und Aber sofort aus dieser anstrengenden Prüfung verabschiedet, wenn er das Gefühl der Überforderung seines Pferdes hat. In der Phase D der beiden Geländestrecken sind nur je 6 Reiter tatsächlich ausgeschieden, einer von ihnen wurde durch Richterspruch nachträglich disqualifiziert, ein anderer ist Ralf. Alle übrigen Pferde wurden zurückgezogen oder in einer Verfassungsprüfung herausgenommen. Eine übliche und wie ich meine positive Begleiterscheinung dieser Disziplin.

Die Verfassungsprüfung der Einzelwertung ergab ein vergleichbares Bild. Die Pferde machten im Durchschnitt einen guten Eindruck. The Cool Customer (GBR), wurde nicht mehr vorgestellt, die übrigen akzeptiert.

Springprüfung

Beide Parcours enthielten eine dreifache und eine zweifache Kombination, in denen Oxer und Steilsprünge unterschiedlich verteilt waren. Der Mannschaftskurs bot sechs Hoch-Weitsprünge und vier Steilsprünge, beim Einzelspringen war diese Bilanz ausgeglichen. Die Sprünge selbst, ohne im Drumherum überladen zu sein, waren mit Bezug zur Kultur der Südstaaten und Indianer entworfen: Symbolisierte Büffel, Adler oder auch typische Wohnsiedlungen als Mauerelement. Eingebettet in unaufdringlichen Blumenschmuck füllten die Hindernisse das Stadion sehr harmonisch. Auch hier wieder über allem die elektronisch gesteuerte Kamera.

Die Arena war wieder an beiden Tagen voll besetzt. Ein objektives und zu Begeisterungsausbrüchen fähiges Publikum, das natürlich den amerikanischen Reitern die mit Abstand höchsten Phonstärken zu-

Der Springparcours

	Mannschaft	Einzel
Anzahl Sprünge	12	12
Distanz	700 m	780 m
Geschwindigkeit	400 m/min	400 m/min
Erlaubte Zeit	1:45 min	1:57 min

Richter Mannschaft: Jack Le Goff (USA), Giovanni Grignolo (ITA), Dr. Bernd Springorum (GER); Richter Einzel: Jack Le Goff (USA), Lord Patrick Conolly Carew (IRL), Giovanni Grignolo (ITA); Parcourschef: Roger Haller (USA)

Ein Teil des deutschen Teams vor der volbesetzten Arena beim Einzelspringen: Peter Thomsen, Horst Karsten, Hendrik von Paepcke, Bettina Overesch-Böker, Bodo Battenberg, Wolfgang Christ, Katrin Krage, Merrit Hinrichs, Herbert Blöcker (v. l. n. r.).

billigte. Jede Nation hatte irgendwo eine oder mehrere Fan-Ecken mit Fahnen, wobei die verläßlichste deutsche Fahne in allen Teilprüfungen die Aufschrift „Gütersloh" trug.

Der Parcours war in beiden Teilprüfungen korrekt bemessen und nicht zu schwer. Aufgrund der Länge gab es eine Reihe von Zeitfehlern. Die Aussagekraft des Geländes hatte aber dafür gesorgt, daß diese Zeitfehler gern in Kauf genommen wurden, wenn man nur Hindernisfehler vermeiden konnte.

In der Mannschaftswertung gab es zehn hindernisfehlerfreie Ritte, davon blieben nur sechs auch ohne Zeitfehler. In der Einzelprüfung blieb etwa der gleiche Prozentsatz fehlerfrei an den Hindernissen (vier Reiter), alle auch ohne Zeitfehler. Der letzte Steilsprung in dieser Prüfung, nach einer Kombination aus der Wendung anzureiten, klapperte besonders häufig.

Mannschafts- und Einzelspringen wurden wie üblich in umgekehrter Reihenfolge der vorläufigen Plazierung ausgetragen, was die Spannung in der Arena enorm gefördert hat. Die Mannschaftsreiter, die nun einer nach dem anderen antraten, und ihr Punktekonto für jeden nachvollziehbar zum Endergebnis der Teamwertung auffüllten, sorgten für eine gelungene Aufwertung der letzten Teilkonkurrenz.

Im deutschen Team traten Bettina Overesch-Böker und Bodo Battenberg noch einmal an und legten mit je einem Springfehler zwei stilistisch hervorragende Runden hin, die allseits als Demonstration guter Reitweise Beachtung fanden.

Veränderungen haben sich durch das Springen in der Rangierung der Teams nicht mehr ergeben. Nach zwei fehlerlosen Ritten des Ehepaares O'Connor und drei Abwürfen für Bruce Davidson (USA) wurde es lediglich gegenüber Neuseeland noch einmal knapper. Australien, USA, NZL in den Medaillenrängen. Die Nächstplazierten FRA, GBR, JPN trennten max. zwei Springfehler.

Deutschland endete schließlich auf dem 9. Rang, wozu allerdings dieses Springen nicht beigetragen hat. SUI, IRL und ITA wurden letztlich durch mangelnde Präsenz schon nach der Verfassungsprüfung zurückgeworfen.

Gegen Mittag eine glückliche australische Mannschaft auf dem Treppchen. Die Pferde mit ihren Pflegern dahinter. Gil Rolton kam ohne Pferd mit dem Arm in der Schlinge zur Siegerehrung. Ihr Streichergebnis wurde – wie in den anderen Teams – ebenfalls mit der Mannschaftsmedaille bedacht. Zweiter die Amerikaner vor den Neuseeländern. Die Medaillenzeremonie mit Philipp von Schoeler, dem Repräsentanten des IOC, immer wieder ein bewegender Augenblick.

Im Einzelwettbewerb hat Herbert Blöcker die Maßstäbe vorgegeben. Ein sehr kontrollierter Ritt mit nur einem Abwurf schloß seine beachtliche Leistung bei diesen Olympischen Spielen ab. Es sollte niemanden wundern, wenn der jung gebliebene Herbert seine mehrfachen Olympiaeinsätze um Sydney erweitert, um dieses Ergebnis hier etwas nachzubessern.

Auch Amadeus mit Hendrik von Paepcke bewies Teamgeist und produzierte den einzigen Abwurf, den jedes deutsche Pferd wohl für die olympische Meßlatte hielt. Ein schöner, flüssiger und kontrollierter Ritt, der eine hervorragende olympische Leistung würdig abschloß. Dieser Ritt und die Fehler der anderen brachten Hendrik noch einmal nach vorn. Als es bei den Konkur-

Springen

renten besonders klapperte sah man im Buschreiternest sogar ganz von Ferne wieder etwas Metall blinken. Letztendlich schloß Amadeus seinen ersten Championatsauftritt mit einem großartigen 7. Platz ab. Einen besseren Grundstein für die weitere Karriere von Pferd und Reiter kann man sich kaum denken.

Abschließend bleibt festzuhalten, daß mit Blyth Tait und Ready Teddy ein würdiger Olympiasieger mit der neuseeländischen Hymne geehrt wurde. Platz 4 für Jean Teulere (FRA) und Platz 5 für David O'Connor (USA), wobei man Frankreich mit zwei undankbaren vierten Plätzen in beiden Prüfungen etwas mehr Fortune gewünscht hätte. Das Publikum ging auch hier, sich steigernd hin zu den Medaillenrängen, begeistert mit. Dennoch wird die FEI in Kürze ernsthaft darüber nachdenken müssen wie die vielen in Atlanta deutlich gewordenen Schwächen des jetztigen Austragungsmodus beseitigt werden können.

Links: Hendrik von Paepcke und Amadeus verbuchten nur einen Abwurf beim Springen und schlossen damit ihren ersten Championatsauftritt mit einem hervorragenden 7. Platz ab.

Rechts: Die strahlenden Medaillengewinner des Einzelwettbewerbs: Silber für Sally Clark (NZL), Gold für Blyth Tait (NZL) und Bronze für Kerry Millikin (USA).

Linke Seite: Herbert Blöcker beendete das Springen mit einem sehr kontrollierten Ritt mit nur einem Abwurf.

Military Gesamtergebnis – Mannschaftswettbewerb

Reiter	Pferd	Dressur	Gelände	Springen	Total
1. Australien					203,85
Wendy Schaeffer	Sunburst	49,40	11,60	0,00	61,00
Phillip Dutton	True Blue Girdwood	50,60	8,80	10,00	69,40
Gillian Rolton	Peppermint Grove	57,00	147,20 WD*		
Andrew Hoy	Darien Powers	56,40	6,80	10,25	73,45
2. USA					261,10
Karen O'Connor	Biko	39,60	66,00	0,00	105,60
David O'Connor	Giltedge	40,80	35,20	0,00	76,00
Bruce Davidson	Heyday	42,60	20,40	16,50	79,50
Jill Henneberg	Nirvana	57,00	RT		RT
3. Neuseeland					268,55
Blyth Tait	Chesterfield	48,80	20,80	0,50	70,10
Andrew Nicholson	Jagermeister II	47,20	51,20	2,25	100,65
Vicky Latta	Broadcast News	41,00	RT		RT
Vaughan Jefferis	Bounce	47,40	40,40	10,00	97,80
4. Frankreich					307,65
Marie-Christine Duroy	Yarlands Summer Song	44,40	RT		RT
Rodolphe Scherer	Urane des Pins	50,60	40,80	17,75	109,15
Koris Vieules	Tandresse de Canta	81,60	28,00	10,00	119,60
Jacques Dulcy	Upont	67,40	0,00	11,50	78,90
5. Großbritannien					312,90
Ian Stark	Stanwick Ghost	35,20	121,20	15,25	171,65
William Fox-Pitt	Cosmopolitan II	49,00	62,80	5,75	117,55
Gary Parsonage	Magic Rogue	62,60	37,20	7,00	106,80
Karen Dixon	Too Smart	43,60	43,20	1,75	88,55
6. Japan					326,15
Kazuhiro Iwatani	Sejane de Vozerier	48,40	47,60	5,00	101,00
Masaru Fuse	Talisman de Jarry	53,40	94,40	6,25	154,05
Yoshihiko Kowata	Hell at Dawn	59,80	57,20	5,50	122,50
Takeaki Tsuchiya	Right on Time	61,60	34,80	6,25	102,65
7. Schweden					345,25
Paula Tornqvist	Monaghan	58,80	35,20	5,00	99,00
Linda Algotsson	Lafayette	51,80	16,40	10,25	78,45
Therese Olavsson	Hector T	61,40	106,40	0,00	167,80
Dag Albert	Nice N'Easy	56,20	RT		RT
8. Spanien					621,65
Luis Alvarez-Cervera	Pico's Nippur	77,60	184,80	11,00	273,40
Santiago Centenera	Just Dixon	47,80	73,20	40,00	161,00
Javier Revuelta	Toby	61,00	124,00	2,25	187,25
Enrique Sarasola	New Venture	63,80	EL		EL
9. Deutschland					1204,15
Bodo Battenberg	Sam the Man	52,00	32,40	5,00	89,40
Jürgen Blum	Brownie Mc Gee	61,60	RT		RT
Ralf Ehrenbrink	Conection L	44,20	EL		EL
Bettina Overesch-Böker	Watermill Stream	48,80	59,20	6,75	114,75
10. Schweiz					1317,50
Christoph Meier	Hunter V	56,80	122,00	0,00	178,80
Marius Marro	Gai Jeannot CH	65,00	166,00 EL*		EL
Heinz Wehrli	Ping Pong	68,80	64,40	5,50	138,70
11. Irland					1384,40
David Foster	Duneight Carnival	52,20	36,00	5,00	93,20
Virginia McGrath	The Yellow Earl	61,20	181,00	49,00	291,20
Alfie Buller	Sir Knight	74,60	15,60 WD*		WD
Eric Smiley	Enterprise	54,20	56,00 WD*		WD
12. Italien					1394,45
13. Ungarn					1434,10
14. Kanada					2074,40
15. Brasilien					2174,45
16. Polen					2197,95

Ein ausgeschiedener Teilnehmer wurde mit 1.000 Punkten belastet.

RT = retired/aufgegeben WD = withdrawn/zurückgezogen EL = eliminated/ausgeschieden * = in 3. Verfassungsprüfung

Military Gesamtergebnis – Einzelwettbewerb

	Reiter	Nation	Pferd	Dressur	Gelände	Springen	Total
1.	Blyth Tait	NZL	Ready Teddy	51,60	5,20	0,00	56,80
2.	Sally Clark	NZL	Squirrel Hill	51,20	9,20	0,00	60,40
3.	Kerry Millikin	USA	Out and About	47,60	19,60	6,50	73,70
4.	Jean Teulere	FRA	Rodosto	41,20	26,00	10,00	77,20
5.	David O'Connor	USA	Custom Made	37,60	30,80	11,75	80,15
6.	Mara Depuy	USA	Hopper	40,20	44,80	0,00	85,00
7.	Hendrik von Paepcke	GER	Amadeus 188	56,20	26,00	5,00	87,20
8.	C. van Rijckevorsel	BEL	Otis	55,80	21,60	10,00	87,40
9.	Didier Willefert	FRA	Seducteur Biolay	42,60	41,60	5,00	89,20
10.	Chris Hunnable	GBR	Mr. Bootsie	49,40	32,00	30,00	111,40
11.	Andrew Hoy	AUS	Gershwin	63,40	49,20	0,00	112,60
12.	Mary King	GBR	King William	31,60	46,40	40,00	118,00
13.	Fredrik Jonsson	SWE	Ulfung	70,80	39,60	16,75	127,15
14.	Marco Cappai	ITA	Night Court	52,20	50,80	35,00	138,00
15.	Roberta Gentini	ITA	Zigolo di San Calogei	59,80	79,20	7,75	146,75
16.	Herbert Blöcker	GER	MobilCom Kiwi Dream	42,40	111,20	6,50	160,10
17.	Ramon Beca	ESP	Perseus II	69,00	72,00	23,75	164,75
18.	Kelli McMullen Temple	CAN	Amsterdam	55,20	101,60	15,00	171,80
19.	Anita Nemtin	HUN	Kaesar	65,40	139,20	5,25	209,85
	Charlotte Bathe	GBR	The Cool Customer	49,80	28,80 WD		WD
	Nikki Bishop	AUS	Wishful Thinking	40,00	EL		EL
	Artemus de Almeida	BRA	Buryand	51,60	EL		EL
	Indrajit Lamba	IND	Karishma	79,40	EL		EL
	Shigeyuki Hosono	JPN	As du Perche	59,40	EL		EL
	Yoshihiko Kowata	JPN	Stars de Riols	71,20	EL		EL
	Enrique Sarasola	ESP	Rebaby	70,20	EL		EL
	David Green	AUS	Chatsby	45,80	RT		RT
	Nils Haagensen	DEN	Troupier	54,60	RT		RT
	Marie-Christine Duroy	FRA	Ut du Placineau	47,80	RT		RT
	David Foster	IRL	Tilt 'N' Turn	54,80	RT		RT
	Andrew Nicholson	NZL	Buckley Province	48,40	RT		RT
	Piotr Piasecki	POL	Lady Naleczowianka	62,80	RT		RT
	Javier Revuelta	ESP	Hoochi Koochi	60,40	RT		RT
	Peter Thomsen	GER	White Girl 3	53,60	WD		WD
	Chelan Kozak	CAN	Soweto	WD			WD

RT = retired/aufgegeben   WD = withdrawn/zurückgezogen   EL = eliminated/ausgeschieden

Ausblick

Die Olympischen Spiele sind für die Militaryreiter durchaus positiv zu Ende gegangen. Die respektablen sportlichen Leistungen und Ergebnisse sind von einer überaus großen und in allen Teilprüfungen begeisterten Zuschauermenge begleitet worden. Befürchtungen, daß extreme Witterungsbedingungen zu Schwächen oder gar zu Unfällen bei Reitern und Pferden führen, sind gegenstandslos geblieben. Intensive Planungen, eine effiziente Organisation und nicht zuletzt die Verantwortlichkeit der Teilnehmer haben der Welt einen positiven Eindruck vermittelt.

Dennoch wäre es falsch, ohne weiteres Nachdenken in das Tagesgeschehen zurückzutauchen. Der Military in Conyers fehlte ein ganz bedeutendes Charaktermerkmal: die ausgewogene Dauerleistungskomponente. Es wird jetzt Stimmen geben, die sich für vergleichbare Kürzungen und Unterbrechungen der Geländestrecken einsetzen, weil dies natürlich dazu beigetragen hat, daß die Pferde die entscheidende Geländeprüfung in besserer Kondition angefangen und beendet haben. Dennoch sollte sich jeder darüber im klaren sein, daß ein Weg in diese Richtung bei einer Kurzprüfung ohne Rennbahn und Wegestrecken endet. Was übrig bleibt ist dann nur noch eine Addition von Leistungen, die unsere Brüder und Schwestern im Dressur- und Springlager auf höherem Niveau erbringen. Ohne das Dauerleistungselement würde die Disziplin ihre Eigenständigkeit verlieren, zu einem second-hand Angebot im Reitsport verkümmern und kaum noch lebensfähig sein.

Diejenigen Reiter, die einen wesentlichen Teil ihres Lebensunterhalts in und um den Military-Sport bestreiten, werden sich nunmehr dafür einsetzen, daß auch in Zukunft bei olympischen Spielen, vielleicht auch anderen Championaten, die Möglichkeit besteht, zwei qualifizierte Pferde in zwei unterschiedlichen Prüfungen zu reiten. Die FEI wird sich also auch mit der Frage gerechter Championatsbedingungen für Starke und Schwache befassen müssen. Damit geht es um sportpolitische Dimensionen. Die Antwort entscheidet darüber, ob aufstrebende Militarynationen und Etablierte – ob Topreiter und die bisher den Sport tragenden Amateure ihren gleichberechtigten Platz im Spitzensport behalten.

Erstmals während eines gesamten olympischen Wettkampfs wurde der Welt ein Riesen-Aufgebot an tierärztlicher Unterstützung für jedes Pferd vorgeführt. Wir alle wissen, daß die Witterungsbedingungen den Grund dafür hergaben. Wir müssen aber aufpassen, daß sich dem Laien in Zukunft nicht der Eindruck aufdrängt, Pferdesport kann nur von Tierärzten in vertretbaren, gesundheitlichen Bahnen gehalten werden. Wir müssen uns bemühen, der breiten Öffentlichkeit die richtige Basis unseres Sports näher zu bringen: Einen Sport, der grundsätzlich nur mit gesunden Pferden möglich ist. Einen Sport, bei dem Tierärzte nur in Ausnahmefällen eingreifen. Die Veterinärmedizin vor und in unseren Prüfungen muß wieder leiser werden.

Dr. Reiner Klimke

Dressur

Deutschland bleibt die führende Nation der Welt

Mit dem Gewinn der beiden Goldmedaillen sowohl in der Mannschafts- als auch in der Einzelwertung behauptete die deutsche Dressurequipe ihre führende Stellung in der Welt. Die Sternstunden von Barcelona '92, wo die deutschen Dressurreiterinnen und -reiter neben der Mannschaftswertung auch alle 3 Medaillen in der Einzelwertung gewannen, konnten in dieser Form nicht wiederholt werden. Aber Sternstunden erlebten wir auch in Atlanta. Die deutsche Mannschaft mußte um ihre Position kämpfen. Der Abstand zu den Verfolgern aus den Niederlanden hatte sich in der Zeit zwischen Barcelona und Atlanta verkürzt. Dies zeigten die Ergebnisse in den Championaten zwischen den Spielen.

Den größten Triumph in ihrer bisherigen sportlichen Laufbahn erlebte Isabell Werth, die auf Nobilis Gigolo FRH – nach Grand Prix und Special an zweiter Stelle liegend – mit einer phantastischen Kür den Rückstand aufholte und hochverdient die Goldmedaille in der Einzelwertung errang. Isabell Werth ist derzeit die erfolgreichste Dressurreiterin der Welt.

In der Mannschaftswertung konnten die Niederlande und die USA ihre in Barcelona '92 gewonnenen Silber- und Bronzemedaillen erfolgreich verteidigen. Das Niveau der Leistungen von Atlanta '96 brachte indessen keine Steigerung. Es fiel eher ab und gibt für die Zukunft viel zu tun.

Verfassungsprüfung

Zur Verfassungsprüfung wurden am 25. Juli 1996 im Georgia International Horse Park 51 Pferde vorgestellt. Wie schon in Barcelona '92 fand die Prüfung unter Ausschluß der Öffentlichkeit statt. Nur die akkreditierten Personen konnten zuschauen. Die Prüfung wurde abgenommen von der Grand Prix Jury unter Hinzuziehung der Tierärzte Dr. Peter Cronau aus Deutschland sowie aus den USA die Tierärzte Dr. Catherine Kohn, Dr. Soule und Dr. Majo. Die meisten Pferde waren frühzeitig angereist und hatten auf verschiedenen Farmen außerhalb von Atlanta Trainingsquartiere bezogen, um sich zu akklimatisieren. Die deutschen Dressurreiter waren zusammen mit den Springreitern vom 08. Juli bis zum 20. Juli 1996 Gast auf der Merichase Farm und hatten dort ideale Trainingsmöglichkeiten.

Die klimatischen Bedingungen waren entgegen allen Vorwarnungen für Atlanta-Verhältnisse mild mit Temperaturen zwischen 20°C und 25°C. Am Tage der Verfassungsprüfung herrschte kühler Wind mit einzelnen Regenschauern.

Der von Michelle Gibson vorgeführte 12jährige Trakehnerhengst Peron trabte frisch.

Die Pferde zeigten sich körperlich fast ausnahmslos in guter Verfassung, so daß die Jury keine schwere Aufgabe hatte. Dies konnte allerdings nicht darüber hinwegtäuschen, daß viele Pferde – möglicherweise infolge ihres hohen Alters – Mängel in dem Bewegungsablauf erkennen ließen. Zum Teil trabten sie matt; einige auch unregelmäßig, so daß vier Pferde für die Nachinspektion am folgenden Tage zurückgestellt wurden, von denen schließlich einer, und zwar der Schimmelhengst Aktion (Ungarn), nicht durchkam. Für seinen Reiter Gyula Dallos war dies besonders schmerzlich; denn er konnte bereits in Barcelona '92 mit dem selben Pferd nach bestandenem Vetcheck zum Wettkampf nicht antreten, weil er über Nacht erkrankte.

Großer Dressurpreis
Mannschaftswertung

Zur Mannschaftsprüfung am 27. und 28. Juli 1996 stellten sich 49 Starter, nachdem die Kanadier ihren Reiter Thomas Dvorak auf World Cup zurückgezogen hatten. Somit verblieben 10 Mannschaften, davon Kanada mit 3 Reitern, sowie 10 Einzelreiter. Geritten wurde die Aufgabe des Grand Prix der FEI von 1995, die unten abgedruckt ist.

Um den klimatischen Bedingungen Rechnung zu tragen, sollte die Prüfung an beiden Tagen jeweils um 8:30 Uhr beginnen und nach einer Pause von 12:00 bis 15:00 Uhr nachmittags fortgesetzt werden. Für die Zuschauer war keine Vorsorge getroffen. Es gab weder überdachte Tribünen, noch konnten die Zuschauer ohne Verlust ihrer Eintrittsberechtigung das Stadiongelände verlassen.

Der 27. Juli 1996 wurde überschattet von dem nächtlichen Bombenanschlag im Centennial Park, der zwei Todesopfer und 111 verletzte Personen zur Folge hatte. Die Stimmung war gedrückt. Es wurde unwillkürlich die Erinnerung an den Anschlag im Olympischen Dorf in München 1972 auf die israelische Mannschaft wach. Die Innenstadt von Atlanta wurde vorübergehend abgesperrt, so daß die Teilnehmer aus dem Olympischen Dorf teilweise mit Verspätung im Horse Park eintrafen. Die Turnierleitung verschob deshalb kurzfristig

Grand Prix – Die Dressuraufgabe

Das Dressurviereck (20 x 60 m):

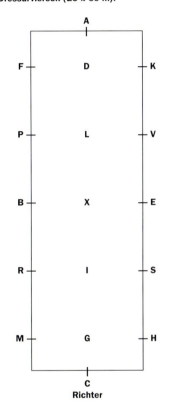

Dauer: etwa 7 Minuten

Für jeden der 42 Bewertungspunkte werden folgende Dressurnoten vergeben:

10	ausgezeichnet
9	sehr gut
8	gut
7	ziemlich gut
6	befriedigend
5	genügend
4	mangelhaft
3	ziemlich schlecht
2	schlecht
1	sehr schlecht
0	nicht ausgeführt

Die Noten für die Bewertungspunkte 13, 24, 26, 28 sowie 39, 40, 41 und 42 werden mit dem Koeffizienten ② bewertet. Somit ergibt sich im Grand Prix eine maximal zu erreichende Punktzahl von 500.

Die Lektionen:

1.	A	Einreiten im versammelten Galopp.	
	X	Halten – Unbeweglichkeit – Grüßen. Im versammelten Tempo antraben.	
2.	C	Rechte Hand.	
	M-X-K	Im starken Trab durch die ganze Bahn wechseln.	
	K-A	Versammelter Trab.	
3.	A	Versammelter Galopp.	
	F-X-H	Im Mittelgalopp durch die ganze Bahn wechseln mit fliegendem Galoppwechsel bei X.	
	H	Versammelter Galopp.	
4.	C	Übergang zum versammelten Schritt.	
5.	M	Rechts um.	
	Zwischen G und H	Halbe Pirouette rechts.	
6.	Zwischen G und M	Halbe Pirouette links.	
7.		Der versammelte Schritt, C M G (H) (M) G.	
8.	G-H-S	Versammelter Trab.	
	S-P	Nach links traversieren.	
	P-F	Versammelter Trab.	
	F	Rechts um.	
9.	D	Halten – Schaukel 4-4-6, daraus im versammelten Tempo antraben.	
	K	Rechte Hand.	
10.	V-R	Nach rechts traversieren.	
	R-M-C-H	Versammelter Trab.	
11.	H-X-F	Im Mitteltrab durch die ganze Bahn wechseln.	
12.	F-A-K	Passage.	
13.	K-V-X-R-M	Im starken Schritt durch die Bahn wechseln.	②
14.	M-C-H	Versammelter Schritt.	
15.	H	Übergang zur Passage. Der Übergang vom versammelten Schritt zur Passage.	
16.	H-S-I	Passage.	
17.	I	Piaffe, 12 bis 15 Tritte.	
18.	I	Übergang zur Passage. Die Übergänge von der Passage zur Piaffe und von der Piaffe zur Passage.	
19.	I-R-B-X	Passage.	
20.	X	Piaffe 12 bis 15 Tritte.	
21.	X	Übergang zur Passage. Die Übergänge von der Passage zur Piaffe und von der Piaffe zur Passage.	
22.	X-E-V	Passage.	
23.	V	Im versammelten Tempo angaloppieren.	
	V-K-A	Versammelter Galopp.	
24.	A	Auf die Mittellinie abwenden. 5 Galopptraversalen beiderseits der Mittellinie mit fliegendem Galoppwechsel bei jedem Richtungswechsel. Die erste Galopptraversale nach links und die letzte nach links zu je 3 Sprüngen, die anderen zu je 6 Sprüngen.	
	G	Fliegender Galoppwechsel.	②
25.	C	Rechte Hand.	
	M-X-K	Im starken Galopp durch die ganze Bahn wechseln.	
	K	Versammelter Galopp und fliegender Galoppwechsel.	
26.	A	Auf die Mittellinie abwenden.	
	L	Pirouette links.	②
27.	X	Fliegender Galoppwechsel.	
28.	I	Pirouette rechts.	②
29.	G	Fliegender Galoppwechsel.	
	C	Linke Hand.	
30.	H-X-F	Auf der Wechsellinie 9 fliegende Galoppwechsel zu 2 Sprüngen.	
31.	K-X-M	Auf der Wechsellinie 15 fliegende Galoppwechsel von Sprung zu Sprung.	
32.	C	Versammelter Trab.	
	H-X-F	Im starken Trab durch die ganze Bahn wechseln.	
	F	Versammelter Trab.	
	A	Auf die Mittellinie abwenden.	
33.		Die Übergänge vom versammelten Galopp zum versammelten Trab, vom versammelten Trab zum starken Trab und vom starken Trab zum versammelten Trab.	
34.	D-X	Passage.	
35.	X	Piaffe, 12 bis 15 Tritte.	
36.		Übergang von der Passage. Die Übergänge von der Passage zur Piaffe und von der Piaffe zur Passage.	
37.	X-G	Passage.	
38.	G	Halten – Unbeweglichkeit – Grüßen. Verlassen der Bahn bei A im Schritt.	

Der Gesamteindruck:

39.	Reinheit der Gänge, Ungebundenheit und Regelmäßigkeit.	②
40.	Schwung (Frische, Elastizität der Bewegungen, Rückentätigkeit und Engagement der Hinterhand).	②
41.	Gehorsam des Pferdes (Aufmerksamkeit und Vertrauen, Harmonie, Losgelassenheit und Durchlässigkeit, Maultätigkeit, Anlehnung und natürliche Aufrichtung).	②
42.	Sitz und Einwirkung des Reiters, Korrektheit in der Anwendung der Hilfen.	②

den Prüfungsbeginn um eine Stunde und kündigte eine weitere Unterbrechung für den Fall an, daß die Sturmwarnung der Wettervorhersage Wirklichkeit würde. Dunkle Wolken, Wind und vereinzelte Schauer drückten zusätzlich auf die Stimmung. Für die Starter des Vormittags des 27.07. war dies eine große Belastung, weil sie im unklaren blieben, ob die Sturmwarnung Wirklichkeit würde und auf welche Startzeit genau sie ihr Pferd vorzubereiten hatten.

Zum Glück zog der Sturm vorbei. Es kam lediglich ein leichter Nieselregen auf, so daß um 9:00 Uhr der Italiener Paolo Giani Margi als erster Starter den Wettkampf eröffnen konnte.

Die Auslosung, die im übrigen erstmals durch Computer erfolgte, ergab, daß Isabell Werth auf Nobilis Gigolo FRH innerhalb der deutschen Mannschaft mit der Startnummer 8 als erste ritt und Klaus Balkenhol auf Goldstern mit der Startnummer 21 als zweiter. Die drei anderen deutschen Teilnehmer starteten am zweiten Wettkampftag, d.h. am 28. Juli 1996.

Bei der Beobachtung des Trainings vor den Wettkampftagen zeichnete sich ab, daß die Niederländer, Amerikaner und Franzosen neben der deutschen Mannschaft Favoriten auf die Mannschaftsmedaillen waren. Die Auslosung ergab, ob durch Zufall oder nicht, daß die Teilnehmer der deutschen und niederländischen Mannschaft fast jeweils hintereinander starteten. Dadurch kam es zu einem direkten Vergleich, wodurch der Zweikampf zwischen den Reitern aus Deutschland und den Niederlanden an Spannung zunahm. Während die deutsche Mannschaft in Barcelona '92 mit einem Punktvorsprung von 482 Punkten vor den Niederlanden überlegen gewinnen konnte, war das Ergebnis in Atlanta bis zur letzten Starterin der niederländischen Mannschaft Gonnelien Rothenberger auf Olympic Dondolo offen. Ähnlich verlief der Kampf um die Bronzemedaille zwischen den USA und Frankreich, da Robert Dover auf Metallic für die USA mit dem späteren Streichergebnis von 1.649 Punkten schwach begonnen hatte.

Der Besuch war bei allen Dressurveranstaltungen erfreulich gut. Das Stadion hatte eine Kapazität von 30.000 Plätzen. Es war an allen Tagen ausverkauft. Die große Kulisse und die Begeisterung der überwiegend amerikanischen Zuschauer sorgten für eine gewisse Unruhe. Zwar saßen die Zuschauer weit entfernt, aber die Geräuschkulisse und die Wetterlage mit zwischenzeitlichen Schauern und Wind blieben auf die Leistungen der Pferde nicht ohne Auswirkungen.

Der Veranstalter hatte zudem an allen vier Ecken des Vierecks etwa 2-3 m außerhalb je eine Holzfigur aufgestellt, denen einige Pferde ihre Aufmerksamkeit widmeten. Drei Fernsehkameras, zwei etwa 15 m entfernt, eine zwischen den Richterhäusern auf der kurzen Seite, jeweils durch große Schirme vor Regen geschützt, gaben zahlreichen Pferden Anlaß zur Ablenkung. Dies gilt insbesondere für die Fernsehkamera auf der Höhe der Linie des Buchstabens D, wo die Schaukel auszuführen war, die bei vielen Pferden mißlang und zu Widersetzlichkeiten führte.

Schließlich hatte man – allerdings durch grünen Blumenschmuck verdeckt – an den vier Buchstaben H, M, F, K kleine Lautsprecher installiert, um für die Fernsehübertragungen die Geräusche der Pferde mit einzufangen.

Die vorbeschriebenen äußeren Umstände mögen Gründe dafür gewesen sein, weshalb sich so viele Pferde während der Prüfung den Hilfen ihrer Reiter entzogen und unter ihren Leistungsmöglichkeiten blieben. Gewiß kam bei einigen Reitern auch eine gewisse Nervosität hinzu. Denn der Auftritt bei Olympischen Spielen ist nach wie vor das herausragende Erlebnis eines Sportlers in seiner Laufbahn.

In der Reihenfolge der Plazierungen der Mannschaften ergibt die Beschreibung der Leistungen im großen Dressurpreis folgendes Bild:

1. Deutschland – 5.553 Punkte

Als Isabell Werth auf dem 13jährigen hannoverschen Fuchswallach Nobilis Gigolo FRH am 27.07.1996 um 10:55 Uhr die Arena betrat, verdunkelte sich der Himmel. Doch zum Glück zog kein Gewitter auf, das den Ritt hätte beeinträchtigen können. Isabell bewies ihre Nervenstärke als erste Starterin im deutschen Team. Sie ging kein unnötiges Risiko ein, präsentierte Nobilis Gigolo FRH in schöner Halseinstellung und überzeugte durch die Sicherheit in den Lektionen. Besondere Höhepunkte waren die ausdrucksvollen Trabtraversalen, der starke Schritt, die Piaffe- und Passagetouren sowie die Galopp-Pirouetten. Bei den fliegenden Galoppwechseln von Sprung zu Sprung schlich sich beim vierten Wechsel ein kleiner Hinterhandfehler ein. Die Verstärkungen im Trab wurden bewußt nicht voll ausgereizt. Mit 1.915 Punkten belohnten die Richter die Vorführung, aber man konnte zu diesem Zeitpunkt noch nicht abschätzen, ob dies das beste Ergebnis bleiben würde. In Aachen hatte Isabell Werth bei der letzten Qualifikation vor der gleichen Jury im Grand Prix 1.923 Punkten erhalten.

Klaus Balkenhol startete auf dem 15jährigen westfälischen Fuchswallach Goldstern als drittletzter Teilnehmer des ersten Tages um 16:32 Uhr. Bei der Grußaufstellung trat Goldstern kurz zurück. Es folgten ein ausdrucksvoller starker Trab, ein fleißiger Mittelgalopp und gute Schrittpirouetten. Bei der Schaukel wurde Goldstern erneut kurz unaufmerksam. Bei den folgenden Lektionen reihte sich wiederum ein Höhepunkt an den anderen. In der ausdrucksvollen Passage- und Piaffetour zeigten sich momentweise Spannungen. Der fliegende Wechsel nach dem starken Galopp verwischte. Die Linkspirouette gelang gut; die Rechtspirouette hätte gesetzter sein können. Dafür gelangen die Galoppwechsel zu 2- und 1-Tempi einwandfrei. Auf der Mittellinie zeigte Goldstern in der Passage und Piaffe etwas Übereifer mit Unruhe bei der Schlußaufstellung. Insgesamt gelang Klaus Balkenhol eine Vorstellung von großer Dynamik mit kleineren Abstrichen bei der Losgelassenheit: 1.793 Punkte.

Monica Theodorescu startete am zweiten Tag auf dem 15jährigen hannoverschen Wallach Grunox als dritte Reiterin im deutschen Team um 11:01 Uhr. Grunox hatte bereits bei der Verfassungsprüfung einen hervorragenden Eindruck hinterlassen. Er wirkte sehr frisch, als er in die Bahn kam, und Monica versuchte sehr geschickt, ihn zu beruhigen. Nach guter Aufstellung galoppierte Grunox kurz an, fing sich aber sofort wieder. Die Reiterin ritt deshalb den starken Trab aus Sicherheitsgründen nicht voll aus. Mit dem Angaloppieren aus dem Trab kehrte die Gelassenheit zurück. Grunox präsentierte sich in schöner Aufrichtung, leicht an den Hilfen seiner Reiterin.

Höhepunkte der Vorstellung waren die ausdrucksvollen Passagen, der starke Schritt, die Galopp-Pirouetten und der hohe Rittigkeitsgrad des Pferdes. Bei den Galoppwechseln von Sprung zu Sprung sprang Grunox hinten rechts einmal nicht durch. Die letzte Piaffe wurde hinten etwas breit: 1.845 Punkte.

Martin Schaudt ritt auf dem 12jährigen westfälischen Wallach ESGE-Durgo als vierter Reiter der deutschen Mannschaft sein Debüt bei Olympischen Spielen. ESGE-Durgo forderte von ihm an diesem Tage die volle reiterliche Unterstützung. Die Halseinstellung ließ teilweise zu wünschen übrig. Bei der Grußaufstellung, der Schaukel, dem versammelten Schritt und bei den Pirouetten schlichen sich Unebenheiten ein. Dagegen gab es Höhepunkte bei den Verstärkungen, den Passagen und den Galoppwechseln zu 2- und 1-Tempi: 1.781 Punkte.

2. Niederlande – 5.437 Punkte

Tineke Bartels-de Vries war am 27.07.1996 auf der 13jährigen niederländischen Stute Olympic Barbria die erste Reiterin im niederländischen Team mit der Startnummer 10. Sie zeigte eine reiterlich gute Leistung auf einem nicht einfach zu reitenden

Klaus Balkenhol gelang auf Goldstern eine Vorstellung von großer Dynamik.

Grund zum Jubeln hatte Anky van Grunsven, die auf Cameleon Bonfire im Grand Prix eine der besten Vorstellungen in ihrer Laufbahn zeigte.

Pferd, das sich häufig im Rücken festhielt und im Hals zu eng wurde. Die weitgehende Sicherheit der Lektionen und die noch nicht voll ausgereiften Piaffen gaben den Ausschlag für das Ergebnis: 1.690 Punkte.

Sven Rothenberger ritt auf dem 10jährigen hannoverschen Fuchshengst Weyden am ersten Tag der Mannschaftswertung unmittelbar hinter Klaus Balkenhol. Der Hengst bestach durch seine Eleganz und ausgeglichene Persönlichkeit. Er war in den Lektionen sicher und sammelte dadurch seine Punkte. Sven Rothenberger stellte Weyden mit großer Routine vor, konnte aber nicht verhindern, daß der Hals des Pferdes im Verlauf der Aufgabe zunehmend enger wurde. In der Schaukel gab es eine kleine Störung. Bei der Zick-Zack-Traversale im Galopp unterlief ein Sprungfehler. Die Piaffen wurden mit mehr als 20 Tritten gezeigt. Die Galoppwechsel von Sprung zu Sprung hätte man sich mehr nach vorn gewünscht. Aufgrund der routinierten Gesamtleistung waren die 1.854 Punkte gerechtfertigt.

Anky van Grunsven ritt auf dem 13jährigen braunen oldenburger Wallach Cameleon Bonfire am zweiten Wettkampftag direkt hinter Monica Theodorescu. Ihre Vorstellung kann wohl als eine der besten in ihrer Laufbahn bezeichnet werden. Die Leichtigkeit der Hilfengebung und die Mühelosigkeit im Ablauf der Lektionen waren vorbildlich. Lediglich der starke Schritt des Pferdes konnte den Wert des Vortrages geringfügig drücken: 1.893 Punkte.

Gonnelien Rothenberger hatte es als letzte Starterin der holländischen Mannschaft direkt hinter Martin Schaudt in der Hand, auf dem erfahrenen 12jährigen braunen oldenburger Wallach Olympic Dondolo, den Rudolf Zeilinger ausgebildet hat, den Sieg der deutschen Mannschaft zu verhindern. Die elegant sitzende Reiterin begann vielversprechend, bis sich bei der Schaukel erste Spannungen zeigten. Danach folgten mehrere Ungenauigkeiten im versammelten Schritt, in den Piaffen, in den Pirouetten und bei der Schlußaufstellung. Die Verstärkungen waren zu vorsichtig abgefragt. Schon vor der Punktvergabe der Noten war klar, daß es für den Sieg der Niederländer nicht ausreichen würde: 1.673 Punkte und damit das Streichergebnis für die Niederlande.

Gonnelien Rothenberger konnte auf Olympic Dondolo als letzte Starterin für die Niederlande den Sieg der deutschen Mannschaft nicht verhindern.

Der Trakehnerhengst Peron präsentierte sich im Grand Prix unter Michelle Gibson in bestechender Form.

3. USA – 5.309 Punkte

Robert Dover hatte auf dem 12jährigen niederländischen Schimmelwallach Metallic als erster Reiter seines Teams nicht den besten Tag. Er begann recht vorsichtig und bemühte sich, Lektionenfehler zu vermeiden. Dies gelang weitgehend bis zur Piaffe-Passage-Tour. In der Piaffe ging die Anlehnung verloren. Die Vorderbeine kamen kaum vom Boden. Während der Zick-Zack-Traversale gab es einen Wechselfehler und nach dem starken Galopp sprang das Pferd um. Die Pirouetten wurden gedreht. Die Galoppwechsel gelangen mit deutlich sichtbaren Hilfen. Bei der Schlußaufstellung war das Pferd nicht geschlossen: 1.649 Punkte.

Das Bild für die USA änderte sich durch den Auftritt von Michelle Gibson als zweite Reiterin ihres Teams am 27.07.1996 auf dem 12jährigen Trakehnerhengst Peron. Der Hengst präsentierte sich in bestechender Form. Es gab keinen nennenswerten Lektionenfehler. In gleichmäßiger leichter Anlehnung zeigte der Hengst besondere Höhepunkte in der Piaffe- und Passage-Arbeit und während der gesamten Galopp-Tour. Der starke Schritt war raumgreifend. Lediglich die Trabverstärkungen wurden nicht voll ausgeritten: 1.880 Punkte.

Steffen Peters zeigte auf dem 18jährigen niederländischen Fuchswallach Udon eine ansprechende Leistung mit sicherer Beherrschung der Lektionen. Für eine höhere Bewertung mangelte es an Ausdruck der Bewegungen: 1.695 Punkte.

Günter Seidel ritt als vierter Reiter seiner Mannschaft den 14jährigen hannoverschen Schimmelwallach Graf George, der in Barcelona '92 von seinem Ausbilder Michael Poulin vorgestellt worden war. Der Wallach ließ sich in der Schaukel und im starken Schritt ablenken und kam mehrfach über den Zügel. Die Arbeit der Hinterhand war teilweise schleppend. Durch Höhepunkte in der Piaffe-Passage-Tour erreichte er 1.734 Punkte und sicherte damit seiner Mannschaft die Bronzemedaille.

4. Frankreich – 5.045 Punkte

Dominique D'Esme ritt als erste Reiterin auf dem 14jährigen braunen niederländischen Wallach Arnoldo für Frankreich. Die Arbeit der Hinterhand konnte nicht immer befriedigen. Der starke Schritt war wenig schreitend. Ein Ungehorsam bei der ersten Piaffe und Fehler in den Galoppwechseln drückten den Wert der Vorstellung: 1.612 Punkte.

Margit Otto-Crepin zeigte auf dem 14jährigen Zweibrücker Schimmelwallach Lucky Lord eine schwungvolle Vorführung mit vielen Höhepunkten. Kleine Abstriche gab es bei der Schaukel, im versammelten Schritt und bei den ersten beiden Piaffen, die hinten breit wurden: 1.783 Punkte.

Margit Otto-Crepin zeigte auf Lucky Lord im Grand Prix eine schwungvolle Vorführung mit vielen Höhepunkten.

Die zur Zierde aufgestellte Holzfigur im Vordergrund gab Anlaß zu Irritationen.

Dominique Brieussel hielt auf der 12jährigen braunen Hannoveranerstute Akazie am zweiten Tag mit 1.650 Punkten den Anschluß im Kampf um die Bronzemedaille. Die Vorstellung gefiel durch den schwungvollen Bewegungsablauf des Pferdes, büßte aber Punkte durch Mängel in der Anlehnung ein.

Als letzte Reiterin des Wettkampfes startete Marie-Hélène Syre auf dem hochtalentierten 13jährigen braunen Trakehnerwallach Marlon. Das Paar enttäuschte. Der Wallach ließ sich mehrfach ablenken, stieg in der zweiten Piaffe und zeigte nur ansatzweise sein Leistungsvermögen: 1.516 Punkte und damit Streichergebnis für Frankreich.

Christine Stückelberger auf dem 11jährigen westfälischen Fuchshengst Aquamarin in einer gut gesetzten Rechtspirouette.

5. Schweden – 4.996 Punkte

Die Schweden waren nach ihren Leistungen auf den Qualifikationsturnieren stärker eingeschätzt worden und erreichten im olympischen Wettkampf in Atlanta nicht ihre Bestform. Als erste Reiterin ging mit Startnummer 7 Tinne Wilhelmsson auf der 15jährigen braunen holsteiner Stute Caprice in die Prüfung. Sie zeigte schwungvolle Trabverstärkungen, einen raumgreifenden starken Schritt und gut gesetzte Pirouetten. Aber Mängel im versammelten Schritt, bei der Schaukel und insbesondere in den Piaffen drückten die Wertung. 1.542 Punkte waren vielleicht etwas streng, wobei die Benotung des französischen Richters mit lediglich 275 Punkten etwas aus dem Rahmen fiel.

Annette Solmell erreichte auf dem 15jährigen schwedischen Fuchshengst Strauss mit 1.673 Punkten die höchste Wertung innerhalb der schwedischen Mannschaft. Die energische Reiterin stellte ihr Pferd mit viel Schwung vor und zeigte sehr gute Piaffen. Gelegentliches Schweifschlagen beeinträchtigte den Gesamteindruck sowie einige Lektionenfehler, die aber nicht gravierend waren, wie z.B. die Grußaufstellung mit herausgestellter Hinterhand.

Ulla Hakansson stellte den 10jährigen braunen Hengst Bobby recht geschickt vor. Der Wallach verfügt nicht über den ganz großen Bewegungsablauf eines Klassepferdes: 1.666 Punkte.

Als letzte Reiterin stellte Louise Nathhorst für das schwedische Team den 11jährigen hannoverschen Fuchswallach Walk on Top vor. Das Paar hatte auf dem Hamburger Dressurderby im Mai auf sich aufmerksam gemacht. Leider ließ sich der Wallach in Atlanta im Grand Prix sehr stark ablenken, so daß seine geschickte Reiterin recht viel Mühe hatte. Im ersten Mittelgalopp sprang der Wallach zweimal um. Vor der Linkstraversale sprang er zur Seite. Bei der Schaukel wurde er schief. Im Gegensatz dazu war die Piaffe-Passage-Tour eine der besten des Tages. Eine gut gelungene Galopptour mit weit durchgesprungenen fliegenden Wechseln zu 2- und 1-Tempi versöhnten am Ende das Bild und brachten das Ergebnis auf immerhin 1.657 Punkte.

6. Schweiz – 4.893 Punkte

Eva Senn stellte den von Otto Hofer ausgebildeten 13jährigen belgischen Fuchswallach Renzo klassereif vor. Die Arbeit der Hinterhand ließ im Trab zu wünschen übrig. In der Piaffe-Passage-Tour gelangen Höhepunkte. In der Galopptour schlichen sich Fehler ein: ungeschmeidiges Zick-Zack; Fehler bei den Wechseln zu 2-Tempi. Bei der Schlußaufstellung trat das Pferd zurück: 1.603 Punkte.

Hans Staub zeigte auf dem 11jährigen braunen niederländischen Wallach Dukaat eine solide Leistung. Es mangelte ein wenig an Schwung und Ausdruck. Die Hinterbeine des Pferdes fußten nicht energisch genug ab. In der Passage kreuzte das Pferd die Vorderbeine. Ansonsten präsentierte sich Dukaat lektionensicher: 1.628 Punkte.

Christine Stückelberger kehrte mit dem 11jährigen westfälischen Fuchshengst Aquamarin eindrucksvoll in die schweizer Mannschaft zurück. Der Hengst verfügt über hervorragende Grundgangarten und ist der Typ eines Siegerpferdes. Seine Ausbildung ist noch nicht abgeschlossen; deshalb hatte die Reiterin noch Probleme mit der Durchlässigkeit und Selbsthaltung des

Pferdes. Dies zeigte sich unter anderem bei den Übergängen sowie bei der Schaukel: 1.662 Punkte.

Eine völlig mißlungene Vorstellung zeigte Barbara von Grebel Schiendorfer auf dem 11jährigen niederländischen Fuchswallach Ramar mit dem schlechtesten Ergebnis von 1.324 Punkten. Die bedauernswerte Reiterin kämpfte während der ganzen Prüfung mit ihrem Pferd und bekam den Wallach nicht unter Kontrolle.

7. Spanien – 4.875 Punkte

Zum ersten Mal erreichte Spanien mit einer kompletten Dressurmannschaft die Qualifikation für den olympischen Grand Prix, darunter mit zwei Reitern auf andalusischen Hengsten aus der königlich andalusischen Reitschule in Jerez de la Frontera. Rafael Soto Andrade startete auf dem erst 7jährigen andalusischen Schimmelhengst Invasor als erster Reiter seiner Mannschaft. Die Vorstellung litt unter mangelnder Prüfungsroutine und zu deutlich sichtbaren Reiterhilfen, die das Gesamtbild störten. Bei einigen Lektionen gab es Glanzpunkte, u.a. in den Piaffen und Passagen: 1.527 Punkte.

Beatriz Ferrer-Salat zeigte auf dem 12jährigen oldenburger Rappwallach Brillant eine Vorführung von hoher Eleganz. Die Reiterin hat große Fortschritte gemacht. Einige Flüchtigkeitsfehler beeinträchtigten das Ergebnis: 1.604 Punkte.

Juan Matute konnte den 12jährigen niederländischen Wallach Hermes nicht klassereif vorstellen. Das Pferd geriet beim Einritt in das Stadion in Spannung, die sich bis zum Schluß nicht löste: 1.416 Punkte.

Dagegen ließ der Ritt von Ignacio Rambla Algarin auf dem 11jährigen andalusischen Schimmelhengst Evento nicht nur die Herzen aller Spanier höher schlagen. Evento ist der Lieblingshengst von Alvaro Domecq Romero, der ihn bei den Schulvorführungen selbst an der Tête reitet. Ignacio Rambla Algarin ist einer der talentiertesten Reiter der andalusischen Reitschule. Er hat zusammen mit seinem Kollegen Rafael Soto bei Jürgen Koschel in Hamburg in den letzten Monaten vor den Olympischen Spielen Prüfungsreiten gelernt und in Atlanta gezeigt, was er im Dressurwettkampf leisten kann. Evento präsentierte sich während der ganzen Aufgabe leicht am Zügel, in schöner Selbsthaltung mit drei guten Grundgangarten und hohem Rittigkeitsgrad: 1.744 Punkte.

Ignacio Rambla Algarin ließ auf dem andalusischen Schimmelhengst Evento nicht nur die Herzen aller Spanier höher schlagen. Der Hengst präsentierte sich leichtfüßig in stolzer Haltung.

8. Großbritannien – 4.761 Punkte

Die englische Dressurmannschaft hat sich seit Barcelona 1992 nicht fortentwickeln können. Das ist schade, weil man die Bemühungen der Engländer, die Dressurreiterei zu fördern, bei verschiedenen Gelegenheiten erkennen konnte. Joanna Jackson gelang auf dem braunen dänischen Wallach Mester Mouse eine immerhin klassereife Vorstellung. Die Piaffen, die in Atlanta über ein Trippeln nicht hinauskamen, werden sich bei dem inzwischen 16jährigen Pferd kaum noch entscheidend verbessern lassen: 1.577 Punkte.

Jane Bredin war auf dem 12jährigen Fuchswallach Cupido mit 1.468 Punkten eine Enttäuschung. Das Pferd war viel zu eng im Hals, ging mit festem Rücken, unelastisch und hinten unregelmäßig.

Vicky Thompson stellte den 10jährigen niederländischen Fuchswallach Enfant vor, der viel Veranlagung zeigte, in den einzelnen Lektionen aber noch nicht genügend gefestigt ist. So traten sowohl bei der Piaffe- und Passage- als auch in der Galopp-Tour Spannungen auf, die das Ergebnis drückten: 1.516 Punkte.

Ein Lichtblick war Richard Davison mit dem erst 9jährigen braunen niederländischen Wallach Askari. Das Pferd zeigte Veranlagung, war aber häufig etwas eng im Hals und in seinem Bewegungsablauf nicht ganz losgelassen. Der Reiter brachte das Pferd geschickt durch die Prüfung und erhielt dafür 1.668 Punkte.

9. Italien – 4.691 Punkte

Die italienische Mannschaft präsentierte ihre alten Pferde, die keinen Glanz mehr hatten. Paolo Giani Margi ritt den 15jährigen Destino. Ihm gelang eine weitgehend sichere Vorstellung mit Schwächen in den Piaffen: 1.595 Punkte. Fausto Puccini ritt den 16jährigen westfälischen Wallach Fiffikus, der müde wirkte und stumpf auf den Vorderbeinen: 1.418 Punkte.

Daria Fantoni stellte den 20jährigen niederländischen Fuchswallach Sonny Boy vor, der nach Seoul 1988 und Barcelona 1992 seine dritten Olympischen Spiele bestritt. Sonny Boy war für sein Alter in guter Kondition. Seine Bewegungen hingegen ließen den Schmelz vergangener Jahre vermissen. Er trug seine Reiterin gehorsam durch die Prüfung und hätte dafür einen Orden verdient: 1.496 Punkte. Pia Laus stellte den 17jährigen westfälischen Fuchshengst Liebenberg zum letzten Mal international vor und bot mit 1.600 Punkten eine befriedigende Gesamtleistung.

10. Kanada – 4.509 Punkte

Die Kanadier traten wie in Barcelona '92 mit nur drei Paaren an, da Thomas Dvorak nach der Verfassung zurückgezogen hatte. Evi Strasser stellte die schöne 11jährige hannoversche Rappstute Lavinia vor, die mehrfach Ungehorsam zeigte und an diesem Tage den Anforderungen nicht genügen konnte: 1.462 Punkte.

Leonie Bramall hingegen konnte auf der 15jährigen oldenburger Fuchsstute Gilbona durchaus überzeugen. Die Trabarbeit war schwungvoll, einmal im starken Trab durch kurzes Angaloppieren gestört. Die Galopparbeit war sorgfältig angelegt. Die am Boden klebenden Piaffen verdarben leider die Gesamtnote: 1.613 Punkte.

Gina Smith brachte mit dem 9jährigen niederländischen Wallach Faust ein neues Pferd in das olympische Dressurviereck. Der Start war wohl noch zu früh. Es fehlte die Reife für die Grand-Prix-Aufgabe, obwohl Faust durch seine Verstärkungen erkennen ließ, daß er über sehr viel Talent verfügt: 1.434 Punkte.

Die Einzelreiter

Mit großer Spannung wurde der Auftritt von Nicole Uphoff-Becker auf dem 19jährigen westfälischen Wallach Rembrandt Borbet erwartet, der als fünfter Teilnehmer aus Deutschland für die Einzelwertung starten durfte. Rembrandt war im Grand Prix keineswegs müde, sondern übermütig wie zu seinen Jugendzeiten. Er scheute nicht nur, sondern sprang bei der Schaukel sogar zur Seite und versuchte kehrt zu machen, was Nicole mit Geschick zu verhindern wußte. Im Mitteltrab schlich sich ein Taktfehler ein. Im starken Schritt blieb Rembrandt Borbet gespannt. Aber dann besann er sich auf seine Fähigkeiten und absolvierte den Rest des Programms von der Piaffe- und Passage-Tour bis zum Schluß mit einem Ausdruck wie in besten Tagen, so daß noch 1.751 Punkte herauskamen.

Für die Belgier ritt Arlette Holsters, die von Jean Bemelmans betreut wurde, auf der 13jährigen westfälischen Fuchsstute Faible eine recht ordentliche Prüfung mit 1.658 Punkten.

Für Irland startete Heike Holstein auf dem 11jährigen niederländischen Fuchswallach Ballaseyr Devereaux zum ersten Mal auf Olympischen Spielen und machte auf ihr Talent aufmerksam. Devereaux ließ sich in dem ersten Teil der Aufgabe durch die Atmosphäre des Stadions deutlich ablenken. Er zeigte dann aber im weiteren Verlauf eine befriedigende Leistung mit Höhepunkten: 1.631 Punkte. Damit verpaßte Heike Holstein leider um einen Platz die Teilnahme für den Grand Prix Special.

Linke Seite:
Nicole Uphoff-Becker auf Rembrandt Borbet in einer Galopptraversale links.

Oben: Heike Holstein ritt auf Ballaseyr Devereaux für Irland zum ersten Mal bei Olympischen Spielen.

Für Dänemark startete Lars Petersen auf dem 11jährigen oldenburger Hengst Uffe Korshojgaard und vertrat sein Land mit einer gut gelungenen Vorstellung: 1.705 Punkte.

Als zweiter Einzelreiter für Dänemark startete Finn Hansen auf dem 12jährigen dänischen Wallach Bergerac. Es war schade, daß Dänemark diesmal keine Mannschaft stellen konnte. Bei der Tradition dieses Landes in der Dressur bleibt zu wünschen, daß die Dänen bald mit einer kompletten Mannschaft wieder auf die internationale Bühne zurückkehren. Finn Hansen zeigte eine durchaus befriedigende Leistung: 1.636 Punkte, mit der er sich für die Einzelwertung qualifizieren konnte.

Joachim Orth für Mexiko startete auf dem 15jährigen niederländischen Fuchswallach Bellini und hatte es schwer; denn Bellini erschien vom Talent her mit begrenzten Möglichkeiten für die Aufgabe des Grand Prix, woran auch der geschickt einwirkende Reiter nichts ändern konnte: 1.518 Punkte.

Kyra Kyrklund startete wie schon in Seoul 1988 und Barcelona 1992 als Einzelreiterin für Finnland. Leider ging der Hengst Amiral nicht in der erwarteten

Grand Prix – Mannschaftswertung

Nation/Reiter	Pferd	E	H	C	M	B	Total
1. Deutschland							5553
Isabell Werth	Nobilis Gigolo FRH	386	390	387	378	374	1915
Klaus Balkenhol	Goldstern	358	363	366	359	347	1793
Monica Theodorescu	Grunox	365	370	376	368	366	1845
Martin Schaudt	ESGE-Durgo	365	347	360	355	354	1781
2. Niederlande							5437
Tineke Bartels-de Vries	Olympic Barbria	330	340	335	346	339	1690
Sven Rothenberger	Weyden	380	367	373	377	357	1854
Anky van Grunsven	Bonfire	382	382	383	378	368	1893
Gonnelien Rothenberger	Olympic Dondolo	339	340	332	341	321	1673
3. USA							5309
Robert Dover	Metallic	315	336	326	339	333	1649
Michelle Gibson	Peron	393	378	377	370	362	1880
Steffen Peters	Udon	351	342	342	332	328	1695
Guenter Seidel	Graf George	355	354	341	355	329	1734
4. Frankreich							5045
Dominique D'Esme	Arnoldo	313	325	326	320	328	1612
Margit Otto-Crepin	Lucky Lord	351	365	355	353	359	1783
Dominique Brieussel	Akazie	324	335	328	328	335	1650
Marie-Hélène Syre	Marlon	305	307	295	308	301	1516
5. Schweden							4996
Tinne Wilhelmsson	Caprice	312	329	318	308	275	1542
Annette Solmell	Strauss	330	335	346	336	326	1673
Ulla Hakansson	Bobby	338	336	337	329	326	1666
Louise Nathhorst	Walk on Top	328	344	320	328	337	1657
6. Schweiz							4893
Eva Senn	Renzo	321	325	320	322	315	1603
Hans Staub	Dukaat	324	321	338	322	323	1628
Christine Stückelberger	Aquamarin	328	330	337	325	342	1662
B. von Grebel Schiendorfer	Ramar	273	262	257	263	269	1324
7. Spanien							4875
Rafael Soto	Invasor	311	309	296	299	312	1527
Beatriz Ferrer Salat	Brillant	323	318	326	323	314	1604
Juan Matute	Hermes	292	300	286	280	258	1416
Ignacio Rambla Algarin	Evento	347	344	355	349	349	1744
8. Großbritannien							4761
Joanna Jackson	Mester Mouse	320	319	316	321	301	1577
Jane Bredin	Cupido	286	304	306	288	284	1468
Vicky Thompson	Enfant	301	310	300	301	304	1516
Richard Davison	Askari	335	341	330	332	330	1668
9. Italien							4691
Paolo Giani Margi	Destino di Acciarella	304	334	320	320	317	1595
Fausto Puccini	Fiffikus	272	289	290	282	285	1418
Dario Fantoni	Sonny Boy	313	295	297	301	290	1496
Pia Laus	Liebenberg	321	325	320	329	305	1600
10. Kanada							4509
Thomas Dvorak	World Cup			zurückgezogen			–
Evi Strasser	Lavinia	294	301	290	291	286	1462
Leonie Bramall	Gilbona	320	322	328	332	311	1613
Gina Smith	Faust	295	297	288	280	274	1434

Richter: E = Linda Zang (USA), H = Uwe Mechlem (GER), C = Eric Lette (SWE), M = Jan Peeters (NED), B = Bernard Maurel (FRA)

Form, verspannte sich mehrfach und kam dadurch zu zahlreichen Lektionenfehlern. Mit 1.620 Punkten erreichte Kyra Kyrklund nicht die Teilnahme für den Grand Prix Special.

Caroline Hatlapa ritt für Österreich den schönen 13jährigen Trakehnerhengst Merlin. Der Hengst fühlte sich bei der Schaukel gestört und scheute. In den folgenden Lektionen gelang es der Reiterin, die Harmonie wieder herzustellen und die Aufgabe mit einer befriedigenden Leistung zu beenden. Leider reichten die 1.609 Punkte nicht zur Teilnahme für den Grand Prix Special.

Suzanne Dunkley, die in Barcelona '92 den Schimmel Highness geritten hatte, startete in Atlanta für ihr Land Bermuda mit dem 11jährigen hannoverschen Fuchswallach Elliot. Der Wallach ist ein guter Typ und hat genügend Gang. Er zeigte sich aber zu eng im Hals, mehrfach mit hoher Kruppe und in den schwierigen Lektionen des Grand Prix noch nicht ausgereift: 1.502 Punkte.

Grand Prix – Einzelwertung

Reiter	Nation	Pferd	E	H	C	M	B	Total
1. Isabell Werth	GER	Nobilis Gigolo FRH	386 (02)	390 (01)	387 (01)	378 (01)	374 (01)	1915
2. Anky van Grunsven	NED	Cameleon Bonfire	382 (03)	382 (02)	383 (02)	378 (01)	368 (02)	1893
3. Michelle Gibson	USA	Peron	393 (01)	378 (03)	377 (03)	370 (04)	362 (04)	1880
4. Sven Rothenberger	NED	Weyden	380 (04)	367 (05)	373 (05)	377 (03)	357 (06)	1854
5. Monica Theodorescu	GER	Grunox	365 (05)	370 (04)	376 (04)	368 (05)	366 (03)	1845
5. Klaus Balkenhol	GER	Goldstern	358 (07)	363 (07)	366 (06)	359 (06)	347 (09)	1793
7. Margit Otto-Crepin	FRA	Lucky Lord	351 (10)	365 (06)	355 (08)	353 (10)	359 (05)	1783
8. Martin Schaudt	GER	ESGE-Durgo	365 (05)	347 (10)	360 (07)	355 (08)	354 (07)	1781
9. Nicole Uphoff-Becker	GER	Rembrandt Borbet	344 (13)	355 (08)	348 (10)	359 (06)	345 (10)	1751
10. Ignacio Rambla Algarin	ESP	Evento	347 (12)	344 (12)	355 (08)	349 (11)	349 (08)	1744
11. Guenter Seidel	USA	Graf George	355 (08)	354 (09)	341 (13)	355 (08)	329 (17)	1734
12. Lars Petersen	DEN	Uffe Korshojgaard	355 (08)	346 (11)	341 (13)	334 (16)	329 (17)	1705
13. Steffen Peters	USA	Udon	351 (10)	342 (14)	342 (12)	332 (18)	328 (19)	1695
14. Tineke Bartels-de Vries	NED	Olympic Barbria	330 (17)	340 (16)	335 (20)	346 (12)	339 (12)	1690
15. Gonnelien Rothenberger	NED	Olympic Dondolo	339 (14)	340 (16)	332 (21)	341 (13)	321 (28)	1673
15. Annette Solmell	SWE	Strauss	330 (17)	335 (22)	346 (11)	336 (15)	326 (21)	1673
17. Richard Davison	GBR	Askari	335 (16)	341 (15)	330 (23)	332 (18)	330 (16)	1668
18. Ulla Hakansson	SWE	Bobby	338 (15)	336 (19)	337 (17)	329 (24)	326 (21)	1666
19. Christine Stückelberger	SUI	Aquamarin	328 (21)	330 (25)	337 (17)	325 (29)	342 (11)	1662
20. Arlette Holsters	BEL	Faible	327 (23)	340 (16)	337 (17)	328 (26)	326 (21)	1658
21. Louise Nathhorst	SWE	Walk on Top	328 (21)	344 (12)	320 (31)	328 (26)	337 (13)	1657
22. Dominique Brieussel	FRA	Akazie	324 (25)	335 (22)	328 (24)	328 (26)	335 (14)	1650
23. Robert Dover	USA	Metallic	315 (33)	336 (19)	326 (26)	339 (14)	333 (15)	1649
24. Mary Hanna	AUS	Mosaic	326 (24)	336 (19)	322 (30)	334 (16)	326 (21)	1644
25. Finn Hansen	DEN	Bergerac	329 (20)	330 (25)	331 (22)	330 (22)	316 (30)	1636
26. Heike Holstein	IRL	Ballaseyr Devereaux	330 (17)	324 (32)	323 (29)	332 (18)	322 (27)	1631
27. Hans Staub	SUI	Dukaat	324 (25)	321 (35)	338 (16)	322 (32)	323 (26)	1628
28. Kyra Kyrklund	FIN	Amiral	324 (25)	322 (33)	340 (15)	330 (22)	304 (36)	1620
29. Leonie Bramall	CAN	Gilbona	320 (31)	322 (33)	328 (24)	332 (18)	311 (34)	1613
30. Dominique D'Esme	FRA	Arnoldo	313 (35)	325 (29)	326 (26)	320 (35)	328 (19)	1612
31. Caroline Hatlapa	AUT	Merlin	314 (34)	327 (28)	320 (31)	324 (30)	324 (25)	1609
32. Beatriz Ferrer Salat	ESP	Brillant	323 (28)	318 (37)	326 (26)	323 (31)	314 (32)	1604
33. Eva Senn	SUI	Renzo	321 (29)	325 (29)	320 (31)	322 (32)	315 (31)	1603
34. Pia Laus	ITA	Liebenberg	321 (29)	325 (29)	320 (31)	329 (24)	305 (35)	1600
35. Paolo Giani Margi	ITA	Destino di Acciarella	304 (40)	334 (24)	320 (31)	320 (35)	317 (29)	1595
36. Joanna Jackson	GBR	Mester Mouse	320 (31)	319 (36)	316 (37)	321 (34)	301 (38)	1577
37. Tinne Wilhelmsson	SWE	Caprice	312 (37)	329 (27)	318 (36)	308 (38)	275 (46)	1542
38. Rafael Soto	ESP	Invasor	311 (38)	309 (39)	296 (43)	299 (43)	312 (33)	1527
39. Joachim Orth	MEX	Bellini	303 (41)	302 (42)	312 (38)	314 (37)	287 (42)	1518
40. Marie-Hélène Syre	FRA	Marlon	305 (39)	307 (40)	295 (44)	308 (38)	301 (38)	1516
40. Vicky Thompson	GBR	Enfant	301 (42)	310 (38)	300 (40)	301 (41)	304 (36)	1516
42. Suzanne Dunkley	BER	Elliot	297 (43)	299 (45)	299 (41)	307 (40)	300 (40)	1502
43. Daria Fantoni	ITA	Sonny Boy	313 (35)	295 (47)	297 (42)	301 (41)	290 (41)	1496
44. Jane Bredin	GBR	Cupido	286 (47)	304 (41)	306 (39)	288 (45)	284 (45)	1468
45. Evi Strasser	CAN	Lavinia	294 (45)	301 (43)	290 (45)	291 (44)	286 (45)	1462
46. Gina Smith	CAN	Faust	295 (44)	297 (46)	288 (47)	280 (47)	274 (47)	1434
47. Fausto Puccini	ITA	Fiffikus	272 (49)	289 (48)	290 (45)	282 (46)	285 (44)	1418
48. Juan Matute	ESP	Hermes	292 (46)	300 (44)	286 (48)	280 (47)	258 (49)	1416
49. B. v. Grebel Schiendorfer	SUI	Ramar	273 (48)	262 (49)	257 (49)	263 (49)	269 (48)	1324
Thomas Dvorak	CAN	World Cup			zurückgezogen			–

Richter: E = Linda Zang (USA), H = Uwe Mechlem (GER), C = Eric Lette (SWE), M = Jan Peeters (NED), B = Bernard Maurel (FRA)

Siegerehrung des Großen Dressurpreises im Georgia International Horse Park. Gold für das deutsche Team, Silber für die Niederländer und Bronze ging an die Mannschaft der USA.

Halbfinale – Grand Prix Special

Nach zwei Ruhetagen trafen sich die 25 besten Teilnehmer aus dem Grand Prix zum Grand Prix Special am 31.07.1996. Die Laien-Zuschauer konnten diese Prüfung nicht richtig einordnen, weil nicht sichtbar wurde, warum es für die Sieger keine Ehrung und keine Medaillen gab. Es bleibt deshalb zu überlegen, ob man dieser Prüfung in Zukunft einen besonderen Namen gibt, etwa den von mir gewählten Ausdruck Halbfinale, weil es die vorletzte Prüfung der für die Einzelwertung zugelassenen Starter ist.

Am 31. Juli 1996 waren die äußeren Bedingungen im International Horse Park hervorragend. Das Wetter blieb bei leicht bedecktem Himmel weiterhin mild. Die Pferde hatten nach dem Grand Prix zwei Tage Pause gehabt, konnten also in Ruhe auf den neuen Start vorbereitet werden. Die Holzfiguren an den Begrenzungen im Wettkampfviereck waren entfernt worden, so daß auch für die empfindlichsten Pferde kein Grund mehr zum Scheuen bestand.

Aufgrund dieser guten Ausgangslage erwartete man großen Sport und eine Steigerung der Leistungen gegenüber dem Grand Prix. Leider erfüllten sich diese Erwartungen nicht. Man sah viele unnötige Lektionenfehler selbst bei Spitzenpaarungen. Zahlreiche Pferde zeigten Mängel im Bewegungsablauf, teilweise noch deutlicher als im Grand Prix, wo die Pferde durch die Ablenkungen mehr unter Spannung standen und dabei unregelmäßige Bewegungsabläufe zum Teil überdeckt wurden. Man kann im Ergebnis festhalten, daß in Atlanta ein Grand Prix Special auf befriedigendem Niveau mit wenigen Highlights gezeigt wurde.

Durch den zusätzlichen Start von Rembrandt wurden gegenüber der Ausschreibung statt 24 insgesamt die 25 Besten aus dem Grand Prix zugelassen, um keinen zu benachteiligen. Die Aufgabe des Grand Prix Special ist auf Seite 98 abgedruckt. Da sie um einige Lektionen erweitert wurde, gibt es mehr Punkte, so daß die Ergebnisse mit dem Grand Prix Special von Barcelona '92 schlecht vergleichbar sind. Die Startfolge für die 25 Starter im Halbfinale am 31.07.1996 wurde neu ausgelost.

Die deutsche Mannschaft

Reiter	Alter	Pferd Pfleger	Alter	Zuchtgebiet	Züchter Besitzer
Isabell Werth	27	Nobilis Gigolo FRH Andrea Josten	13	Hannover	Horst Klussmann Dr. Uwe Schulten-Baumer sen./FRH
Monica Theodorescu	33	Grunox Dawn Powell	15	Hannover	Bärbel Lehmkuhl Ulrich Kasselmann
Klaus Balkenhol	56	Goldstern Jürgen Koll	15	Westfalen	Willi Altemeier Polizeipräsident Düsseldorf
Martin Schaudt	37	ESGE-Durgo Kai Pusch	12	Westfalen	Heinrich Prein Martin Schaudt/Berthold
Nadine Capellmann-Biffar	31	Gracioso Noelle Tansey	11	Westfalen	Wilhelm Feldhaus Nadine Capellmann-Biffar
Nicole Uphoff-Becker	29	Rembrandt Borbet Nicola Volley	19	Westfalen	Herbert de Baey Jürgen Uphoff/DOKR

Bundestrainer	Equipechef	Tierarzt
Harry Boldt (66 Jahre)	Anton Fischer (72)	Dr. Gerhard Grenz (64)

Grand Prix Special

Zwischen der Mannschaftsprüfung und dem Grand Prix Special gab es zwei Tage Muße zum Training. Hier Isabell Werth auf Nobilis Gigolo FRH, vorne links Dr. Uwe Schulten-Baumer, rechts Bundestrainer Harry Boldt.

Grand Prix Special – Die Dressuraufgabe

Das Dressurviereck (20 x 60 m):

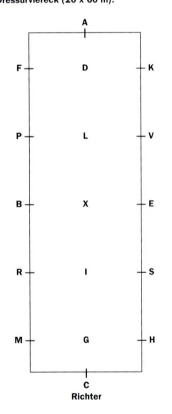

Richter

Dauer: etwa 7:30 Minuten

Für jeden der 36 Bewertungspunkte werden folgende Dressurnoten vergeben:

10 ausgezeichnet	4 mangelhaft
9 sehr gut	3 ziemlich schlecht
8 gut	2 schlecht
7 ziemlich gut	1 sehr schlecht
6 befriedigend	0 nicht ausgeführt
5 genügend	

Die Noten für die Bewertungspunkte 9, 23, 25 sowie 33, 34, 35 und 36 werden mit dem Koeffizienten ② bewertet. Somit ergibt sich im Grand Prix Special eine maximal zu erreichende Punktzahl von 430.

Die Lektionen:

1. A — Einreiten im versammelten Galopp.
   X — Halten – Unbeweglichkeit – Grüßen. Im versammelten Tempo antraben.
2. C — Linke Hand.
   H-X-F — Im starken Trab durch die ganze Bahn wechseln.
   F — Versammelter Trab.
3. V-X-R — Nach rechts traversieren.
   R-M-C — Versammelter Trab.
4. C-H-S — Passage.
   S-K — Starker Trab.
   K-A-F — Passage.
5. Die Übergänge von der Passage zum starken Trab und vom starken Trab zur Passage.
6. F-P — Versammelter Trab.
   P-X-S — Nach links traversieren.
   S-H-C — Versammelter Trab.
7. C-M-R — Passage.
   R-F — Starker Trab.
   F-A-K — Passage.
8. Die Übergänge von der Passage zum starken Trab und vom starken Trab zur Passage.
9. K-L-B-I-H — Starker Schritt.
   H — Versammelter Schritt. ②
10. H-C-M-G — Versammelter Schritt.
11. G — Piaffe, 12 bis 15 Tritte.
12. G — Übergang zur Passage. Die Übergänge vom versammelten Schritt zur Piaffe und von der Piaffe zur Passage.
13. G-H-S-I — Passage.
14. I — Piaffe 12 bis 15 Tritte.
15. I — Übergang zur Passage. Die Übergänge von der Passage zur Piaffe und von der Piaffe zur Passage.
16. I-R-B-X — Passage.
17. X — Im versammelten Tempo links angaloppieren.
    X-E-V-K-A-F — Versammelter Galopp.
18. F-L-E — Nach links traversieren.
    E — Fliegender Galoppwechsel.
19. E-I-M — Nach rechts traversieren.
    M — Fliegender Galoppwechsel.
    M-C-H — Versammelter Galopp.
20. H-X-F — Auf der Wechsellinie 9 fliegende Galoppwechsel zu 2 Sprüngen.
21. K-X-M — Auf der Wechsellinie 15 fliegende Galoppwechsel von Sprung zu Sprung.
22. H-X-F — Im starken Galopp durch die ganze Bahn wechseln.
    F — Versammelter Galopp und fliegender Galoppwechsel.
23. A — Auf die Mittellinie abwenden.
    Bei D — Pirouette rechts. ②
24. Zwischen D und G — Auf der Mittellinie 9 fliegende Galoppwechsel von Sprung zu Sprung.
25. Bei G — Ganze Pirouette links.
    C — Linke Hand. ②
26. H-S — Versammelter Trab.
    S-K — Starker Trab.
    K — Versammelter Trab.
27. Die Übergänge vom versammelten Galopp zum versammelten Trab, vom versammelten Trab zum starken Trab und vom starken Trab zum versammelten Trab.
28. A — Auf die Mittellinie abwenden.
    L-X — Passage.
    X-E-X — Volte nach links (10 m) in der Passage.
29. X — Piaffe, 12 bis 15 Tritte.
30. Die Übergänge von der Passage zur Piaffe und von der Piaffe zur Passage.
31. X-B-X — Volte nach rechts (10 m) in der Passage.
    X-I — Passage.
32. I — Halten – Unbeweglichkeit – Grüßen. Verlassen der Bahn bei A im Schritt.

Der Gesamteindruck:

33. Reinheit der Gänge, Ungebundenheit und Regelmäßigkeit. ②
34. Schwung (Frische, Elastizität der Bewegungen, Rückentätigkeit und Engagement der Hinterhand). ②
35. Gehorsam des Pferdes (Aufmerksamkeit und Vertrauen, Harmonie, Losgelassenheit und Durchlässigkeit, Maultätigkeit, Anlehnung und natürliche Aufrichtung). ②
36. Sitz und Einwirkung des Reiters, Korrektheit in der Anwendung der Hilfen. ②

Hierbei ergab sich, daß Isabell Werth auf Nobilis Gigolo FRH wiederum früh starten mußte, nämlich bereits an dritter Stelle um 8:52 Uhr. Die nachstehenden Protokollnotizen beschreiben die Leistungen im Halbfinale in der Reihenfolge der Starterliste:

Arlette Holsters (Belgien) konnte auf der westfälischen Stute Faible an ihre Leistungen im Grand Prix anknüpfen und sich noch steigern. Bei den Verstärkungen blieb die Stute zeitweilig zu eng im Hals. Nach dem starken Galopp schlich sich beim Aufnehmen ein Wechselfehler ein. Die letzte Piaffe war matt. Hervorzuheben waren die drei reellen Grundgangarten, hierbei insbesondere der raumgreifende starke Schritt: 1.465 Punkte.

Tineke Bartels-de Vries aus den Niederlanden blieb auf Olympic Barbria im Rahmen ihrer gezeigten Leistungen aus dem Grand Prix. Trotz schwungvoller Trabreprisen blieb die Stute im Hals viel zu eng. Nach der schief geratenen Piaffe wurde das Pferd ungehorsam und galoppierte mehrere Sprünge, bis die Passage erreicht wurde. Spannungen verursachten in der Passage mehrere Taktfehler. Die Galopplektionen wurden technisch korrekt gezeigt. Mit 1.468 Punkten wurde die Vorstellung recht gut bewertet.

Isabell Werth konnte auf Nobilis Gigolo FRH ihren Vorsprung aus dem Grand Prix nicht halten. Im letzten Teil ihres Vortrages traten Ungenauigkeiten auf. Bei den Galoppwechseln von Sprung zu Sprung in der Diagonale kam es am Ende zu einem Aussetzer. Die zweite Galopp-Pirouette auf der Mittellinie hätte versammelter sein sollen. Zu allem Unglück stolperte Nobilis Gigolo FRH beim Übergang aus dem Galopp an der langen Seite und wäre beinahe gefallen. Das konnte trotz des sehr guten Vortrages über $2/3$ der Aufgabe in der Bewertung nicht ohne Folgen bleiben: 1.623 Punkte.

Martin Schaudt hatte auf ESGE-Durgo nicht seinen besten Tag. Der Wallach wirkte lustlos und mußte mit kräftigen Hilfen angefaßt werden. In den Piaffen wurde er schief. Die Arbeit der Hinterbeine ließ zu wünschen übrig. In beiden Pirouetten ging der Galopptakt verloren: 1.526 Punkte.

Christine Stückelberger (Schweiz) kam auf dem westfälischen Hengst Aquamarin – wie schon im Grand Prix – zu Fuß in die Arena und stieg erst dort auf, weil der Hengst unter dem Reiter allein nicht in die Bahn gehen will. Ihre Vorstellung erreichte das Niveau ihrer Grand Prix-Leistung. Die noch nicht voll erreichte Reife des Pferdes verhinderte auch im Halbfinale eine höhere Bewertung. Unruhiges Halten, noch nicht gefestigte Piaffen und Passagen sowie Fehler bei den 1-Tempo-Wechseln auf der Mittellinie führten zu dem Ergebnis von 1.464 Punkten.

Annette Solmell (Schweden) konnte auf dem schwedischen Fuchshengst Strauss

Martin Schaudt auf ESGE-Durgo in der Einleitung zur Linkstraversale.

ihre Leistung aus dem Grand Prix nicht wiederholen. Abgesehen von kleineren Versehen z.B. bei der Grußaufstellung und bei den 2-Tempi-Wechseln ließ die unruhige Halseinstellung Fehler in der Anlehnung deutlich werden. Die Passage verlor an Wert durch teilweise schleppende Hinterbeine. Im versammelten Schritt versteiften sich die Vorderbeine (Parademarsch). Die Piaffen hingegen konnten durch aktiv tätige Hinterbeine gefallen: 1.429 Punkte.

Die Spannung des Wettkampfes wuchs, als Anky van Grunsven aus den Niederlanden auf dem 13jährigen oldenburger Wallach Cameleon Bonfire die Bahn betrat. Nach der etwas verunglückten Vorstellung von Isabell Werth war man gespannt, ob Anky van Grunsven ihre Chance nutzen konnte. Cameleon Bonfire begann mit einem schwachen Halten, bei dem der linke Hinterfuß zurücktrat. Dann aber unterlief bis auf die Schlußaufstellung, bei der das Pferd hinten deutlich herausgestellt stand, kein Lektionenfehler. Bei genauer Betrachtung zeigten sich vereinzelt Unregelmäßigkeiten in der Arbeit der Hinterhand im Trab. Der starke Schritt war gelassener als im Grand Prix. Deshalb mußte die Bewertung insgesamt höher ausfallen als bei Nobilis Gigolo FRH. Und dies geschah mit 1.671 Punkten. Mit dieser Wertung ging Anky van Grunsven nach Grand Prix und Grand Prix Special in Front.

Louise Nathhorst zeigte sich auf dem 11jährigen hannoveraner Wallach Walk on Top gegenüber dem Grand Prix deutlich verbessert. Er war gelassen und gehorsam. Die Reiterin konnte die Stärken in den drei Grundgangarten voll zur Geltung bringen. Der hohe Rittigkeitsgrad zeigte sich bei den Übergängen, den gut gesprungenen Pirouetten und der sicheren Anlehnung während der ganzen Prüfung. Die Piaffen wurden zu vorsichtig angelegt und hätten mehr Ausdruck haben sollen. Für ihre Vorstellung an diesem Tage hätte Louise Nathhorst durchaus auch eine höhere Bewertung verdient gehabt: 1.581 Punkte.

Finn Hansen aus Dänemark konnte den 12jährigen braunen dänischen Wallach Bergerac im Halbfinale nicht so zur Geltung bringen wie im Grand Prix. Der Hals des Pferdes blieb über weite Strecken zu eng. Der Reiter störte das Gesamtbild durch unruhige Handeinwirkung. Bei den Piaffen blieb die Hinterhand matt: 1.411 Punkte.

Margit Otto-Crepin zeigte auf dem 14jährigen Zweibrücker Schimmelwallach Lucky Lord nicht den schwungvollen Vortrag, der ihr im Grand Prix gelungen war.

Anky van Grunsven auf Cameleon Bonfire in einer ausdrucksvollen Trabtraversale nach rechts mit guter Stellung und deutlichem Abfußen des äußeren Hinterbeines.

Das Halten war nicht geschlossen. Bei den Piaffen wurden die Hinterbeine breit und wichen aus. Bei den 1-Tempo-Wechseln auf der Mittellinie gab es einige Fehler. Mit 1.568 Punkten kam Margit Otto-Crepin gut weg.

Klaus Balkenhol ritt den 15jährigen westfälischen Fuchswallach Goldstern in vollem Gehorsam, gegenüber dem Grand Prix noch sicherer und ausdrucksvoller. Es gab nur wenig zu beanstanden. Der starke Schritt war am Anfang etwas übereilt. Die Traversale rechts und die Galopptraversalen hätten im Bewegungsablauf mehr Ausdruck haben können. Die zweite Piaffe hatte nur 10 Tritte. Die Linkspirouette war wenig gesetzt. Die Punktzahl von 1.587 war voll verdient.

Lars Petersen aus Dänemark brachte den 11jährigen oldenburger Hengst Uffe Korshojgaard nicht so gut zur Geltung wie im Grand Prix. Dem starken Schritt fehlte die Losgelassenheit. Die Piaffen wurden übereilt gezeigt mit wenig tätigen Hinterbeinen. Eine kleine Störung gab es bei der Einleitung zur Linkspirouette. Die Trabarbeit war schwungvoll, die Galopptour weitgehend geregelt: 1.478 Punkte.

Günter Seidel stellte den 14jährigen hannoverschen Schimmelwallach Graf George flüssiger vor als im Grand Prix. Besonders konnten die taktsicheren Passagen und Piaffen einschließlich der Übergänge gefallen sowie die Präzision des Gesamtvortrages. In den versammelten Gängen wurde das Tempo sowohl im Trab als auch im Galopp zu kurz. Bei der Anlage der Trabtraversalen fiel – wie bei einigen anderen Reitern – auf, daß diese in schwebeartigen Trabtritten gezeigt wurden mit nachlassendem Fleiß der Hinterbeine: 1.544 Punkte.

Gonnelien Rothenberger stellte den 12jährigen oldenburger Wallach Olympic Dondolo vorsichtig vor. Sie riskierte bei den Verstärkungen wenig und ihr fehlte mit diesem erstklassig ausgebildeten Pferd offensichtlich noch Prüfungsroutine. Die Piaffe – eine Stärke dieses Pferdes – kam kaum zur Entwicklung. Der Hals wurde in der Galopptour gelegentlich zu eng, besonders bei den Galopplektionen. Das Gesamtbild von Reiterin und Pferd wirkte sehr elegant: 1.471 Punkte.

Richard Davison aus England zeigte auf dem 9jährigen braunen niederländischen Wallach Askari eine deutlich schlechtere Leistung als im Grand Prix. Das Pferd war für die Anforderungen dieser Prüfung noch nicht reif, hielt sich im Rücken fest und war durchweg zu eng im Hals: 1.397 Punkte.

Steffen Peters (USA) konnte auf dem 18jährigen niederländischen Fuchswallach Udon seine ansprechende Leistung aus dem Grand Prix wiederholen. Die großen Höhepunkte blieben aus. Kleine Unebenheiten bei den 2-Tempi-Wechseln, Ruhen hinten links bei der Schlußaufstellung und mitunter etwas schleppende Hinterbeine führten zu 1.454 Punkten.

Sven Rothenberger stellte für die Niederlande den 10jährigen hannoverschen Fuchshengst Weyden mit gleicher Präzision vor wie im Grand Prix und behielt damit Anschluß im Kampf um die Bronzemedaille. In der Rechtstraversale hätte die Hinterhand mehr mitgehen müssen. Die zweite Piaffe wurde hinten ungleich. Bei den 1-Tempo-Wechseln auf der Mittellinie sprang der Hengst einmal nicht durch, die Schlußpassage auf der Mittellinie wurde drei Pferdelängen zu früh begonnen (bereits kurz hinter Buchstabe D). Ansonsten glänzte der Hengst durch seine Erscheinung und den Ausdruck seiner Bewegungen: 1.591 Punkte.

Dominique Brieussel (Frankreich) und die 12jährige hannoversche Stute Akazie konnten ihre Leistung aus dem Grand Prix nicht wiederholen. In den Piaffen klebten die Hinterbeine am Boden. Bei den Galoppwechseln gab es Fehler bei 2- und bei 1-Tempi. Mehrere Kleinigkeiten summierten sich zu Punktabzügen. Die Stute verfügt über sehr gute Grundgangarten: 1.379 Punkte.

Der 10jährige hannoversche Fuchshengst Weyden glänzte unter Sven Rothenberger durch seine Erscheinung und den Ausdruck seiner Bewegungen.

Monica Theodorescu bewahrte auf Grunox durch ihren guten Vortrag im Grand Prix Special ihre Chance auf den Gewinn der Bronzemedaille.

Mary Hanna (Australien) zeigte auch im Halbfinale auf dem 13jährigen hannoverschen Fuchswallach Mosaic eine immerhin klassereife Vorstellung. Da die Piaffen nicht ausreichten und in beiden Galopp-Pirouetten der Schwung verloren ging, gab es nur 1.383 Punkte.

Robert Dover (USA) enttäuschte auf dem 12jährigen niederländischen Schimmelwallach Metallic. Er fand keine richtige Einstellung zu seinem Pferd, das offensichtlich nicht richtig vorbereitet worden war. In nahezu allen Lektionen gab es Unstimmigkeiten und zum Teil große Fehler. Mit 1.264 Punkten erzielt Robert Dover das schlechteste Tagesergebnis.

Michelle Gibson (USA) wurde auf dem 12jährigen Trakehnerhengst Peron – wie alle USA-Reiter – beim Einritt in das Stadion mit großem Applaus begrüßt. Der Hengst war etwas verschwitzt und machte nicht den souveränen Eindruck aus dem Grand Prix. In der Prüfung bestätigte sich dies schon bei der Grußaufstellung mit herausgestellter Hinterhand rechts. Dann aber spulte der Hengst sein Programm wie gewohnt ab bis zur ersten Piaffe, die zu früh begonnen wurde mit anschließenden Unsicherheiten bei den Übergängen von der Passage zur zweiten Piaffe. Die Galopptour gelang mit Höhepunkten in den Traversalen und Wechseln. Aber bei der Einleitung zur Rechtspirouette auf der Mittellinie fiel Peron kurz in den Schritt und in der letzten Piaffe auf der Mittellinie kam erneut Unsicherheit auf. Die Note von 1.597 Punkten war für diese Leistung wohlwollend.

Ignacio Rambla Algarin stellte für Spanien den 11jährigen andalusischen Schimmelhengst Evento wiederum in schöner Halseinstellung und mit leichtfüßigem Bewegungsablauf vor. Seine Sternstunde aus dem Grand Prix konnte er nicht ganz wiederholen. Die erste Grußaufstellung war nicht geschlossen. Der versammelte Schritt war matt und bei der Schlußaufstellung trat der Hengst hinten erneut zurück: 1.509 Punkte.

Monica Theodorescu begann auf dem 15jährigen hannoverschen Fuchswallach Grunox sicherer als im Grand Prix. Nach sehr guter Aufstellung folgte ein geregelter starker Trab. Zeitweilig wurde bei den folgenden Verstärkungen der Hals etwas eng. Die Linkstraversale war nicht ganz regelmäßig. Auf der rechten Hand kam Grunox im starken Trab an der langen Seite einmal kurz aus dem Takt. Nach sehr guter Schrittarbeit blieben die Hinterbeine bei der ersten Piaffe wenig tätig. Dies besserte sich auch nicht bei der zweiten und dritten Piaffe. Dagegen überzeugte Grunox durch eine fehlerlose Galopptour mit großer Präzision vor allem in den Pirouetten. Mit 1.589 Punkten bewahrte Monica Theodorescu ihre Chance auf den Gewinn der Bronzemedaille.

Nicole Uphoff-Becker ritt Rembrandt Borbet deutlich stärker als im Grand Prix. Es gab nur einmal ein kurzes Scheuen. Ansonsten war Rembrandt Borbet gehorsam. Die Leichtigkeit des Bewegungsablaufes ließ in der Rechtstraversale nach. Im starken Trab an der langen Seite schlichen sich Unregelmäßigkeiten ein. Nach wie vor glänzte Rembrandt Borbet durch seine Leichtfüßigkeit in den Piaffen. Die Galopptour gelang bis auf die etwas zu groß angelegte Rechtspirouette fehlerlos. Im letzten Mitteltrab an der langen Seite gab es kleine Unregelmäßigkeiten: 1.570 Punkte.

Mit Ulla Hakansson (Schweden) auf dem 10jährigen Hengst Bobby endete das Halbfinale im Grand Prix Special. Ulla Hakansson wiederholte ihre solide Leistung aus dem Grand Prix, konnte sich aber nicht mehr steigern, da ihr zu viele Flüchtigkeitsfehler unterliefen: 1.430 Punkte.

Grand Prix Special

	Reiter	Nation	Pferd	E	H	C	M	B	Total
1.	Anky van Grunsven	NED	Cameleon Bonfire	346 (01)	325 (01)	330 (01)	330 (01)	340 (01)	1671
2.	Isabell Werth	GER	Nobilis Gigolo FRH	323 (02)	315 (02)	323 (05)	324 (03)	338 (02)	1623
3.	Michelle Gibson	USA	Peron	320 (05)	308 (08)	324 (04)	320 (04)	325 (05)	1597
4.	Sven Rothenberger	NED	Weyden	318 (06)	310 (06)	321 (06)	327 (02)	315 (09)	1591
5.	Monica Theodorescu	GER	Grunox	322 (03)	311 (04)	314 (08)	315 (07)	327 (04)	1589
6.	Klaus Balkenhol	GER	Goldstern	315 (08)	311 (04)	325 (02)	315 (07)	321 (07)	1587
7.	Louise Nathhorst	SWE	Walk on Top	312 (10)	300 (11)	325 (02)	316 (05)	328 (03)	1581
8.	Nicole Uphoff-Becker	GER	Rembrandt Borbet	318 (06)	312 (03)	315 (07)	300 (11)	325 (05)	1570
9.	Margit Otto-Crepin	FRA	Lucky Lord	322 (03)	309 (07)	310 (10)	316 (05)	311 (11)	1568
10.	Guenter Seidel	USA	Graf George	315 (08)	301 (09)	307 (11)	308 (09)	313 (10)	1544
11.	Martin Schaudt	GER	ESGE-Durgo	296 (17)	301 (09)	312 (09)	301 (10)	316 (08)	1526
12.	Ignacio Rambla Algarin	ESP	Evento	303 (11)	299 (12)	304 (13)	298 (12)	305 (12)	1509
13.	Lars Petersen	DEN	Uffe Korshojgaard	297 (16)	297 (13)	300 (14)	292 (14)	292 (15)	1478
14.	Gonnelien Rothenberger	NED	Olympic Dondolo	300 (14)	290 (15)	307 (11)	283 (19)	291 (16)	1471
15.	Tineke Bartels-de Vries	NED	Olympic Barbria	300 (14)	291 (14)	293 (17)	294 (13)	290 (19)	1468
16.	Arlette Holsters	BEL	Faible	290 (18)	288 (17)	298 (15)	290 (15)	299 (13)	1465
17.	Christine Stückelberger	SUI	Aquamarin	301 (12)	290 (15)	292 (19)	284 (18)	297 (14)	1464
18.	Steffen Peters	USA	Udon	301 (12)	286 (18)	291 (20)	285 (17)	291 (16)	1454
19.	Ulla Hakansson	SWE	Bobby	281 (22)	282 (20)	290 (21)	289 (16)	288 (20)	1430
20.	Annette Solmell	SWE	Strauss	281 (22)	286 (18)	293 (17)	281 (20)	288 (20)	1429
21.	Finn Hansen	DEN	Bergerac	282 (21)	280 (21)	295 (16)	275 (21)	279 (23)	1411
22.	Richard Davison	GBR	Askari	287 (19)	274 (23)	278 (23)	267 (24)	291 (16)	1397
23.	Mary Hanna	AUS	Mosaic	283 (20)	271 (24)	276 (24)	271 (22)	282 (22)	1383
24.	Dominique Brieussel	FRA	Akazie	278 (24)	276 (22)	283 (22)	270 (23)	272 (24)	1379
25.	Robert Dover	USA	Metallic	264 (25)	248 (25)	250 (25)	252 (25)	250 (25)	1264

Richter: E = Jan Peeters (NED), H = Bernard Maurel (FRA), C = Eric Lette (SWE), M = Linda Zang (USA), B = Uwe Mechlem (GER)

Einzelwettkampf Dressur

Am Morgen des 02. August 1996 mußten die für das Finale qualifizierten Pferde zur abschließenden Verfassungsprüfung vorgestellt werden. Da Rembrandt Borbet als achter nach der Zwischenwertung zu diesem Kreis gehörte, wurden 13 statt der ursprünglich 12 Pferde zugelassen. Die Prüfung fand wiederum vor den akkreditierten Personen auf dem Gelände des Horse Parks statt. Nur 11 Pferde kamen durch. Anky van Grunsvens Cameleon Bonfire war hinten rechts nicht in Ordnung. Rembrandt Borbet ging ebenfalls unregelmäßig. Beide Pferde wurden zurückgestellt und erhielten Gelegenheit zur Reinspektion vier Stunden später. Nicole Uphoff-Becker entschloß sich, Rembrandt Borbet nicht erneut vorzustellen und zog zurück. Cameleon Bonfire erschien nach vier Stunden wieder und passierte diesmal.

Durch das Ausscheiden von Rembrandt Borbet war das Starterfeld auf die 12 verbliebenen Pferde geschrumpft. Trotzdem entschied die Jury, den frei gewordenen Platz durch die an 14. Stelle plazierte Tineke Bartels-de Vries aus den Niederlanden auf Olympic Barbria zu besetzen, so daß 13 Paarungen in der Kür an den Start gingen.

Grand Prix Kür – Die Anforderungen

Viereck: 20 x 60 m
Dauer: 5:30 bis 6:00 Minuten

Im Falle von Punktgleichheit im Endresultat gewinnt der Teilnehmer mit dem höheren Resultat für die künstlerische Ausführung.

A-Note (Ausführung)

Pflichtlektionen:

1. Versammelter Schritt (mind. 20 m).
2. Starker Schritt (mind. 20 m).
3. Versammelter Trab, inkl. Traversale nach rechts.
4. Versammelter Trab, inkl. Traversale nach links.
5. Starker Trab.
6. Versammelter Galopp, inkl. Traversale nach rechts.
7. Versammelter Galopp, inkl. Traversale nach links.
8. Starker Galopp.
9. Fliegende Galoppwechsel 2 Tempi (mind. 5 Folgen).
10. Fliegende Galoppwechsel 1 Tempo (mind. 5 Folgen).
11. Galopp-Pirouette rechts. ②
12. Galopp-Pirouette links. ②
13. Passage (Minim. 20 m). ②
14. Piaffe (Minim. 10 Tritte geradeaus). ②
15. Übergänge von der Passage zur Piaffe und umgekehrt. ②

Total für Ausführung: 200

Für jede der 15 Lektionen werden Dressurnoten von 0 (= nicht ausgeführt) bis 10 (= ausgezeichnet) vergeben. Die Noten für die Lektionen 11, 12, 13, 14 und 15 werden mit dem Koeffizienten ② bewertet.

Die erreichte Punktzahl wird durch 20 geteilt und ergibt dann die A-Note.

B-Note (Künstlerische Gestaltung)

Allgemeiner Eindruck:

16. Rhythmus, Energie und Elastizität in Grundgangarten und Tempi (Takt und Schwungentwicklung). ③
17. Harmonie zwischen Reiter und Pferd (Sitz und Einwirkung des Reiters, Durchlässigkeit und Vertrauen des Pferdes). ③
18. Choreographie. Gleichmäßige Einteilung des Vierecks, klare Linienführungen, Originalität, ideenreicher Inhalt. ④
19. Schwierigkeitsgrad. Einhalten der Anforderungen. Angemessenheit von Risiken und Leistungsvermögen. Beachten der Klassischen Dressur. ④
20. Musik, Gesamteindruck. Übereinstimmung der Bewegungsabläufe und Übergänge mit der Musik. Gesamteindruck der musikalischen Darbietung und dressurmäßigen Leistung. ⑥

Noten (von 0 bis 10) für die Ziffern 16 bis 20 in Dezimalen erlaubt. Koeffizienten wie angegeben.

Total für künstlerische Gestaltung: 200

Abzüge von jeweils 2 Punkten vom Total der künstlerischen Gestaltung
– für Auslassen von Lektionen und/oder Gangarten,
– für Zeitfehler bei mehr als 6:00 oder weniger als 5:30 Minuten.

Die erreichte Punktzahl wird durch 20 geteilt und ergibt dann die B-Note. **Das Endresultat ergibt sich aus Addition der A- und B-Note.**

Hermann Duckek aus Dänemark ist seit Jahrzehnten bekannt als Spezialist für die Gestaltung und Pflege des Bodens.

Die Bewertungspunkte der Kür sind nebenstehend auf der Seite 104 abgedruckt. Daraus ist ersichtlich, wie das Ergebnis zustande kommt. Die Note für die technische Ausführung ergibt sich aus der Addition der vorgeschriebenen Pflichtlektionen, wobei die Galopp-Pirouetten, Passage, Piaffe und die Übergänge von der Piaffe zur Passage und umgekehrt jeweils den Koeffizienten 2 haben, also doppelt hoch bewertet werden. Die Note für die künstlerische Ausführung errechnet sich aus der rechten Seite des Kürbogens mit den dort angegebenen Koeffizienten 3 bis 6.

Die Startfolge für den abschließenden Kürwettbewerb wurde erneut ausgelost und zwar in zwei Gruppen: Zunächst die an 7. bis 13. Stelle liegenden Paarungen und dann die an 1. bis 6. Stelle Plazierten. Dies entspricht dem Reglement der FEI.

Louise Nathhorst auf Walk on Top in schwungvoller Trabarbeit.

Spannendes Finale

Als am Morgen des 03. August 1996 Louise Nathhorst auf Walk on Top als erste Starterin der Kür in die Bahn einritt, waren wiederum alle günstigen Voraussetzungen vorgegeben: das Wetter war mild, der Himmel leicht bedeckt mit einer frischen Brise. Der Boden war unter der Verantwortung von Hermann Duckek aus Dänemark hervorragend präpariert worden und das Stadion mit etwa 30.000 Zuschauern voll ausverkauft.

Die nachfolgenden Protokollnotizen geben den Verlauf des Kürwettkampfes in der Reihenfolge der Starterliste wieder:

Louise Nathhorst auf Walk on Top: Die Kür beginnt mit recht gut zusammengestellten Passage- und Piaffe-Reprisen, die in schwungvolle Trabarbeit übergehen. Die Halseinstellung ist anfangs etwas eng und mitunter unruhig. Sie bessert sich mit zunehmendem Verlauf der Prüfung. Die Galopptour ist auf der Mittellinie angelehnt an die Aufgabe des Grand Prix Special, ansonsten ohne besonderen Schwierigkeitsgrad. Der starke Galopp wird an der langen Seite gezeigt. Der starke Schritt verdient die Note „sehr gut". Die musikalische Begleitung vermittelt einen guten Eindruck. Ergebnis: 72,73 Punkte.

Ignacio Rambla Algarin auf Evento reitet ein mit spanischer Musik, die ihm sofort die Sympathien des Publikums einbringt. Die Kür ist auf die Stärken des Pferdes in der Piaffe- und Passagearbeit zugeschnitten. In der Galopptour werden Doppelpirouetten auf beiden Händen gezeigt. Hier wird in die musikalische Begleitung auch Gesang einbezogen, der eher störend wirkt. Bei den 1-Tempo-Wechseln unterläuft zu Beginn ein Fehler. Der Abschluß auf der Mittellinie, erneute Galoppwechsel von Sprung zu Sprung und dabei Zügelführung mit einer Hand, kommt sehr gut zur Geltung. Ergebnis: 72,18 Punkte.

Kür

Tineke Bartels-de-Vries auf Olympic Barbria zeigte eine technisch ausgefeilte Kür mit guter Musikbegleitung. Aber die Leistung des Pferdes entsprach nur unzureichend den Anforderungen an ein richtig gehendes Pferd. Die Stute war überwiegend viel zu eng im Hals, die Stirnlinie häufig hinter der Senkrechten, im Rücken festgehalten. Deshalb vergaben die Richter an diesem Tage in diesem hochklassigen Starterfeld mit 69,66 Punkten zu Recht die niedrigste Note.

Margit Otto-Crepin zeigte auf Lucky Lord ihre Kür aus dem World Cup Finale in Göteborg 1996. Ihr Einritt in der Passage nach der Musik Ghostbusters stimmte das Publikum sofort für sie ein. Im Ablauf der Kür folgte ein Höhepunkt nach dem anderen mit jeweils sehr guter Schwungentfaltung nach Lektionen der Versammlung. Die hoch- und schnurgerade gesprungenen 1-Tempo-Wechsel waren die besten, die an diesem Tage gezeigt wurden. Vielleicht war die ganze Pirouette in der Piaffe auf der Mittellinie zeitlich etwas zu lang, um die Spannung bis zum Schluß wachzuhalten. Ergebnis: 75,55 Punkte.

Günter Seidel hatte es auf Graf George schwer, eine Steigerung nach dem guten Ritt von Margit Otto-Crepin darzubieten. Graf George zeigte Höhepunkte in der Piaffe- und Passagearbeit. Die Musikbegleitung während der Schrittreprisen wirkte eher störend und zu laut. In einer Linkspirouette ging der Fluß verloren. Die Schwungentfaltung von vorn hätte man sich sowohl im Trab als auch im Galopp lebhafter gewünscht. Ergebnis: 73,85 Punkte.

Martin Schaudt zeigte auf ESGE-Durgo seine Kür aus der Olympiavorbereitungsprüfung in Aachen. Die Musikbegleitung war gut ausgewählt. Die technische Ausführung der gut aufeinander abgestimmten Lektionenfolgen gelang weniger überzeugend als in Aachen. ESGE-Durgo fehlte ein wenig die Frische. Die Arbeit der Hinterhand war teilweise schleppend. Das Ergebnis: 70,53 Punkte.

Lars Petersen begann auf Uffe Korshojgaard vielversprechend mit guten Galoppreprisen unter Musikbegleitung von Simon und Garfunkel. Die Übung über die versetzte Diagonale im starken Galopp zum Buchstaben G, dort versammeln und Pirouette, daraus zurück auf die Gegenlinie mit Galoppwechseln wird inzwischen von mehreren Teilnehmern gezeigt und verliert dadurch an Reiz. Es gab Abstriche bei den Piaffen, worunter auch die Pirouette in der Piaffe litt. Am Schluß verweigerte der Hengst zur letzten Piaffe seine Mitarbeit, so daß der Reiter ihn stehen ließ und grüßte. Ergebnis: 70,88 Punkte.

Sven Rothenberger auf Weyden hatte für die Erstellung der Musik künstlerischen Rat eingeholt, was sich auszahlte. Seine Kür war bis ins letzte Detail ausgefeilt und von hohem Niveau. In der technischen Ausführung gab es kleine Abstriche. Bei den 1-Tempo-Wechseln auf der Schlangenlinie sprang der Hengst einmal nicht durch. In der Piaffe-Passagetour waren kleinere Spannungen in der Arbeit der Hinterbeine zu erkennen. Mitunter wurde der Hals zu eng. Mit 76,78 Punkten übernahm Sven Rothenberger die Führung.

Isabell Werth wuchs an diesem Tag auf Nobilis Gigolo FRH über sich hinaus. Sie hatte einen Rückstand auf Anky van Grunsven von über 1,3 Prozentpunkten, der normalerweise nur ganz schwer wettzumachen ist. Isabell stand also unter großem Wettkampfdruck, dem sie mit Bravour standhielt. Schon beim Umreiten des Vierecks war zu erkennen, daß Nobilis Gigolo FRH auf die Sekunde fit war. Nach einer hervorragend abgestimmten Musik in Anlehnung an das Lied „Schöner Gigolo" ritt Isabell Werth die Kür mit dem höchsten Schwierigkeitsgrad des Tages. Sofort aus dem Stand mit Passage-Piaffelektionen beginnend folgten aus der Versammlung geschmeidige Übergänge zu den Verstärkungen und wieder zurück. Es gab keinen Augenblick der Langeweile. Ein kleines Versehen bei den 1-Tempo-Wechseln und ein übertriebenes Abfußen in der Piaffe-Pirouette hinten links konnten den Gesamteindruck nur minimal beeinflussen. Das Ergebnis von 83,00 Punkten machte dies deutlich.

Als Michelle Gibson auf Peron die Bahn betrat, brauste der Beifall der amerikanischen Zuschauer auf. Michelle Gibson hielt an diesem Tage dem Druck, der auf ihr lastete, nicht stand. Gleich zu Beginn ihrer Kür gab es auf der Mittellinie ein Versehen bei den 1-Tempo-Wechseln. Nach einigen recht guten Trabreprisen unter Einschluß von Piaffe- und Passagelektionen widersetzte sich Peron unverhofft. Er stieg und wäre dabei um ein Haar aus dem Viereck geraten. Von nun an war die Harmonie zwischen Reiterin und Pferd gestört. Bei den Galoppwechseln zu 2-Tempi und zu 1-Tempo folgten weitere Fehler, die die Chancen auf den Gewinn der Bronzemedaille zunichte machten. Ergebnis: 73,35 Punkte.

Nun eröffnete sich für Monica Theodorescu auf Grunox die Chance, durch einen guten Kürvortrag die Bronzemedaille zu gewinnen. Ihre Kür, die wir auch in Aachen gesehen hatten, war von hohem Schwierigkeitsgrad mit abwechslungsreicher Linienführung. Besondere Höhepunkte gelangen in der Galopptour. Bei zwei Piaffen war die Tätigkeit der Hinterbeine nicht befriedigend. Leider patzte Grunox einmal beim starken Galopp und sprang einmal kurz weg in der Passage auf der Mittellinie. Sonst hätte es für die Bronzemedaille reichen können. Ergebnis: 76,85 Punkte.

Mit Anky van Grunsven auf Cameleon Bonfire kam der Wettkampf um die Goldmedaille in der Einzelwertung nunmehr in seine entscheidende Phase. Da Isabell Werth 83,00 Punkte vorgelegt hatte, mußte Anky van Grunsven wenigstens 81,7 Punkte erreichen, um ihren Vorsprung nach Grand Prix und Grand Prix Special zu verteidigen. Das Ergebnis ist bekannt. Die Kür von Anky van Grunsven war sehr harmonisch abgestimmt auf die Stärken von Cameleon Bonfire mit guter Musikbegleitung. Bei fehlerloser Ausführung hätte sie an die Kür von Isabell Werth herankommen können. Aber Cameleon Bonfire sprang bei den Galoppwechseln zu 2-Tempi fünfmal hinten rechts nach. Auch bei den 1-Tempo-Wechseln setzte er hinten rechts einmal aus. Dies war einfach zuviel und führte zu dem Ergebnis von 79,58 Punkten.

Als letzter Reiter hatte Klaus Balkenhol auf Goldstern die Chance, durch eine gute Kür die Bronzemedaille zu gewinnen. Die Kür begann auf der Mittellinie mit einer schwierigen Figurenfolge: Anreiten zur Passage, daraus Piaffe, daraus Passage, daraus Linksgalopp, sofort Linkspirouette, danach 1-Tempo-Wechsel bis vor die Richter. Ein solcher Schwierigkeitsgrad gleich zu Anfang ist riskant, beeindruckt aber, wenn er gelingt. Und an diesem Tage gelang er Klaus Balkenhol und Goldstern mit großer Präzision. Das gab Selbstvertrauen und führte zu einem technisch nahezu fehlerfreien Ritt, bei dem lediglich die Galopp-Pirouetten wenig versammelt gesprungen wurden und der Hals des Pferdes während der ausdrucksvollen Piaffen nicht ruhig gestellt blieb. Mit 76,28 Punkten wurde die Vorführung von Klaus Balkenhol streng bewertet.

Linke Seite:
Isabell Werth und Nobilis Gigolo FRH wuchsen im Finale über sich hinaus und gewannen durch die Kür mit dem höchsten Schwierigkeitsgrad verdient die Goldmedaille.

Kürwettbewerb

Reiter	Nation	Pferd	E	H	C	M	B	Total
1. Isabell Werth	GER	Nobilis Gigolo FRH	16,63 (01)	16,60 (02)	16,80 (01)	16,73 (01)	16,25 (01)	83,00
2. Anky van Grunsven	NED	Cameleon Bonfire	15,68 (02)	16,68 (01)	15,82 (02)	15,78 (03)	15,63 (02)	79,58
3. Monica Theodorescu	GER	Grunox	15,07 (05)	15,35 (04)	15,25 (04)	15,75 (04)	15,43 (03)	76,85
4. Sven Rothenberger	NED	Weyden	14,73 (07)	15,57 (03)	15,48 (03)	15,80 (02)	15,20 (05)	76,78
5. Klaus Balkenhol	GER	Goldstern	15,30 (04)	15,10 (05)	15,03 (06)	15,43 (06)	15,43 (04)	76,28
6. Margit Otto-Crepin	FRA	Lucky Lord	15,40 (03)	14,70 (06)	15,18 (05)	15,40 (07)	14,88 (07)	75,55
7. Guenter Seidel	USA	Graf George	14,48 (08)	14,63 (07)	14,68 (09)	15,20 (09)	14,88 (07)	73,85
8. Michelle Gibson	USA	Peron	14,80 (06)	14,38 (09)	14,05 (11)	15,23 (08)	14,90 (06)	73,35
9. Louise Nathhorst	SWE	Walk on Top	13,65 (10)	14,53 (08)	14,70 (08)	15,55 (05)	14,30 (11)	72,73
10. Ignacio Rambla Algarin	ESP	Evento	13,90 (09)	14,30 (10)	14,73 (07)	14,82 (10)	14,43 (10)	72,18
11. Lars Petersen	DEN	Uffe Korshojgaard	13,55 (12)	14,30 (10)	14,53 (10)	14,57 (12)	13,93 (12)	70,88
12. Martin Schaudt	GER	ESGE-Durgo	13,60 (11)	13,75 (13)	13,85 (13)	14,78 (11)	14,55 (09)	70,53
13. Tineke Bartels-de Vries	NED	Olympic Barbria	13,40 (13)	14,23 (12)	14,00 (12)	14,30 (13)	13,73 (13)	69,66

Richter: E = Bernard Maurel (FRA), H = Jan Peeters (NED), C = Eric Lette (SWE), M = Uwe Mechlem (GER, B = Linda Zang (USA)

Dressur Endergebnis – Einzelwertung

Reiter	Nation	Pferd	Grand Prix	Grand Prix Special	Kür	Total
1. Isabell Werth	GER	Nobilis Gigolo FRH	76,60 (01)	75,49 (02)	83,00 (01)	235,09
2. Anky van Grunsven	NED	Cameleon Bonfire	75,72 (02)	77,72 (01)	79,58 (02)	233,02
3. Sven Rothenberger	NED	Weyden	74,16 (04)	74,00 (04)	76,78 (04)	224,94
4. Monica Theodorescu	GER	Grunox	73,80 (05)	73,91 (05)	76,85 (03)	224,56
5. Michelle Gibson	USA	Peron	75,20 (03)	74,28 (03)	73,35 (08)	222,83
6. Klaus Balkenhol	GER	Goldstern	71,72 (06)	73,81 (06)	76,28 (05)	221,81
7. Margit Otto-Crepin	FRA	Lucky Lord	71,32 (07)	72,93 (08)	75,55 (06)	219,80
8. Guenter Seidel	USA	Graf George	69,36 (10)	71,81 (09)	73,85 (07)	215,02
9. Martin Schaudt	GER	ESGE-Durgo	71,24 (08)	70,98 (10)	70,53 (12)	212,75
10. Louise Nathhorst	SWE	Walk on Top	66,28 (13)	73,53 (07)	72,73 (09)	212,54
11. Ignacio Rambla Algarin	ESP	Evento	69,76 (09)	70,19 (11)	72,18 (10)	212,13
12. Lars Petersen	DEN	Uffe Korshojgaard	68,20 (11)	68,74 (12)	70,88 (11)	207,82
13. Tineke Bartels-de Vries	NED	Olympic Barbria	67,60 (12)	68,28 (13)	69,66 (13)	205,54

Großer Jubel nicht nur bei den deutschen Schlachtenbummlern, die begeistert ihre Fahnen schwenkten.

Isabell Werth und Nobilis Gigolo FRH auf dem Höhepunkt ihrer Laufbahn: Goldmedaille in der Einzelwertung.

Hans Günter Winkler und Reinhard Wendt

Springen

Das Programm der olympischen Springprüfungen

Das gut gemeinte, aber mißglückte Qualifikationssystem zum Einzelfinale bei den Olympischen Spielen in Barcelona hat in der Konsequenz wieder zu einer Änderung des Programmablaufes geführt. Ein Qualifikationsspringen wurde dem Nationenpreis vorangestellt. Beide Umläufe des Nationenpreises galten als je eine weitere Qualifikation. Aus allen drei Qualifikationen erreichten die besten 45 Paare – aber höchstens drei je Nation – Parcours A des Einzelfinales, hieraus wiederum die besten 20 den abschließenden Parcours B.

Vorgeschaltet war wie immer ein Trainingsspringen. 82 Reiter aus 24 Nationen hatten die Möglichkeit, ihre Pferde an Stadion, Platz und Bodenverhältnisse zu gewöhnen. Doch nicht alle nutzten diese Chance. Die schweizer Equipe und die Holländer bis auf Jan Tops bevorzugten eine ganz kurzfristige Anreise unmittelbar vor der offiziellen Verfassungsprüfung. Alle anderen waren da und übten über einen nicht sonderlich schwierigen Parcours. Unsere Pferde gingen gut und machten einen frischen Eindruck. Bitte sehr, nun soll es langsam ernst werden!

1. Qualifikation

Schon bei der Parcours-Besichtigung wurde klar, das Abverlangen olympischer Höchstleistungen sollte allmählich vollzogen werden. Die amerikanische Parcourschefin Linda Allen ging noch nicht an das Limit bei den Abmessungen und reiterlichen Aufgabenstellungen, verlangte aber doch genug, um das Starterfeld leistungsmäßig auseinander zu dividieren. Daß dies ohne Bilder der Überforderung gelang, spricht für ihr Geschick und Einfühlungsvermögen, das sie über alle

Das Stadion des Georgia International Horse Park

Die deutsche Mannschaft

Reiter	Alter	Pferd / Pfleger	Alter	Zuchtgebiet	Züchter / Besitzer
Ludger Beerbaum	32	Sprehe Ratina Z	14	Hannover	Leon Melchior
		Marie-Johnson			Almox Sportpferde GmbH
		Sprehe Gaylord	14	Hannover	Antje Kaemena
		Marie Johnson			Madeleine Winter-Schulze
Ulrich Kirchhoff	28	Opstalan's Jus de Pommes	10	Belgien	Arnold de Brabandere
		Corinne Fazia Kacimi			Claudia Kirchhoff
Lars Nieberg	33	For Pleasure	10	Hannover	Robert Diestel
		Martha Jansen			Robert Diestel
Franke Sloothaak	38	San Patrignano Joly	10	Belgien	H. Diryck
		Sarah Päkkolinen			San Patrignano
		San Patrignano Weihaiwej	12	Oldenburg	Otto Baumann
		Sarah Päkkolinen			San Patrignano
Ralf Schneider	25	Classic Touch by Sprehe	12	Holstein	Hans Werner Ritters
		Petra Schmid			Ralf Schneider

Bundestrainer und Equipechef	Tierarzt
Herbert Meyer (57 Jahre)	Dr. Björn Nolting (35)

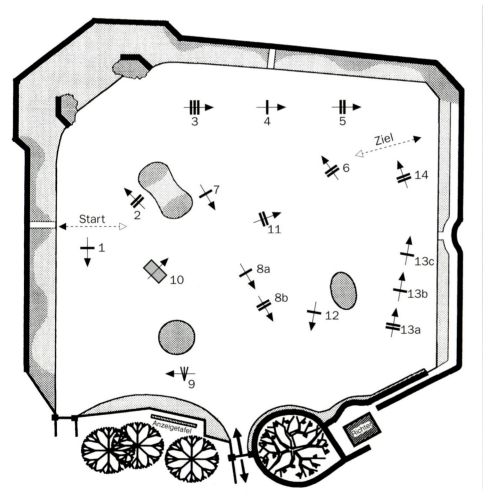

1. Qualifikation

Parcoursdaten

Länge des Parcours	700 m
Geschwindigkeit	400 m/min
Erlaubte Zeit	105 sek

Hindernis	Höhe	Breite	Distanz
1	1,45		
2	1,45	1,60	
3	1,53	2,00	22,50
4	1,55		24,40
5	1,56	1,16	
6	1,52	1,80	
7	1,60		25,50
8a	1,50		7,75
8b	1,50	1,65	
9	1,60		
10	4,00		32,00
11	1,50	1,55	
12	1,60		
13a	1,48	1,65	10,40
13b	1,55		8,20
13c	1,57		27,40
14	1,50	1,70	

Tage der olympischen Springprüfungen bewies. Sie verstand es auch, neben ausgewogener sportlicher Anforderung den Innenraum des Stadions und die einzelnen Hindernisse optisch wunderschön zu gestalten. Immer wieder neu auf dem Sandboden plazierte Blumen- und Raseninseln sowie die motivisch gestalteten Hindernisse boten stets einen ästhetisch schönen Anblick.

Sieben Null-Fehler-Ritte, sechs Ritte, die nur mit Zeitfehlern belastet waren und nur elf Ritte mit mehr als 16 Strafpunkten waren ein Ergebnis, das den Eindruck ästhetischen Spitzensportes unterstrich.

Dennoch hat Olympia immer eigene Gesetze. Gleich zu Beginn des Springens konnten die Leistungen wahrer Springsportgrößen wie Eddie Macken, Michael Whitaker und Willi Melliger analysiert und für die Planung des eigenen Rittes ausgewertet werden. Eddie Macken und Willi Melliger zeigten gute, mit je vier Strafpunkten belastete Ritte. Daß Michael Whitaker nach Abwürfen und Verweigerung bei $22\frac{1}{4}$ Punkten endete gehört wohl zur Eigengesetzlichkeit olympischer Anspannung, genau wie der vergleichbare Einbruch von Markus Fuchs und die nicht zu erwartenden hohen Fehlerquoten des iri-

1. Qualifikation

*Oben: Dem Österreicher Helmut Morbitzer mit Racal gelang ein fehlerfreier Ritt.
Oben rechts: Topfit und in bester Manier – Franke Sloothaak mit San Patrignano Joly.*

schen Europameisters Peter Charles und des englischen Routiniers Nick Skelton.

Erstaunlich gut schlugen sich die von Paul Schockemöhle trainierten Saudi Araber und hielten mit $1\,^1/_2$, 8 und $8\,^1/_4$ Strafpunkten guten Anschluß an die Leistungen der Besten der Welt.

Erst der 24. Ritt war eine glatte Null-Runde. Ohne Springfehler ging es schon voher dreimal, aber doch mit Zeitfehlern belastet. Der Italiener Valerio Sozzi auf Gaston M war der Bannlöser dieses Springens. Drei Ritte nach ihm kam unser Vorreiter Ludger Beerbaum mit seiner überzeugend springenden Sprehe Ratina Z. Er war der zweite Teilnehmer mit einer makellosen Null-Fehler-Runde.

Zwischenzeitlich kristallisierte sich ein Hindernis als besondere Klippe heraus: Nr. 11, naturfarbener Oxer nach dem Wassergraben; siebzehn Fehler an diesem Hindernis trotz keiner besonders schwierigen Distanz und nicht zu schwerer Abmessungen.

Als nächstes war von Deutschland Lars Nieberg mit For Pleasure an der Reihe. Die Abstimmung zwischen Pferd und Reiter war nicht optimal, mancher Kampf des Pferdes gegen die Reiterhand führte zu festgehaltenem Rücken und Stangenberührungen der Hinterhand. Zwei Springfehler waren die Folge, am Oxer Nr. 5 und an einem weiteren Oxer, dem Aussprung der zweifachen Kombination, 8 b.

Wesentlich harmonischer und frischer wirkten Opstalan's Jus de Pommes mit Ulrich Kirchhoff und San Patrignano Joly mit Franke Sloothaak. Gute, exakt gerittene und sehr harmonische Runden mit je ei-

1. Qualifikation – Ergebnisse

Reiter	Nation	Pferd	Zeit	Punkte
1. Helmut Morbitzer	AUT	Racal	98,02	0,00
1. Ludo Philippaerts	BEL	King Darco	101,10	0,00
1. Ludger Beerbaum	GER	Sprehe Ratina Z	103,35	0,00
1. Valerio Sozzi	ITA	Gaston M	101,05	0,00
1. Jan Tops	NED	Top Gun	100,28	0,00
1. Anne Kursinski	USA	Eros	99,23	0,00
1. Leslie Burr-Howard	USA	Extreme	102,04	0,00
8. Geoff Billington	GBR	It's Otto	105,62	0,25
9. Patrice Delaveau	FRA	Roxane de Gruchy	106,02	0,50
9. Jose Madariaga	MEX	Genius	106,16	0,50
11. Rodrigo Pessoa	BRA	Tomboy	109,96	1,25
12. Ramzy Al-Duhami	KSA	Let's Talk About	110,42	1,50
13. Takeshi Shirai	JPN	Vicomte du Mesnil	112,70	2,00
14. Hugo Simon	AUT	ET	94,62	4,00
14. Martin Bauer	AUT	Remus	101,76	4,00
14. Eric Wauters	BEL	Bon Ami	103,26	4,00
14. Pedro Sanchez	ESP	Riccarda	102,80	4,00
14. John Whitaker	GBR	Welham	100,41	4,00
14. Franke Sloothaak	GER	San Patrignano Joly	101,05	4,00
14. Ulrich Kirchhoff	GER	Opstalan's Jus de Pommes	104,04	4,00
14. Eddie Macken	IRL	Schalkhaar	99,61	4,00
14. Natale Chiaudani	ITA	Rheingold de Luyne	101,61	4,00
14. Antonio Chedraui	MEX	Elastique	98,82	4,00
14. Jaime Guerra	MEX	Risueno	103,00	4,00
14. Jos Lansink	NED	Carthago	101,86	4,00
14. Emile Hendrix	NED	Finesse	98,92	4,00
14. Bert Romp	NED	Samantha	100,70	4,00
14. Willi Melliger	SUI	Calvaro	100,57	4,00
14. Beat Mandli	SUI	City Banking	103,93	4,00
14. Urs Fah	SUI	Jeremia	101,91	4,00
14. Rolf-Goran Bengtsson	SWE	Paradiso	103,02	4,00
14. Peter Eriksson	SWE	Robin	100,67	4,00
14. Michael Matz	USA	Rhum	97,22	4,00
34. Herve Godignon	FRA	Viking du Tillard	105,41	4,25
35. Ricardo Kierkegaard	ARG	Renomme	106,79	4,50
36. Roger-Yves Bost	FRA	Souviens Toi	107,29	4,75
37. Rutherford Latham	ESP	Sourire d'Aze	108,26	5,00
37. Alenjandro Jorda	ESP	Hernando du Sablon	108,90	5,00
37. Kenji Morimoto	JPN	Alcazar	108,53	5,00
40. Jennifer Parlevliet	AUS	Another Flood	111,72	5,75
41. Vicki Roycroft	AUS	Coalminer	96,77	8,00
41. Alvaro Miranda Neto	BRA	Aspen	101,08	8,00

Oben links: Der Holsteiner Hengst Carthago unter dem Niederländer Jos Lansink bewies überragende Springqualitäten. Oben: Nach kämpferischer Leistung Fehler am letzten Hindernis: Hugo Simon aus Österreich mit ET.

1. Qualifikation – Ergebnisse

Reiter	Nation	Pferd	Zeit	Punkte
41. Ian Millar	CAN	Play it Again	104,48	8,00
41. Christopher Delia	CAN	Silent Sam	97,70	8,00
41. Alexandra Ledermann	FRA	Rochet M	103,36	8,00
41. Lars Nieberg	GER	For Pleasure	99,84	8,00
41. Damian Gardiner	IRL	Arthos	101,82	8,00
41. Jessica Chesney	IRL	Diamond Exchange	101,54	8,00
41. Arnaldo Bologni	ITA	Eileen	104,13	8,00
41. Kamal Bahamdan	KSA	Missouri	100,21	8,00
51. Andre Johannpeter	BRA	Calei	105,91	8,25
51. Malcolm Cone	CAN	Elute	105,08	8,25
51. Jerry Smit	ITA	Constantijn	105,54	8,25
51. Khaled Al-Eid	KSA	Eastern Knight	105,51	8,25
55. Michel Blaton	BEL	Revoulino	108,12	9,00
55. Maria Gretzer	SWE	Marcoville	108,81	9,00
57. Denise Cojuangco	PHI	Chouman	111,09	9,75
58. Fernando Sarasola	ESP	Ennio	112,91	10,00
59. Justo Albarracin	ARG	Dinastia Pampero	97,67	12,00
59. Russell Johnstone	AUS	Southern Contrast	101,88	12,00
59. Stanny van Paesschen	BEL	Mulga Bill	99,27	12,00
59. Manuel Torres	COL	Cartagena	101,39	12,00
59. Nick Skelton	GBR	Show Time	100,87	12,00
59. Miguel Leal	POR	Surcouf de Revel	102,37	12,00
59. Peter Leone	USA	Legato	101,83	12,00
66. Malin Baryard	SWE	Corrmint	106,49	12,50
67. Oscar Fuentes	ARG	Henry J. Speed	107,90	12,75
67. L. Southern-Heathcott	CAN	Advantage	107,58	12,75
69. Peter Charles	IRL	Beneton	111,53	13,75
69. Antonio Vozone	POR	Mr Cer	111,50	13,75
71. Alejandro Davila	COL	Ejemplo	103,22	16,00
72. Yoshihiro Nakano	JPN	Sisal de Jalesnes	106,37	16,50
72. Alexander Earle	PUR	Same Old Song	106,98	16,50
74. Taizo Sugitani	JPN	Contryman	107,82	16,75
75. Luiz Felipe Azevedo	BRA	Cassiana	108,63	17,00
76. Michael Whitaker	GBR	Two Step	117,36	22,25
77. David Cooper	AUS	Red Sails	102,90	24,00
78. Alfonso Romo	MEX	Flash	123,11	27,75
79. Federico Castaing	ARG	Landlord	124,99	28,00
80. Markus Fuchs	SUI	Adelfos	129,44	31,25
81. Daniel Meech	NZL	Future Vision	125,35	40,25
82. Thomas Metzger	AUT	Royal Flash	RT	60,25

Richter: F. Pranter (AUT), Alvares de Bou. (ESP), J. Ammerman (USA), F. Michielsens (BEL)
RT = retired/aufgegeben

nem Fehler. Das war ein guter Auftakt, vergleichbar mit den Leistungen anderer starker Nationen wie USA, Niederlande, Schweiz und Österreich.

Ein paar besondere Ritte gilt es noch zu kommentieren: der Niederländer Jos Lansink hat in dem Holsteiner Hengst Carthago ein überragendes Pferd, das man sich auch unter einem deutschen Reiter gut vorstellen könnte. Fast eine Traumrunde. Nur ein Schrecksprung ausgangs der zweifachen Kombination führte zu einem deutlichen Fehler. Der Brasilianer Rodrigo Pessoa hat in Tomboy ein Pferd mit gewaltigem Springvermögen und unkonventioneller Technik. Alle Hindernisse wurden hoch übersprungen, bei besserer Technik könnte der Aufwand geringer sein. $1/4$ Zeitstrafpunkt war das Ergebnis. Hugo Simon brachte mit ET die gewohnt kämpferische, souveräne Leistung, die nur durch einen dummen Fehler am letzten Hindernis beeinträchtigt wurde. Letztlich erwähnenswert sind die beiden routinierten US-Amazonen, Anne Kursinski mit Eros und Leslie Burr-Howard mit Extreme, die mit fehlerfreien Runden am Ende des Starterfeldes für überschwenglichen Jubel sorgten.

1. Qualifikation

Ludger Beerbaum überzeugte mit Sprehe Ratina Z durch eine makellose Null-Fehler-Runde in der 1. Qualifikation.

Wechselbad mit Happy End: Nationenpreis

Donnerstag, 01. August. Starke Regenfälle hinterließen viele Wasserlachen im Rund des Stadions. Doch der Untergrund war bestens präpariert und in gewohnter Manier sorgte der nimmermüde Hermann Duckek für optimale Bedingungen.

Linda Allen, die Parcours-Chefin, tat wieder das ihre für einen sportlich hochwertigen und äußerst spannenden Verlauf dieses Mannschaftswettkampfes. Deutlich gesteigerte Anforderungen gegenüber der ersten Qualifikation, aber für die überwiegende Zahl der Teilnehmer die Möglichkeit, ehrenvoll das Ziel zu erreichen.

Das Los gab unserer Mannschaft den Startplatz Nummer 12 unter 19 teilnehmenden Teams. Ein gutes Los. So blieb für unseren ersten Reiter Zeit, einige Eindrücke zu Beginn des Springens zu sammeln und für die eigene Strategie auszuwerten.

1. Umlauf

Pünktlich um 8:30 Uhr mußte der Schwede Peter Eriksson mit Robin als erster in die Bahn. Schon an Hindernis 1 fiel eine Stange, dann blieb Eriksson fehlerfrei bis zum letzten Hindernis, dem Weltraumsprung: 8 Strafpunkte waren ein ordentlicher Einstand.

Es folgten der Italiener Jerry Smit mit Constantijn und der irische Europameister Peter Charles mit Beneton, die beide fehlerfrei blieben. Dann häuften sich die Fehler bis hin zum Schweizer Willi Melliger mit dem gewaltig springenden Calvaro, der aber bei Oxern nicht genügend Weite schaffte und so insgesamt drei Abwürfe hinnehmen mußte. Der Österreicher Thomas Metzger stürzte mit Royal Flash und konnte aufgrund einer Verletzung des Pferdes den zweiten Umlauf nicht mehr antreten.

So sollte es unserem ersten Reiter nicht ergehen! Er war der nächste nach diesem österreichischen Mißgeschick. Aber keine Sorge, Franke Sloothaak war als Vorreiter der deutschen Mannschaft auserkoren um mit einer sicheren Runde etwas Druck von den Mannschaftskameraden zu nehmen.

San Patrignano Joly sprang überragend gut. Nach Nr. 8, dem Wassergraben, ritt Franke Sloothaak sehr zügig weiter und wählte den linken Teil des alternativ aufgebauten Hindernisses Nr. 9. Die Absprungdistanz geriet sehr groß, die notwendige Spannung fehlte und San Patrignano Joly machte einen Galoppsprung mehr als gut gewesen wäre. Katapultartig versuchte er das 1,60 m hohe Hindernis noch zu überwinden und schleuderte dabei seinen Reiter aus dem Sattel. An Handgelenk und Rücken vom Pferd getroffen, mit aus einer Arterie am Handgelenk spritzendem Blut konnte der Ritt nicht fortgesetzt werden. Alle Hoffnung schien dahin.

Trotzdem mußte es ja weitergehen. Die Aufgabenteilung erfolgte professionell. Herbert Meyer, Manfred Kötter, Mannschaftstierarzt Dr. Nolting und Ludger Beerbaum kümmerten sich intensiv um die Vorbereitung des nächsten deutschen Reiters Lars Nieberg. Franke Sloothaak mußte mit der ärztlichen Versorgung vor Ort und unserem Physiotherapeuten Wolfgang Christ vorlieb nehmen. Nach anfänglichen Strömen von Blut, Schweiß und Tränen ergriff der Reiter schnell wieder die Initiative und sorgte dafür, daß er exakt vernäht und am Rücken versorgt für den 2. Umlauf wieder zur Verfügung stand.

Zwischenzeitlich hatten die USA mit Peter Leone und 4 Strafpunkten ein gutes Ergebnis erzielt, alle nachfolgenden Mannschaften verzeichneten aber deutlich mehr Strafpunkte, als erwünscht.

Der zweite Reiter jeder Mannschaft war nun dran; durchwachsene Leistungen in fast allen Mannschaften bis zu großem Jubel einer kleinen brasilianischen Anhängerschaft über die mit nur $1/4$ Zeitstrafpunkt belastete Runde von Alvaro Miranda Neto auf Aspen.

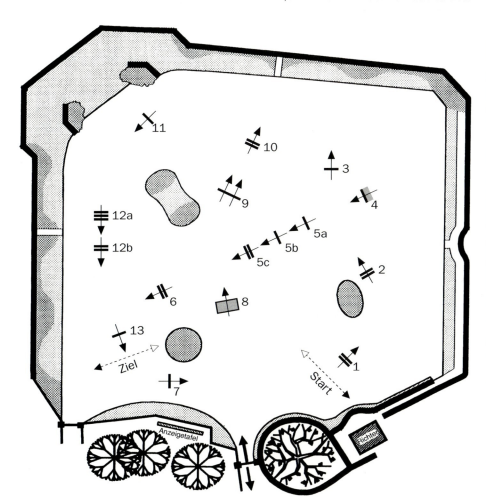

Nationenpreis

Parcoursdaten

Länge des Parcours	620 m
Geschwindigkeit	400 m/min
Erlaubte Zeit	93 sek

Hindernis	Höhe	Breite	Distanz
1	1,45	1,45	
2	1,50	1,55	
3	1,56		
4	1,55		
5a	1,50		8,10
5b	1,50		10,30
5c	1,50	1,60	
6	1,50	1,70	
7	1,60		
8		4,30	
9	1,60		
10	1,51	1,70	
11	1,60		
12a	1,55	2,00	7,80
12b	1,57	1,50	
13	1,60		

Es sah so überzeugend aus bei Franke Sloothaak und San Patrignano Joly – und dann dieses Mißgeschick.

Martin Bauer erkämpfte auf dem großzügig springenden Remus einen fehlerfreien Ritt.

Bald folgte dann Lars Nieberg. Die nervliche Belastung war groß. In der 1. Qualifikation ging For Pleasure nicht überzeugend. Jetzt würde jeder Fehler für die Mannschaft zählen. Was folgte, war eine traumhaft harmonische und sichere Runde. Alle Unstimmigkeiten des 1. Tages schienen wie hinweggefegt, auch nicht der kleinste Fehler unterlief und am Ende standen null Strafpunkte. Aufatmen in der deutschen Mannschaft, aber noch längst keine Entwarnung.

Die Niederlande und Spanien schafften ebenfalls makellose Ergebnisse durch ihre Reiter Jan Tops und Fernando Sarasola. Alle anderen zweiten Reiter waren strafpunktbehaftet. So setzte es sich auch bei den dritten Reitern jeder Mannschaft fort und bei uns wuchs natürlich die Spannung, je näher der Auftritt von Ulli Kirchhoff mit Opstalan's Jus de Pommes rückte. Präzises Reiten und ein sicher springendes Pferd von Anfang bis zum Ende dieses schweren Parcours hinterließen keine Spur an irgendeinem Hindernis. Lediglich die Zeit hielt unser Reiter nicht ganz ein, was

Lars Nieberg zeigte mit For Pleasure eine überzeugende Leistung im 1. Umlauf.

Souverän bei allen Klippen – Ulrich Kirchhoff mit Opstalan's Jus de Pommes.

zu $^3/_4$ Zeitstrafpunkten führte. Danach großer Jubel im Stadion, nachdem der Amerikanerin Anne Kursinski mit Eros ein fehlerfreier Ritt innerhalb der Zeit gelang.

Nun kam der vierte Reiter jeder Mannschaft. Zwischenzeitlich wurde es im Stadion aber immer dunkler und Gewittergrollen rückte näher und näher. Ludger Beerbaum hatte die Vorbereitung auf seinen Ritt bereits begonnen und der Japaner Yoshihiro Nakano war zum Start aufgerufen, da setzte um 12:20 Uhr ein Wolkenbruch ein, der jedes Reiten unmöglich machte. Blitzschnell stand alles unter Wasser und Sturzbäche suchten sich ihren Weg durch den Horse Park. Bis 12:55 Uhr wurden 50 mm Niederschlag gemessen. Dann war der Regen genauso schlagartig wie er gekommen war wieder vorbei. An Reiten war aber noch nicht zu denken. Das Wasser mußte erst abfließen, wozu es sich auch schnell entschloß. Hermann Duckek hatte wieder gut zu tun, um den Boden zur Fortsetzung der Prüfung herzurichten. Bis 13:55 Uhr war alles so weit präpariert, daß es weitergehen konnte.

Rechtzeitig vorinformiert konnte Ludger Beerbaum die Vorbereitung auf den Ritt wieder aufnehmen und gleichzeitig verfolgen, daß bis auf Rodrigo Pessoa mit Tomboy niemandem ein Null-Fehler-Ritt gelang. Hoch motiviert, bis zum äußersten angespannt, aber nervenstark und kämpferisch wie immer zogen Ludger Beerbaum und Sprehe Ratina Z ihre Bahn. Ein Paar, das charakterlich und kämpferisch so gut zusammenpaßt. Nach dem Steilsprung hinter einer Wassermatte ging es zur komplizierten dreifachen Kombination. Zwischen fünf und sechs Galoppsprüngen konnte man sich entscheiden. Ludger Beerbaum wollte es ganz genau wissen und ließ seine Ratina sieben Galoppsprünge machen. Es paßte knapp, aber Ratina sprang auch hier gewaltig und überwand selbst diese Klippe fehlerfrei. So ging es bis zum Ende des Parcours. Unsere Mannschaft hatte trotz des Ausfalls von Franke Sloothaak $^3/_4$ Strafpunkte erritten und führte vor Brasilien mit $4^1/_2$ und den Amerikanern mit 8 Strafpunkten. Die Gefühle in diesem Moment und nach diesem Auf und Ab sind nicht zu beschreiben. Sie schwankten zwischen Resignation, Anspannung, Ungläubigkeit und großer Hoffnung.

Durch das Unwetter hatte die Veranstaltung mittlerweile eine Verspätung von 2 Stunden. Bis zum Ende des Nationenpreises könnte es dunkel werden, möglicherweise müßte die Flutlichtanlage eingeschaltet werden. Eine kurze Diskussion des technischen Delegierten Olaf Petersen mit den Equipe-Chefs galt der Frage, ob wegen der sich ändernden Lichtverhältnisse bei Flutlicht und des möglicherweise dann glitzernden Wassergrabens dieser aus dem 2. Umlauf herausgenommen werden sollte. Mehrheitlich war man der Meinung, daß keine Veränderungen vorgenommen werden sollten.

2. Umlauf

Der 2. Umlauf vollzog sich in geänderter Startfolge. Am Anfang waren die Einzelreiter dran, dann folgten die nach dem ersten Umlauf an 19. - 11. Stelle plazierten Mannschaften und am Schluß folgten die auf Platz 1 - 10 liegenden Mannschaften in der umgekehrten Reihenfolge des bisherigen Ergebnisses. Es war ein langer Nachmittag bis in die Abendstunden. Dank der Startfolge war am Ende aber für höchste Spannung gesorgt. Die Europameister aus der Schweiz kämpften sich mit verbesserten Leistungen, besonders von Willi Melliger mit Calvaro, dem ein Null-Fehler-Ritt gelang, vom 9. auf den 6. Platz nach vorne. Österreich mußte auf Thomas Metzger verzichten und rutschte trotz achtbarer Ergebnisse der drei verbleibenden Reiter auf Platz 11 ab. Erfreulichstes Paar in diesem Team war Martin Bauer mit Remus, dem insgesamt nur zwei Abwürfe im Nationenpreis unterliefen. Frankreichs Reiter gaben sich einen gewaltigen Ruck und beendeten den 2. Umlauf mit insgesamt 4 Strafpunkten dank makelloser Runden von Roger-Yves Bost und Herve Godignon. Damit rückten sie von Platz 8 ganz in Medaillennähe auf Platz 4 vor. Spanien hielt seinen 5. Platz und die niederländische Mann-

Ab 12:20 Uhr verwandelte sich das Stadion binnen kurzem in einen See.

Nationenpreis

schaft mußte von Platz 6 auf Nr. 7 weichen.

Dies ist schon ein erstaunliches Ergebnis. Keine der Mannschaften, die noch vor einem Jahr in St. Gallen erfolgreich auftrumpfen konnten, konnte hier in den Kampf um Medaillen eingreifen. Vielfach konnten auch nicht die Pferde von St. Gallen eingesetzt werden, worauf weiter vorne ja schon hingewiesen wurde. Ein Vergleich der Starterlisten ist unter diesem Aspekt besonders interessant.

Wie erging es nun den Mannschaften, die nach dem 1. Umlauf in Führung lagen? Für die USA erritt Peter Leone ein strafpunktfreies Ergebnis. Luiz Felipe Azevedo mit Cassiana erwischte es ganz am Ende des Parcours bei Hindernis 12 b, einem knapp 1,60 m hohen und 1,50 m breiten Oxer, der unmittelbar nach einer 2 m breiten Trippelbarre zu überwinden war. Dann kam Franke Sloothaak mit genähtem Handgelenk und so gut als möglich versorgter Rückenprellung. Der Ritt begann so präzise wie am morgen. Der Weg vom Wassergraben zu den nachfolgenden Hindernissen 9 und 10 war wieder von einer kleinen Unsicherheit behaftet, diesmal aber ohne Folgen. Weiter ging es mit Präzision und einem überragend springenden San Patrignano Joly. Dies war eine echte Rehabilitation und ein äußerst wichtiger Beitrag zum Gesamtergebnis unserer Mannschaft. Für die USA schaffte auch Leslie Burr-Howard einen Null-Fehler-Ritt, sie brachte ihre Mannschaft damit in gefährliche Nähe unserer Reiter. Nicht so glücklich agierte Alvaro Miranda Neto und kassierte 8 Strafpunkte. Lars Nieberg und For Pleasure begannen sicher wie am Vormittag bis hin zum Wassergraben. Dann kam das Paar aus dem Rhythmus und mit deutlich zu großer Absprungdistanz zu Hindernis Nr. 10. Ein starker Fehler war die Folge. Ähnliches ereignete sich dann noch bei der mächtigen Kombination 12 a Trippelbarre/12 b Oxer, so daß das Endergebnis 12 Strafpunkte lautete. Nun wurde es doch wieder sehr eng und auf unseren letzten beiden Reitern ruhte mindestens so großer Druck wie am Vormittag.

Anne Kursinski unterliefen zwei Springfehler, was nur bedingt beruhigen konnte, denn mit einem möglichen fehlerfreien Ritt von Michael Matz hieße das Ergebnis dieses Umlaufes für die USA null und das Gesamtergebnis 8 Strafpunkte. Bei schlechtem Verlauf für uns könnten wir bei $12\,3/4$ Strafpunkten landen. Also Nerven behalten und kämpfen!

Dem Brasilianer Andre Johannpeter unterlief schon an Hindernis 1 ein Mißgeschick und auch bei 10 fiel eine Stange: 8 Punkte für Brasilien. Nun war Ulli Kirchhoff an der Reihe. Wie ein Uhrwerk ließ er seinen Hengst Opstalan's Jus de Pommes alle Klippen des Parcours überwinden. Wie ein Uhrwerk präzise erreichte er auch genau das Ergebnis des Vormittags, $3/4$ Strafpunkte für Zeitüberschreitung.

Die letzten entscheidenden Ritte

Der routinierte Amerikaner Michael Matz zog mit großem Kampfgeist seine Bahn. Alles blieb liegen und seine Mannschaft schien der Goldmedaille noch ein Stückchen näher zu rücken. Doch es hat nicht sein sollen, der letzte Sprung wurde zum Verhängnis, eine Stange fiel: 4 Punkte. Das bedeutete in der Endabrechnung 12 Strafpunkte für Amerika. Vorletzter Reiter war Rodrigo Pessoa mit Tomboy. Keinen Springfehler durfte er sich erlauben, um seiner Mannschaft noch die bronzene Medaille zu retten. Sein Pferd schien das zu ahnen. Tomboy sprang noch höher als sonst, den Sternen näher als den Stangen. Sein Reiter spielte alle seine Cleverness und Routine aus und kämpfte mit Erfolg. $3/4$ Zeitfehler waren ein Ergebnis nach Maß, das Gesamtergebnis von $17\,1/4$ Strafpunkten bedeuteten die Bronzemedaille für Brasilien.

Die Amerikanerin Leslie Burr-Howard mit Extreme legte mit einem fehlerfreien Ritt im 2. Umlauf den Grundstein für die Silbermedaille.

Ludger Beerbaum mit Sprehe Ratina Z: gewohnt kämpferisch und nervenstark.

Letzter Reiter war Ludger Beerbaum mit Sprehe Ratina Z. Beerbaum hatte alles in der Hand, würde er es schaffen?

Der Abstand war beruhigend geworden, zwei Springfehler wären ein für Gold noch ausreichendes Ergebnis. Hierzu ließ Ludger Beerbaum es aber nicht kommen. Sicher wie in der ersten Runde, zwischen Hindernis Nr. 4 und der dreifachen Kombination 5 a, b und c ein Galoppsprung weniger als am Vormittag und damit ein noch sicherer Eindruck, dann am Ende schon großer Jubel beim Durchreiten der Ziellinie. Unsere Mannschaft hatte nach dramatischem Auf und Ab mit großem Vorsprung die Goldmedaille gewonnen.

Die Begeisterung kannte keine Grenzen. Und unsere vier Reiter haben gezeigt, was gemeinsames Kämpfen bewirken und wie schön gemeinsame Freude sein kann. Persönliche Differenzen aus früherer Zeit waren längst zurückgestellt, gemeinsam wurde das gleiche Ziel verfolgt und in unnachahmlicher Weise wurde sich gegenseitig geholfen. Equipechef und Bundestrainer Herbert Meyer hatte ein Team geformt, das im Zueinanderstehen genau in dem Augenblick, wo die Nerven am angespanntesten sind, manchem anderen Sportler zum Vorbild gereichen kann.

Begeistert war natürlich auch das amerikanische Publikum über ihre wiedererstarkte Springequipe. Nichts konnte im vollbesetzten Stadion aber der überschwenglichen brasilianischen Freude Stand halten. Lateinamerikanisches Temperament machte die Medaillenvergabe zu einem brasilianischen Freudenfest.

Nationenpreis – Endergebnis

Nation/Reiter	Total/Pferd	1. Umlauf	2. Umlauf
1. Deutschland	1,75	0,75	1,00
Lars Nieberg	For Pleasure	0,00	12,00
Franke Sloothaak	San Patrignano Joly	60,25	0,00
Ulrich Kirchhoff	Opstalan's Jus de Pommes	0,75	0,75
Ludger Beerbaum	Sprehe Ratina Z	0,00	0,25
2. USA	12,00	8,00	4,00
Anne Kursinski	Eros	0,00	8,00
Leslie Burr-Howard	Extreme	14,00	0,00
Peter Leone	Legato	4,00	0,00
Michael Matz	Rhum	4,00	4,00
3. Brasilien	17,25	4,50	12,75
Alvaro Miranda Neto	Aspen	0,25	8,00
Andre Johannpeter	Calei	4,25	8,00
Luiz Felipe Azevedo	Cassiana	8,00	4,00
Rodrigo Pessoa	Tomboy	0,00	0,75
4. Frankreich	20,25	16,25	4,00
Alexandra Ledermann	Rochet M	4,00	4,00
Patrice Delaveau	Roxane de Gruchy	8,00	8,00
Roger-Yves Bost	Souviens Toi	8,00	0,00
Herve Godignon	Viking du Tillard	4,25	0,00
5. Spanien	29,75	13,00	16,75
Fernando Sarasola	Ennio	0,00	0,25
Rutherford Latham	Sourire d'Aze	8,00	8,00
Alenjandro Jorda	Hernando du Sablon	5,00	8,50
Pedro Sanchez	Riccarda	8,00	12,00
6. Schweiz	32,00	20,00	12,00
Willi Melliger	Calvaro	12,00	0,00
Beat Mandli	City Banking	8,00	4,00
Markus Fuchs	Adelfos	8,00	16,00
Urs Fah	Jeremia	4,00	8,00
7. Niederlande	32,25	16,00	16,25
Jos Lansink	Carthago	8,00	8,00
Emile Hendrix	Finesse	12,00	4,00
Bert Romp	Samantha	8,00	12,00
Jan Tops	Top Gun	0,00	4,25
8. Irland	34,50	12,50	22,00
Damian Gardiner	Arthos	28,50	16,00
Peter Charles	Beneton	0,00	4,00
Jessica Chesney	Diamond Exchange	8,50	4,00
Eddie Macken	Schalkhaar	4,00	14,00
9. Italien	36,00	28,00	8,00
Arnaldo Bologni	Eileen	12,00	24,00
Natale Chiaudani	Rheingold de Luyne	12,00	4,00
Jerry Smit	Constantijn	4,00	4,00
Valerio Sozzi	Gaston M	12,00	0,00
10. Schweden	36,75	16,00	20,75
Malin Baryard	Corrmint	12,25	4,25
Maria Gretzer	Marcoville	4,00	12,50
Rolf-Goran Bengtsson	Paradiso	4,00	20,00
Peter Eriksson	Robin	8,00	4,00
11. Österreich	40,00	20,00	20,00
Hugo Simon	ET	4,00	8,00
Helmut Morbitzer	Racal	16,00	4,00
Martin Bauer	Remus	0,00	8,00
Thomas Metzger	Royal Flash	60,25	57,50
12. Großbritannien	40,00	24,00	16,00
Geoff Billington	It's Otto	12,00	0,00
Nick Skelton	Show Time	8,00	4,00
Michael Whitaker	Two Step	16,00	12,00
John Whitaker	Welham	4,00	14,50

Die weiteren Plazierungen auf Seite 124.

Oberes Bild: Großer Jubel schon beim Durchreiten der Ziellinie.
Unteres Bild: Bundestrainer Herbert Meyer ist der erste Gratulant.

Nationenpreis – Endergebnis

Nation/Reiter	Total/Pferd	1. Umlauf	2. Umlauf
13. Belgien	48,50	32,00	16,50
Eric Wauters	Bon Ami	16,00	37,50
St. van Paesschen	Mulga Bill	12,00	8,00
Michel Blaton	Revoulino	17,75	8,50
Ludo Philippaerts	King Darco	4,00	0,00
14. Mexiko	61,50	41,50	20,00
Antonio Chedraui	Elastique	20,00	8,00
Alfonso Romo	Flash	12,00	8,00
Jose Madariaga	Genius	20,00	16,25
Jaime Guerra	Risueno	9,50	4,00
15. Japan	72,75	32,25	40,50
Kenji Morimoto	Alcazar	60,25	57,50
Taizo Sugitani	Countryman	16,00	16,00
Yoshihiro Nakano	Sisal de Jalesnes	8,00	20,00
Takeshi Shirai	Vicomte du Mesnil	8,25	4,50
16. Kanada	76,75	36,00	40,75
L. Southern-Heathcott	Advantage	12,00	20,75
Malcolm Cone	Elute	12,00	12,00
Ian Millar	Play it Again	12,00	8,00
Christopher Delia	Silent Sam	16,00	32,00
17. Argentinien	77,25	44,00	33,25
Justo Albarracin	Dinastia Pampero	8,00	4,00
Oscar Fuentes	Henry J. Speed	60,25	57,50
Federico Castaing	Landlord	16,00	24,00
Ricardo Kierkegaard	Renomme	20,00	5,25
18. Saudi Arabien	120,00	37,75	82,25
Khaled Al-Eid	Eastern Knight	8,50	8,00
Ramzy Al-Duhami	Let's Talk About	5,00	16,75
Kamal Bahamdan	Missouri	24,25	57,50
19. Australien	129,00	77,00	52,00
Jennifer Parlevliet	Another Flood	37,00	57,50
Vicki Roycroft	Coalminer	16,00	16,00
David Cooper	Red Sails	40,25	24,00
Russell Johnstone	Southern Contrast	24,00	12,00

Richter: F. Pranter (AUT), Alvarez de Bou. (ESP), J. Ammerman (USA), F. Michielsens (BEL)

Rodrigo Pessoa und Tomboy lieferten das beste Ergebnis für Brasilien.

Nationenpreis

Unsere Reiter vergaßen bei diesem großen Triumph nicht die Leistung ihres Vordenkers – Herbert Meyer wurde aufs Podest gehievt.

Einzelwertung – Stand nach Nationenpreis

	Reiter	Nation	Pferd	1.Qualifikation	2.Qualifikation Nationenpreis 1.Umlauf	3.Qualifikation Nationenpreis 2.Umlauf	Total
1.	Ludger Beerbaum	GER	Sprehe Ratina Z	0,00	0,00	0,25	0,25
2.	Rodrigo Pessoa	BRA	Tomboy	1,25	0,00	0,75	2,00
3.	Ludo Philippaerts	BEL	King Darco	0,00	4,00	0,00	4,00
4.	Jan Tops	NED	Top Gun	0,00	0,00	4,25	4,25
5.	Ulrich Kirchhoff	GER	Opstalan's Jus de Pommes	4,00	0,75	0,75	5,50
6.	Anne Kursinski	USA	Eros	0,00	0,00	8,00	8,00
7.	Herve Godignon	FRA	Viking du Tillard	4,25	4,25	0,00	8,50
8.	Fernando Sarasola	ESP	Ennio	10,00	0,00	0,25	10,25
9.	Martin Bauer	AUT	Remus	4,00	0,00	8,00	12,00
9.	Valerio Sozzi	ITA	Gaston M	0,00	12,00	0,00	12,00
9.	Michael Matz	USA	Rhum	4,00	4,00	4,00	12,00
12.	Geoff Billington	GBR	It's Otto	0,25	12,00	0,00	12,25
13.	Roger-Yves Bost	FRA	Souviens Toi	4,75	8,00	0,00	12,75
14.	Leslie Burr-Howard	USA	Extreme	0,00	14,00	0,00	14,00
15.	Takeshi Shirai	JPN	Vicomte du Mesnil	2,00	8,25	4,50	14,75
16.	Hugo Simon	AUT	ET	4,00	4,00	8,00	16,00
16.	Alexandra Ledermann	FRA	Rochet M	8,00	4,00	4,00	16,00
16.	Willi Melliger	SUI	Calvaro	4,00	12,00	0,00	16,00
16.	Beat Mandli	SUI	City Banking	4,00	8,00	4,00	16,00
16.	Urs Fah	SUI	Jeremia	4,00	4,00	8,00	16,00
16.	Peter Eriksson	SWE	Robin	4,00	8,00	4,00	16,00
16.	Peter Leone	USA	Legato	12,00	4,00	0,00	16,00
23.	Alvaro Miranda Neto	BRA	Aspen	8,00	0,25	8,00	16,25
23.	Jerry Smit	ITA	Constantijn	8,25	4,00	4,00	16,25
25.	Patrice Delaveau	FRA	Roxane de Gruchy	0,50	8,00	8,00	16,50
26.	Jaime Guerra	MEX	Risueno	4,00	9,50	4,00	17,50
27.	Peter Charles	IRL	Beneton	13,75	0,00	4,00	17,75
28.	Alenjandro Jorda	ESP	Hernando du Sablon	5,00	5,00	8,50	18,50
29.	Helmut Morbitzer	AUT	Racal	0,00	16,00	4,00	20,00
29.	Lars Nieberg	GER	For Pleasure	8,00	0,00	12,00	20,00
29.	Natale Chiaudani	ITA	Rheingold de Luyne	4,00	12,00	4,00	20,00
29.	Jos Lansink	NED	Carthago	4,00	8,00	8,00	20,00
29.	Emile Hendrix	NED	Finesse	4,00	12,00	4,00	20,00
34.	Andre Johannpeter	BRA	Calei	8,25	4,25	8,00	20,50
34.	Jessica Chesney	IRL	Diamond Exchange	8,00	8,50	4,00	20,50
36.	Rutherford Latham	ESP	Sourire d'Aze	5,00	8,00	8,00	21,00
37.	Eddie Macken	IRL	Schalkhaar	4,00	4,00	14,00	22,00
38.	John Whitaker	GBR	Welham	4,00	4,00	14,50	22,50
39.	Ramzy Al-Duhami	KSA	Let's Talk About	1,50	5,00	16,75	23,25
40.	Justo Albarracin	ARG	Dinastia Pampero	12,00	8,00	4,00	24,00
40.	Manuel Torres	COL	Cartagena	12,00	12,00	0,00	24,00
40.	Pedro Sanchez	ESP	Riccarda	4,00	8,00	12,00	24,00
40.	Nick Skelton	GBR	Show Time	12,00	8,00	4,00	24,00
40.	Bert Romp	NED	Samantha	4,00	8,00	12,00	24,00
45.	Khaled Al-Eid	KSA	Eastern Knight	8,25	8,50	8,00	24,75
46.	Maria Gretzer	SWE	Marcoville	9,00	4,00	12,50	25,50
47.	Ian Millar	CAN	Play it Again	8,00	12,00	8,00	28,00
47.	Rolf-Goran Bengtsson	SWE	Paradiso	4,00	4,00	20,00	28,00
49.	Luiz Felipe Azevedo	BRA	Cassiana	17,00	8,00	4,00	29,00
49.	Malin Baryard	SWE	Corrmint	12,50	12,25	4,25	29,00
51.	Ricardo Kierkegaard	ARG	Renomme	4,50	20,00	5,25	29,75
52.	Stanny van Paesschen	BEL	Mulga Bill	12,00	12,00	8,00	32,00
52.	Antonio Chedraui	MEX	Elastique	4,00	20,00	8,00	32,00
54.	Malcolm Cone	CAN	Elute	8,25	12,00	12,00	32,25
55.	Michel Blaton	BEL	Revoulino	9,00	17,75	8,50	35,25
56.	Jose Madariaga	MEX	Genius	0,50	20,00	16,25	36,75
57.	Vicki Roycroft	AUS	Coalminer	8,00	16,00	16,00	40,00
58.	Arnaldo Bologni	ITA	Eileen	8,00	12,00	24,00	44,00
59.	Yoshihiro Nakano	JPN	Sisal de Jalesnes	16,50	8,00	20,00	44,50
60.	L. Southern-Heathcott	CAN	Advantage	12,75	12,00	20,75	45,50
60.	Miguel Leal	POR	Surcouf de Revel	12,00	21,00	12,50	45,50

Einzelwertung – Stand nach Nationenpreis

Reiter	Nation	Pferd	1.Qualifikation	2.Qualifikation Nationenpreis 1.Umlauf	3.Qualifikation Nationenpreis 2.Umlauf	Total
62. Alfonso Romo	MEX	Flash	27,75	12,00	8,00	47,75
63. Russell Johnstone	AUS	Southern Contrast	12,00	24,00	12,00	48,00
64. Taizo Sugitani	JPN	Countryman	16,75	16,00	16,00	48,75
65. Michael Whitaker	GBR	Two Step	22,25	16,00	12,00	50,25
66. Damian Gardiner	IRL	Arthos	8,00	28,50	16,00	52,50
67. Markus Fuchs	SUI	Adelfos	31,25	8,00	16,00	55,25
68. Christopher Delia	CAN	Silent Sam	8,00	16,00	32,00	56,00
69. Eric Wauters	BEL	Bon Ami	4,00	16,00	37,50	57,50
70. Antonio Vozone	POR	Mr Cer	13,75	17,25	28,25	59,25
71. Daniel Meech	NZL	Future Vision	40,25	12,00	8,00	60,25
72. Denise Cojuangco	PHI	Chouman	9,75	27,25	26,00	63,00
73. Franke Sloothaak	GER	San Patrignano Joly	4,00	60,25	0,00	64,25
74. Federico Castaing	ARG	Landlord	28,00	16,00	24,00	68,00
75. David Cooper	AUS	Red Sails	24,00	40,25	24,00	88,25
76. Kamal Bahamdan	KSA	Missouri	8,00	24,25	57,50	89,75
77. Jennifer Parlevliet	AUS	Another Flood	5,75	37,00	57,50	100,25
78. Alejandro Davila	COL	Ejemplo	16,00	36,25	57,50	109,75
79. Alexander Earle	PUR	Same Old Song	16,50	60,25	34,75	111,50
80. Kenji Morimoto	JPN	Alcazar	5,00	60,25	57,50	122,75
81. Oscar Fuentes	ARG	Henry J. Speed	12,75	60,25	57,50	130,50
82. Thomas Metzger	AUT	Royal Flash	60,25	60,25	57,50	178,00

Richter: F. Pranter (AUT), Alvares de Bou. (ESP), J. Ammerman (USA), F. Michielsens (BEL)

Dies ist die ganze Mannschaft, samt derer, die stets im Hintergrund wirken, die Pferdepfleger. Von links nach rechts: Martha Jansen, Lars Nieberg, Corinne-Fazia Kacimi, Ulrich Kirchhoff, Dr. Björn Nolting, Herbert Meyer, Manfred Kötter, Sara Päkkolinen, Franke Sloothaak, Marie Johnson, Ludger Beerbaum.

Finale der Springreiter – Finale der Olympischen Spiele

Schöne Tradition Olympischer Spiele ist es, daß der letzte Wettbewerb der Springreiter gleichzeitig die letzte Entscheidung der gesamten Olympischen Spiele ist. Leider ist die Reiterei, im Gegensatz zu früher, aus dem Olympiastadion verbannt. Vorbereitungen für die Abschlußfeier sind wichtiger als sportlicher Wettkampf. Dennoch bot das voll besetzte Stadion des GIHP einen würdigen Rahmen für den Wettstreit um die letzten zu vergebenden Medaillen.

Die vierzig besten Reiter aus den bisherigen Springprüfungen hatten sich für Parcours A des Finales qualifiziert. Starten konnten jedoch nur 39. Ausgerechnet Ludger Beerbaum's Stute Sprehe Ratina Z hatte sich im Nationenpreis eine Zerrung im Hinterbein zugezogen und konnte nicht eingesetzt werden. Nach dem Ausscheiden von Franke Sloothaak im ersten Umlauf des Nationenpreises und der damit verspielten Chance zur Finalteilnahme fehlte nun noch unser zweiter hochfavorisierte Bewerber um eine Einzelmedaille. Großes Pech für den Olympiasieger von Barcelona, der nach kurzem inneren Aufbäumen aber sehr schnell die Entscheidung fällte, sein hochverdientes Pferd Sprehe Ratina Z angesichts der Verletzung nicht einzusetzen und auch keinen Versuch zu unternehmen, die Stute bis zum Einzelfinale doch noch fit zu bekommen.

Das Auf und Ab der als realistisch einzuschätzenden Chancen auf eine gute Plazierung, das unsere Springreiter über alle Wettkampftage verfolgte, hielt auch bis ins Finale an. Lars Nieberg und Ulrich Kirchhoff, die unerfahreneren Reiter unseres Teams, blieben als deutsche Vertreter im Finale übrig.

Parcours A

In der Nacht hatte es wieder viel geregnet. Parcourchefin, technischer Delegierter Olaf Petersen und Richtergruppe kamen überein, das zu reitende Tempo von 400 m/min auf 375 m/min. zurückzunehmen, um damit den schlechter werdenden Bodenverhältnissen Rechnung zu tragen. Tatsächlich trocknete der Boden aber wiederum sehr zügig ab und die Verhältnisse waren gut.

Mit unterschiedlichen Ergebnissen zwischen 4 und 20 Strafpunkten endeten die ersten zwölf Ritte. Dabei so starke Reiter wie die Engländer Nick Skelton und John Whitaker, der Ire Eddie Macken und der Niederländer Jos Lansink.

Als dreizehnter ritt Lars Nieberg ein. Er begann so rhythmisch, harmonisch und sicher wie im ersten Umlauf des Nationenpreises. Bisher hatte sich die Doppel-Oxer-Kombination 4a/4b mit dem auf enger Distanz folgenden, 1,60 m hohen Steilsprung als besondere Klippe herausgestellt. Lars Nieberg nahm sein Pferd nach 4 b frühzeitig und ohne Widerstand zurück und kam damit zum nächsten Sprung wieder gut zum Reiten. Problemlos gemeistert. Problemlos ging es auch durch die dreifache Kombination Steil/Oxer/Steil. Lediglich beim wiederum 1,60 m hohen Steilsprung Nr. 10 mußten unsere Schlachtenbummler etwas zittern, weil For Pleasure die obere Stange leicht berührte. Alles blieb liegen. Die erste Ansage „fehlerfrei" in diesem Finale erfolgte für Lars Nieberg.

Drei Ritte mit viel Malheur folgten, bis der Europameister Peter Charles aus Irland ebenfalls ein makelloses Ergebnis erzielen konnte.

Da die Startfolge vorsah, daß die bisher besten Reiter ganz zum Schluß dran kamen, mußten wir noch einige Zeit auf Ulli Kirchhoff warten. Sechs fehlerfreie Ritte gab es in der Zwischenzeit, u.a. von den beiden Schweizern Willi Melliger und Urs Fah und dem bisher schon so auffallend gut reitenden Österreicher Martin Bauer.

Dann war der Start frei für unseren Youngster Ulrich Kirchhoff mit Opstalan's

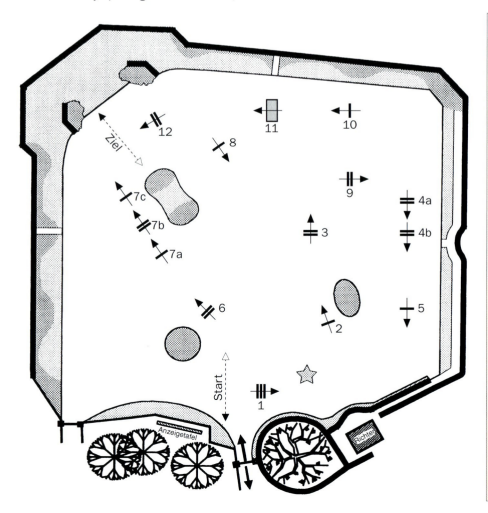

Finale – Parcours A

Parcoursdaten

Länge des Parcours	620 m
Geschwindigkeit	375 m/min
Erlaubte Zeit	100 sek

Hindernis	Höhe	Breite	Distanz
1	1,45	1,70	
2	1,55		
3	1,50	1,65	
4a	1,52	1,70	7,30
4b	1,52	1,70	19,50
5	1,60		
6	1,55	1,60	
7a	1,55		7,80
7b	1,52	1,60	7,50
7c	1,57		
8	1,60		
9	1,60	1,70	
10	1,60		
11		4,50	
12	1,60	1,10	

Jus de Pommes. Nervenstärke und Cleverness im Parcours wurden in diesen Tagen zu seinen Markenzeichen. Dazu kam die sehr präzise Vorbereitung seines Pferdes, das immer sicher an den Hilfen stand und mit guter Beintechnick und vorbildlicher Bascule alle noch so schweren Aufgaben meisterte. So war es auch in diesem Parcours, diesmal sogar ohne Zeitfehler. Zwei fehlerfreie Runden unserer beiden Teilnehmer. Hatten sie das nicht toll gemacht? – und Hand aufs Herz – wer hätte das gedacht?

Nach Ulrich Kirchhoff folgte im Parcours A noch der Holländer Jan Tops, der ebenfalls fehlerfrei blieb, sowie der Belgier Ludo Philippaerts und der Brasilianer Rodrigo Pessoa, die sich beide einen Springfehler leisteten.

Finale Parcours A – Ergebnisse

Reiter	Nation	Pferd	Zeit	Punkte
1. Martin Bauer	AUT	Remus	89,83	0,00
1. Alvaro Miranda Neto	BRA	Aspen	86,99	0,00
1. Fernando Sarasola	ESP	Ennio	87,00	0,00
1. Herve Godignon	FRA	Viking du Tillard	90,42	0,00
1. Lars Nieberg	GER	For Pleasure	87,44	0,00
1. Ulrich Kirchhoff	GER	Opstalan's Jus de Pommes	89,18	0,00
1. Peter Charles	IRL	Beneton	89,90	0,00
1. Jan Tops	NED	Top Gun	89,98	0,00
1. Willi Melliger	SUI	Calvaro	85,11	0,00
1. Urs Fah	SUI	Jeremia	86,04	0,00
11. Hugo Simon	AUT	ET	91,73	4,00
11. Helmut Morbitzer	AUT	Racal	89,42	4,00
11. Ludo Philippaerts	BEL	King Darco	84,57	4,00
11. Andre Johannpeter	BRA	Calei	87,34	4,00
11. Rodrigo Pessoa	BRA	Tomboy	90,05	4,00
11. Rutherford Latham	ESP	Sourire d'Aze	90,16	4,00
11. Alexandra Ledermann	FRA	Rochet M	89,45	4,00
11. Geoff Billington	GBR	It's Otto	87,10	4,00
11. Nick Skelton	GBR	Show Time	85,88	4,00
11. John Whitaker	GBR	Welham	89,30	4,00
11. Jerry Smit	ITA	Constantijn	88,57	4,00
11. Jos Lansink	NED	Carthago	88,17	4,00
11. Beat Mandli	SUI	City Banking	91,20	4,00
11. Anne Kursinski	USA	Eros	87,66	4,00
11. Leslie Burr-Howard	USA	Extreme	87,33	4,00
26. Justo Albarracin	ARG	Dinastia Pampero	87,50	8,00
26. Jessica Chesney	IRL	Diamond Exchange	89,95	8,00
26. Eddie Macken	IRL	Schalkhaar	88,86	8,00
26. Jaime Guerra	MEX	Risueno	87,52	8,00
30. Khaled Al-Eid	KSA	Eastern Knight	90,46	12,00
30. Emile Hendrix	NED	Finesse	90,36	12,00
30. Michael Matz	USA	Rhum	82,03	12,00
33. Manuel Torres	COL	Cartagena	96,16	15,00
34. Valerio Sozzi	ITA	Gaston M	100,78	15,25
35. Patrice Delaveau	FRA	Roxane de Gruchy	92,27	16,00
36. Alenjandro Jorda	ESP	Hernando du Sablon	97,24	20,00
36. Ramzy Al-Duhami	KSA	Let's Talk About	92,30	20,00
38. Takeshi Shirai	JPN	Vicomte du Mesnil	104,18	20,25
39. Natale Chiaudani	ITA	Rheingold de Luyne		RT

Richter: F. Pranter (AUT), Alvares de Bou. (ESP), J. Ammerman (USA), F. Michielsens (BEL)

RT = retired/aufgegeben

Lars Nieberg und For Pleasure erzielten den ersten Null-Fehler-Ritt im Parcours A.

Parcours B

Nun war Umbau und Besichtigungspause für den Parcours B. Laut Reglement nehmen hieran die zwanzig besten Teilnehmer des Parcours A teil, einschließlich der strafpunktgleichen auf dem zwanzigsten Platz. Das herabgesetzte Tempo war wohl Ursache dafür, daß neben zehn strafpunktfreien Ritten weitere fünfzehn Teilnehmer den Parcours A mit lediglich 4 Strafpunkten überwunden hatten. So kam es, daß die letzte Runde dieser Olympischen Spiele von 25 Teilnehmern bestritten wurde.

Die Startfolge orientierte sich am Ergebnis der bisherigen Prüfungen in umgekehrter Reihenfolge. Die Engländer Nick Skelton und John Whitaker mußten als erste starten, was ihrer persönlichen Einschätzung vor Beginn der Olympischen Spiele sicher nicht entsprochen hat. Ganz am Ende des Finales kamen Ulrich Kirchhoff und dann der Niederländer Jan Tops als bisher Beste, was vorher auch kaum zu vermuten war.

Der Parcours hatte es wahrlich in sich. Hier ging die Parcourschefin wirklich ans Höchstmaß und baute zusätzlich sehr anspruchsvolle reiterliche Aufgaben ein. Als besondere Schwierigkeit erwies sich die dreifache Kombination 3a, b und c. Als Einsprung stand ein Oxer, der viel Schwung erforderte; eng gestellt für einen Galoppsprung folgte ein 1,55 m hoher Steilsprung mit schmalem Wassergraben darunter. Hier mußten die Pferde entweder selber blitzschnell reagieren oder deutlich zurückgenommen werden und durften sich vom Wasser nicht ablenken lassen. Ausgangs der Dreifachen nach einem weiteren Ga- loppsprung stand wiederum ein Oxer, der große Schwungentfaltung, Sprungkraft und Streckung der Pferde verlangte.

Nicht nur für hohe Anforderungen war gesorgt, sondern auch für Schönheit des Parcours. Von Barcelona über Atlanta bis nach Sydney führte die motivische Ausgestaltung der Hindernisse. Ein abermaliges Kompliment an die Gestalterin.

Nick Skelton's Show Time machte deutlich, daß die aufgebauten Hoch-/Weitsprünge einschließlich der 1,60 m hohen und 2 m breiten Trippelbarre genau vor dem Einritt sehr viel verlangten. Dreimal war es für Show Time zu viel; $12^{1}/_{4}$ Strafpunkte waren das Auftaktergebnis in Parcours B. John Whitaker, der mit seinem Welham im Parcours A bis auf das letzte Hindernis alles unangetastet ließ, zeigte

Finale

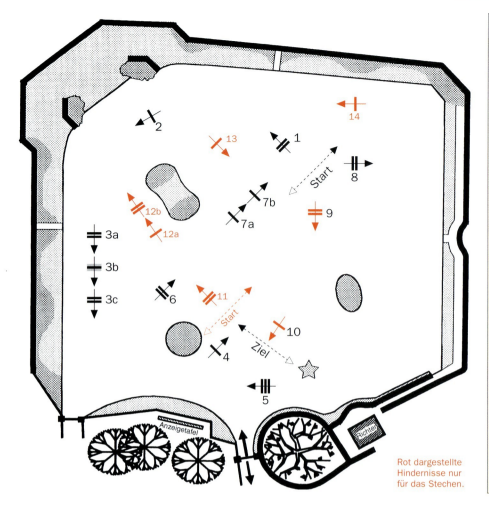

Finale – Parcours B

Parcoursdaten

Länge des Parcours	550 m
Geschwindigkeit	400 m/min
Erlaubte Zeit	83 sek

Hindernis	Höhe	Breite	Distanz
1	1,45	1,45	
2	1,60		
3a	1,50	1,70	7,60
3b	1,55		7,60
3c	1,50	1,70	
4	1,60		
5	1,60	2,00	
6	1,45	2,00	24,50
7a	1,60		10,30
7b	1,60		
8	1,48	1,80	
9	1,55	1,70	
10	1,60		

Parcoursdaten Stechen

Länge des Parcours	300 m
Erlaubte Zeit	45 sek
Hindernisse: 11, 12ab, 13, 14, 9, 10	

Rot dargestellte Hindernisse nur für das Stechen.

auch jetzt wieder seine ganze reiterliche Klasse. Nur $1/4$ Strafpunkt für Zeitüberschreitung wurde ihm angelastet. Ein gutes Ergebnis, über das er sich am Ende aber doch geärgert haben wird. Dieser minimale Zeitfehler schloß ihn vom Stechen um Silber- und Bronzemedaille aus.

Es folgten Ritte mit mehreren Fehlern, vornehmlich an der dreifachen Kombination. Dann folgte die kämpferische Französin Alexandra Ledermann mit Rochet M und der ebenso kämpferische österreichische Altmeister Hugo Simon mit ET. Beide schafften das Kunststück und blieben fehlerfrei, was für beide 4 Strafpunkte im Endergebnis dieses Finales bedeutete. Genauso erging es dem Engländer Geoff Billington mit It's Otto, bevor als erster Fehlerfreier des Parcours A Lars Nieberg mit For Pleasure die Arena betrat. Würden auch für diese schweren Aufgaben Nervenstärke, Harmonie und Cleverness noch ausreichen? Leider war dies nicht der Fall. Bereits bei Hindernis 2 sprang For Pleasure etwas zu tief und machte einen Fehler. Hierdurch verunsichert gelang das Anreiten der dreifachen Kombination nicht exakt genug und an jedem Hindernis fiel eine Stange. Dann ging es sicher und ohne weitere Fehler weiter bis zum Ende. Dennoch mußten 16 Punkte angerechnet werden, die alle Träume von einer Einzelmedaille zunichte machten.

Ein schwacher Trost für Lars Nieberg mag es gewesen sein, daß auch die folgenden Reiter, die im Parcours A fehlerfrei geblieben waren, ihr Ergebnis nicht wiederholen konnten. Der Österreicher Martin Bauer, der Spanier Fernando Sarasola und der Franzose Herve Godignon erritten zwar ein nicht so hohes Punktekonto, mußten aber auch jeweils zwei Springfehler hinnehmen. Auch sie verabschiedeten sich damit von Medaillenhoffnungen.

Vorletzter Starter: Ulrich Kirchhoff – null Fehler in Parcours A. Kein Reiter bisher schaffte ein Gesamtergebnis von null Punkten aus beiden Umläufen. Die besten Vorgaben bisher waren 4 Strafpunkte für insgesamt sechs Reiter. Kirchhoff mußte also ohne Springfehler bleiben, um eine Medaille sicher zu haben. Mußte er auch zügig reiten, um in der Zeit zu bleiben?

Equipechef Herbert Meyer riet zu vorsichtigem, ruhigem Reiten. Bei geringen Zeitfehlern war eine Medaille sicher. Und der einzige noch folgende Reiter Jan Tops aus den Niederlanden mußte dann ja fehlerfrei nachziehen, um den möglichen Sieg noch streitig zu machen.

So geordnet werden die Gedanken in Sekundenschnelle nicht durch Ulli Kirchhoffs Kopf geschossen sein. Das Ergebnis der Gedanken förderte aber die richtige Strategie zu Tage. Entsprechend dem Rat des Bundestrainers wurde vorsichtig zu Werke gegangen. Das ergab einen Musterritt. Ständige Kontrolle, äußerste Präzision im Anreiten der Hindernisse, genau getimtes Wechselspiel von Spannung und Entlastung und dazu ein so wunderbar springender Hengst wie an allen diesen Tagen. Eins und zwei wurden sicher überprungen. Auf den Punkt genaues Anreiten der dreifachen Kombination mit genügend Schwung und doch nicht zu schnell ließ die Schwierigkeit dieser Passage kaum noch erahnen. Alles weitere wurde mit ungeheurer Sicherheit und Nervenstärke abgespult. Auch ein gut gemeinter Zuruf „schneller" brachte den Reiter nicht aus seinem Konzept. Am Ende zeigte die Anzeigetafel einen Punkt für Zeitüberschreitung aus beiden Umläufen. Das hatte noch keiner geschafft, der Jubel war groß und Silber war sicher.

Alles wartete nun gespannt auf den letzten Teilnehmer. Jan Tops mit seinem Pferd Top Gun, dem er anders als seine Mannschaftskameraden eine mehrwöchige Akklimatisierung in der Nähe von Atlanta gegönnt hatte. Das Ergebnis schien ihm jetzt vor der letzten Runde und der greifbar nahen Goldmedaille recht zu geben.

Die Spannung löste sich aber schon bald. Denn bereits an Hindernis 2 machte Top Gun einen Flüchtigkeitsfehler. Damit war die Goldmedaille an Ulrich Kirchhoff vergeben. Freudentaumel im deutschen Lager, während Jan Tops weiter kämpfte, um den Einzug ins Stechen um Silber und Bronze noch zu schaffen. Dies gelang und

Verdienter Olympiasieg für Ulrich Kirchhoff mit Opstalan's Jus de Pommes.

Finale – Endergebnisse

	Reiter	Nation	Pferd	Parcours A	Parcour B Zeit	Parcour B Punkte	Total
1.	Ulrich Kirchhoff	GER	Opstalan's Jus de Pommes	0,00	86,56	1,00	1,00
*	Willi Melliger	SUI	Calvaro	0,00	79,61	4,00	4,00
*	Alexandra Lederman	FRA	Rochet M	4,00	80,72	0,00	4,00
*	Hugo Simon	AUT	ET	4,00	78,06	0,00	4,00
*	Urs Fah	SUI	Jeremia	0,00	79,19	4,00	4,00
*	Geoff Billington	GBR	It's Otto	4,00	79,62	0,00	4,00
*	Jan Tops	NED	Top Gun	0,00	80,60	4,00	4,00
*	Alvaro Miranda Neto	BRA	Aspen	0,00	78,95	4,00	4,00
9.	Rodrigo Pessoa	BRA	Tomboy	4,00	83,73	0,25	4,25
9.	John Whitaker	GBR	Welham	4,00	83,07	0,25	4,25
11.	Martin Bauer	AUT	Remus	0,00	79,97	8,00	8,00
11.	Fernando Sarasola	ESP	Ennio	0,00	80,32	8,00	8,00
11.	Peter Charles	IRL	Beneton	0,00	81,07	8,00	8,00
11.	Jos Lansink	NED	Carthago	4,00	81,41	4,00	8,00
11.	Beat Mandli	SUI	City Banking	4,00	80,34	4,00	8,00
11.	Leslie Burr-Howard	USA	Extreme	4,00	79,38	4,00	8,00
17.	Herve Godignon	FRA	Viking du Tillard	0,00	86,42	9,00	9,00
18.	Andre Johannpeter	BRA	Calei	4,00	80,82	8,00	12,00
19.	Jerry Smit	ITA	Constantijn	4,00	83,61	8,25	12,25
20.	Ludo Philippaerts	BEL	King Darco	4,00	80,17	12,00	16,00
20.	Lars Nieberg	GER	For Pleasure	0,00	81,35	16,00	16,00
20.	Anne Kursinski	USA	Eros	4,00	82,15	12,00	16,00
23.	Nick Skelton	GBR	Show Time	4,00	83,84	12,25	16,25
24.	Rutherford Latham	ESP	Sourire d'Aze	4,00	84,37	12,50	16,50
25.	Helmut Morbitzer	AUT	Racal	4,00	86,06	25,00	29,00

Richter: F. Pranter (AUT), Alvares de Bou. (ESP), J. Ammerman (USA), F. Michielsens (BEL)

*) Endergebnisse nach dem Stechen siehe rechte Seite

Voll besetztes Reiterstadion beim letzten Wettbewerb der Olympischen Spiele.

somit mußten sich sieben Reiter auf das Stechen vorbereiten, während hinter den Kulissen Teil eins der deutschen Feier in vollstem Gange war.

Im Stechen legte die Französin Alexandra Ledermann mit Rochet M einen sehr kämpferischen, fehlerfreien Ritt vor. Wie erwartet war Hugo Simon dann viel schneller. Am letzten Hindernis erwischte es ihn aber und trotz schnellster Zeit mußte dieser große Kämpfer am Ende mit Platz 4 vorlieb nehmen. Null Fehler im Stechen gelangen nur noch dem schweizer Mannschaftseuropameister Willi Melliger mit Calvaro in einer um mehr als drei Sekunden schnelleren Zeit als Alexandra Ledermann. Damit waren die Silbermedaille an Willi Melliger und die Bronzemedaille an Alexandra Ledermann vergeben. Auf den Plätzen vier bis acht folgten Hugo Simon, Österreich, Urs Fah aus der Schweiz, der Engländer Geoff Billington, der Niederländer Jan Tops und Alvaro Miranda Neto aus Brasilien.

Bester Reiter bis zum letzten Ritt des Parcours B war Jan Tops (NED) mit Top Gun. Nach Stechen erreichte er Platz 7.

Die beherzte Französin Alexandra Ledermann errang mit Rochet M die Bronzemedaille.

Ebenfalls ins Stechen um die Silber- und Bronzemedaille kämpften sich der Schweizer Urs Fah und Jeremia. Sie erreichten Platz 5.

Ständige Leistungssteigerung bis ins Stechen bescherte Willi Melliger, Schweiz, mit Calvaro die Silbermedaille.

Stechen – Endergebnisse

Reiter	Nation	Pferd	Zeit	Punkte
2. Willi Melliger	SUI	Calvaro	38,07	0,00
3. Alexandra Lederman	FRA	Rochet M	41,46	0,00
4. Hugo Simon	AUT	ET	36,92	4,00
5. Urs Fah	SUI	Jeremia	38,68	4,00
6. Geoff Billington	GBR	It's Otto	38,77	4,00
7. Jan Tops	NED	Top Gun	40,55	8,00
8. Alvaro Miranda Neto	BRA	Aspen	38,36	16,00

Richter: F. Pranter (AUT), Alvares de Bou. (ESP), J. Ammerman (USA), F. Michielsens (BEL)

Geteilte Freude ist doppelte Freude. Der Olympiasieger, hier zusammen mit Willi Melliger und Alexandra Ledermann, ...

... dachte auch an seine Pferdepflegerin Corinne-Fazia Kacimi und zitierte sie aufs Siegerpodest.

Es folgte die überschwenglich gefeierte Medaillenvergabe mit der Ehrenrunde des Olympiasiegers, die so schnell nicht in Vergessenheit geraten wird: Opstalan's Jus de Pommes ohne Zügelführung ruhig seine Bahn ziehend, Ulrich Kirchhoff in jeder Hand eine Deutschlandfahne und seine Kappe schwenkend. Das wird wohl für lange Zeit das Sinnbild ausgelassener Freude eines überraschenden, aber hochverdienten Olympiasiegers bleiben.

Teil eins der deutschen Feier wurde bereits erwähnt. Der Olympiasieger wurde nun entführt über Pressekonferenz zur Fernsehanstalt und von Interview zu Interview. So viel und fließend Englisch wird er noch nie gesprochen haben. Der Rest des deutschen Teams feierte im Hotel Port Armor so lange alleine weiter, bis auch der Olympiasieger dort erschien.

Das Unternehmen Atlanta ging in einer ausgelassenen Nacht zu Ende. Gemeinsame Planung, miteinander zittern, füreinander kämpfen, gegenseitige Anerkennung und gemeinsame Freude über den Erfolg. Das sind intensive, weit über den Moment hinauswirkende Eindrücke dieser Tage.

Reinhard Wendt, Mannschaftsführer aller Equipen.

UPS Deutschland
gratuliert den deutschen Olympiasiegern

Ulrich Kirchhoff

Ludger Beerbaum, Ulrich Kirchhoff,
Lars Nieberg, Franke Sloothaak

Isabell Werth

Martin Schaudt, Isabell Werth,
Monica Theodorescu, Klaus Balkenhol

Weltweiter
Olympischer Sponsor

**Hauptsponsor der deutschen Reiter
bei den Olympischen Spielen 1996**

Franke Sloothaak und Reinhard Wendt

Nebenbei beobachtet
Geschichten aus dem Hintergrund

Piroplasmose und kein Ende

Piroplasmose ist schon ein geflügeltes Wort. Tatsächlich ist es eine Bluterkrankung, deren Erreger manches Pferd mit sich führt ohne je erkrankt zu sein. Grund genug, die Einfuhr in die USA zu verbieten. Betroffen hiervon ist neben anderen europäischen Pferden das Olympiasiegerpferd von Barcelona Classic Touch by Sprehe. Intensive Bemühungen des Weltreiterverbandes und aller betroffenen Federationen haben zu einer Kompromißlösung geführt. Die Einfuhr wurde unter Auflagen genehmigt. Die betroffenen Pferde mußten vom Flugplatz sofort in eine Quarantäne-Station im Georgia International Horse Park. Dort blieben sie getrennt von allen anderen bis zum Rückflug am Ende von Olympia.

Das Los von Classic Touch by Sprehe war damit bekannt – dasjenige des Reiters Ralf Schneider, der als Reservist nominiert war und deshalb keine Akkreditierung erhielt, wurde zum Problem. Er durfte nicht zu seinem Pferd, konnte also gar nicht trainieren. Hartnäckiger Kampf mit den Verantwortlichen führte auch hier zu einem Kompromiß. Ralf Schneider bekam eine Pfleger-Akkreditierung und erhielt somit Zugang.

Hinsichtlich Ludger Beerbaums Stute Sprehe Ratina Z gab es zuvor einen großen Schreck. Die vier Wochen vor Abflug in die USA gesandten Blutproben ergaben ein piroplasmosepositives Ergebnis und zusätzlich eine weitere, die Einfuhr nicht zulassende Erkrankung. Gegenproben in Münster, Hannover und in England brachten ein anderes Ergebnis. Dann wurde eine weitere Probe in den USA zugelassen, diesmal ohne jeglichen Befund, aber auch ohne eine Entschuldigung für diese Schlamperei.

Das Los der Reservisten

Erstmals in der olympischen Geschichte konnten zwar Reservereiter und Reservepferde mit antransportiert werden, nicht jedoch die Olympischen Stätten betreten. Nicht einmal die Reiter erhielten eine Akkreditierung, geschweige denn die Pferdepfleger oder Pferdebesitzer. Sie waren ausgeschlossen von jedem olympischen Treiben.

So sagten es die Regeln. In den Anfangstagen war es so auch Praxis. Dann entschloß sich die Amerikanerin Kate Jackson, die die Verantwortung für alle Reiterwettkämpfe trug, zu einer großzügigen Regelung. Alle wurden mit Tagespässen ausgestattet, die für die gesamte Zeit der Reiterwettkämpfe galten. So wurde das Problem umschifft und letztlich waren alle zufrieden.

Die Reservepferde mußten aber auf den Trainingsfarmen bleiben. Ein hoher Aufwand, um fernab für Versorgung, Pflege und tägliches Bewegen zu sorgen. Dann bahnte sich auch hier eine bessere Lösung an. Für die Dressurprüfungen wurden Vorreiter gesucht, die der Jury einen Notenvergleich vor Beginn des Wettkampfes ermöglichen sollten. Vier Nationen meldeten sich sofort und boten ihre Reservereiter an. Man war sicher, diese Pferde müßten dann ja auch im Horse Park untergebracht werden. Als dann aber bekannt wurde, daß nur ein Antransport unmittelbar vor dem Vorreiten mit sofort anschließendem Wegtransport gestattet wurde, blieb kein Vorreiter mehr übrig.

Das Glück der Trainingsfarmen

Für unsere Reiter aller Disziplinen waren vor fast zwei Jahren die Trainingslager auf der Pine-Top-Farm und auf der Merichase-Farm fest gebucht worden. Beste Verhältnisse vor Ort, gute Trainingsmöglichkeiten, weitläufiges Gelände und große, nicht zu überbietende Gastfreund-

Oben und unten: Die Stallungen der Merichase-Farm.

Nebenbei beobachtet

Tag der offenen Tür

Bei großer Hitze ...

... hält man sich auch als Pferd bedeckt.

Personifizierte Gastfreundschaft: Diane (oben) und Alan (rechts) Thomas von der Merichase-Farm.

schaft der Besitzer zeichneten beide Farmen gleichermaßen aus.

Auf der Merichase-Farm wurde zusätzliches geleistet. Hermann Duckek wurde eigens mehrfach eingeflogen, um die Böden des Dressurviereckes und des Springplatzes adäquat zu präparieren. Hindernisse von Frank Rothenberger taten ein übriges, um die dreiwöchige Vorbereitungszeit optimal nutzen zu können.

Am Morgen des 13.07. gab es um 7:45 Uhr einen ungewöhnlichen Aufmarsch auf der Pine-Top-Farm. Die gesamte Vielseitigkeitsequipe samt Anhang war angetreten, um dem Familienoberhaupt der Farmeigentümer, Jim Wilson, ein Happy-Birthday-Ständchen zu bringen. Was dabei besonders auffiel: selbst morgens vor 8:00 Uhr sang Horst Karsten am lautesten.

Auf der Merichase-Farm gab es einen Tag der offenen Tür. Zahlreiche Reitsportinteressierte und Schaulustige strömten auf das Gelände und folgten zunächst gebannt den von Bundestrainer Harry Boldt erläuterten Dressurvorführungen unserer Reservistin Nadine Capellmann-Biffar mit ihrem Gracioso. Danach wurde alles besichtigt und sowohl von unseren Reitern als auch den Pferdepflegern bereitwillig erläutert.

Abends gab es in kleiner Runde regelmäßig Rotwein und Käse und auch ein wenig Brot. Frau Hagemann, Ehefrau und Dolmetscherin des Dressur-Equipechefs Anton Fischer, merkte hierzu an: „Die Stunden sind hier nicht gezählt, aber die Schnitten." Guten Appetit, abends ist leichte Kost ohnehin gesünder.

Auf sittsames Verhalten wurde auf beiden Farmen großer Wert gelegt. Zumindest was Hengste und Stuten betraf. Ganztags wurden die Farmen bewacht, nur um sicher zu sein, daß sich kein Hengst einer Stute nähern kann. Nachts wurden sie gar durch versiegelte Ketten getrennt. So schreibt es das Veterinärgesetz von Georgia vor und unsere Hengste und Stuten hielten sich auch daran.

Ein großes Dankeschön gebührt den Gastgebern der Familie Wilson von der Pine-Top-Farm und dem Ehepaar Diane und Alan Thomas von der Merichase-Farm. Der Abschied war ergreifend. Ehepaar Thomas erwägt die Farm zu verkaufen, um in der Nähe von Sydney ein ähnliches Anwesen neu zu erwerben. Dann könnte die deutsche Mannschaft in vier Jahren wieder bei ihnen zu Gast zu sein.

Dank an UPS und HGW

Diese umfassende Planung wurde möglich dank großzügiger Unterstützung. UPS begleitete unsere Olympiamannschaften von Anfang 1995 bis zum Abschluß der Olympischen Spiele und war der entscheidende finanzielle Rückhalt für die sportfachlich als notwendig erkannten Vorbereitungen. Hans Günter Winkler hatte als Berater von United Parcel Service diese Verbindung hergestellt und das Unternehmen von den guten Medaillenchancen der deutschen Reiter überzeugen können. Hoffentlich hatte er nicht zuviel versprochen.

Besonderen olympischen Dank und olympische Ehren erfuhr HGW am 24.07.1996. Dies war sein 70. Geburtstag, zu dem der Präsident des Nationalen Olympischen Komitees, Walter Tröger, ins Deutsche Haus einlud. Eine neu geschaffene Ehrung des Internationalen Olympischen Komitees wurde Hans Günter Winkler als erstem Deutschen zuteil. Graf Landsberg-Velen gratulierte im Namen unserer Deutschen Reiterlichen Vereinigung und Franke Sloothaak im Namen der Aktiven.

Der 24.07. war ein Tag der Geburtstage. Lars Nieberg wurde ebenfalls ein Jahr älter und außerdem noch zwei Delegationsleiter anderer deutscher Mannschaftsteile.

Gratulanten zum 70. Geburtstag von Hans Günter Winkler waren der Präsident des Nationalen Olympischen Komitees, Walter Tröger und FN-Präsident Dieter Graf Landsberg-Velen.

Einzelhaft für Dr. Nolting

Frisch in Atlanta angekommen, wollte man natürlich alles in möglichst kurzer Zeit kennenlernen. Dieses Ansinnen erlaubte nicht, sich an amerikanische Verkehrsregeln zu halten. Der Mannschaftstierarzt unserer Springequipe, Dr. Björn Nolting, testete den Langmut amerikanischer Polizei über Gebühr. Zu schnell gefahren und keine Papiere. Da wurde nicht lange gefackelt, der weitere Weg führte direkt ins Gefängnis. Dr. Nolting in der Zelle, die Begleiter Herbert Meyer und Manni Kötter vor der Zelle, das war ein unerwartetes Erlebnis, leider ohne Fotodokument. Der Wert unseres Mannschaftstierarztes wurde nicht allzu hoch eingeschätzt. Anders ist es nicht zu erklären, daß Herbert Meyer nach zwei Stunden die Auslösung für nur 250 Dollar gelang.

Eröffnungsfeier

Die Eröffnungsfeier ist immer ein Großereignis. Die Gastgebernation will sich präsentieren, und das so gut wie möglich und auch mit gutem Recht. Entsprechend aufwendig waren die Vorbereitungen. Sie reichten hinein bis in die allmorgendlichen Mannschaftsführerbesprechungen der gesamten deutschen Mannschaft. Eintreffen im Olympischen Dorf, Besteigen der Busse, Aussteigen aus den

Unsere Springreiter einmal anders beritten.

Bussen und Marsch in ein benachbartes Stadion. Versorgung dort mit Essen und Trinken. Dann Bereithalten zum Einmarsch.

Nun ein äußerst wichtiger Hinweis: Vor dem Einmarsch nicht zu viel trinken oder rechtzeitig noch die Toilette aufsuchen. Im Olympiastadion gibt es hierzu keine Möglichkeit mehr. Dazu der weise Rat des Obermediziners der deutschen Mannschaft, Professor Keul: „Man geht zum Klo, wenn man kann, nicht wenn man muß; denn wenn man muß kann man nicht mehr."

Der Einmarsch wurde für die deutsche Mannschaft dann zum Einlauf. Sportliche Leistung wurde verlangt, um den Anschluß zu halten. Eine besondere Leistung wurde auch Mohamed Ali, dem früheren Boxweltmeister abverlangt. Er war auserkoren, trotz gesundheitlicher Behinderung die Olympische Flamme zu entzünden. Am nächsten Tag stand er in der großen Mensa des Olympischen Dorfes für eine riesige Menschenschlange bereit, um mit jedem einzelnen ein Erinnerungsfoto zu ermöglichen.

Am Ende dieser Olympischen Spiele wurde Mohamed Ali dann noch eine besondere Freude zu teil. Die olympische Goldmedaille, die er seinerzeit aus weltanschaulich-religiösem Grunde den Fluten eines Flusses überließ, wurde ihm nun in Zweitausführung ausgehändigt.

Gesellschaftliche Ereignisse

Viele Einladungen gab es für unsere Mannschaften. Ob es die Begrüßungs- und Abschiedspartys auf den Trainingsfarmen waren, ob es der Begrüßungsempfang in dem wunderschönen Hotel Port Armor war, ob es die abschließende UPS-Fete, ebenfalls in Port Armor, war: für Abwechslung war reichlich gesorgt. Neben diesen so gastfreundlichen Anlässen auf „eigenem Terrain" sind zwei Ereignisse noch besonders zu erwähnen. Die amerikanische FN gestaltete mit großzügiger Sponsor-Unterstützung eine Reiterparty mit Südstaatenflair vom Feinsten. Live-Musik, typische kulinarische Köstlichkeiten, ein Ambiente á la „Vom Winde verweht". Kurzum: ein rauschendes Fest bis in die frühen Morgenstunden, zu dem alle geladen waren und fast alle kamen.

Die Ehepaare Wolterbeek und Nahte bewiesen ebenfalls größte Gastfreundschaft. Die Wolterbeeks besorgten das tolle Hotel Port Armor und die Begrüßungsparty. Bei Nahtes gabe es einen Barbecue-Empfang und beide zusammen luden die Damen unserer Springreiter zu einer Stadtrundfahrt ganz amerikanisch ein. In einer „Stretch-Limousine", mit Chauffeur, Couch, Bar und Fernsehen. 9 m lang, gut doppelt so lang wie ein Mercedes, zum Parken nicht so günstig, ideal aber zum sehen und gesehen werden.

Lange Abende bei gastfreundlichen Einladungen boten reichlich Zeit zum diskutieren. Je länger der Abend, je besser der gereichte Tropfen desto intensiver das Gespräch. Oft wurde es zur Debatte, die auch im Auto bei der Rückfahrt nicht enden wollte. Einmal war Herbert Meyers Gesprächspartner Manni Kötter in ein anderes Auto verschwunden. Dies störte nicht, Herbert Meyer diskutierte mit ihm weiter bis ans Ende der Fahrt. Die Antworten übernahm stellvertretend Ralf Schneider.

Zu den gesellschaftlichen Anlässen gehörte auch ein UPS-Empfang in der Atlanta-UPS-Niederlassung. 1.200 Mitarbeiter hatten Gelegenheit, der Vorstellung unserer Dressur- und Springmannschaft beizuwohnen. Sie taten dies begeistert und standen lange Schlange, bis alle Autogrammwünsche erfüllt waren.

Zu geselligem Beisammensein kannte man von früheren Olympischen Spielen auch das Deutsche Haus. Auch in Atlanta war es da. Die Großzügigkeit vergangener Jahre war aber verloren gegangen. Es stand mehr den Sponsoren und der Presse zu Diensten als denjenigen, die eigentlich bei Olympischen Spielen im Mittelpunkt stehen sollten, den Athleten. Wenn man es geschafft hatte, da zu sein und bewirtet zu werden, war es dennoch schön. Die Gesamtkonzeption gilt es für die Zukunft aber neu zu überdenken.

Geistlicher Beistand

Zwei Pfarrer gehörten zum deutschen Aufgebot. Für jede große Konfession einer. Sie kümmerten sich um alles, was wohl auch ihre Aufgabe war. Berichterstattung gab es jeden Morgen um 7:00 Uhr bei der Mannschaftsführerbesprechung.

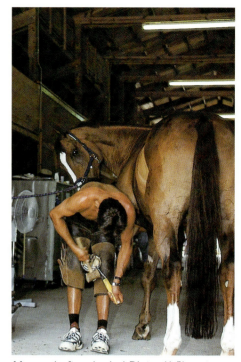

Mannschaftsschmied Dieter Kröhnert bei der Arbeit.

Ob ihre Tätigkeit bei allen Bedürftigen bekannt wurde, bleibt wahrscheinlich ein Geheimnis. Brigitte Werth, Mutter von Isabell, verließ sich jedenfalls mehr auf Bewährtes. Die Messe, die sie vor dem entscheidenen Ritt ihrer Tochter lesen ließ, orderte sie in Rheinberg und nicht in Atlanta. Der Erfolg gab ihr Recht.

Pars pro toto: Deutsche Schlachtenbummler

Nebenbei beobachtet

Trainingsplatz (oben) und Stallbereich (unten) im Georgia International Horse Park.

26.07.1996, 1:20 Uhr. Bombenexplosion im Centennial Park, im Herzen Atlantas. 2 Tote und 111 Verletzte. Ein Schatten lag über Olympia.

Entsetzen – Trauer – Sorgen.

Erinnern wir uns zurück. Vor 24 Jahren waren die Olympischen Spiele in München. Große Sicherheitsvorkehrungen konnten einen schrecklichen Anschlag nicht verhindern.
Zurück zur Gegenwart. Eigentlich sollte in Atlanta ja alles größer, besser und viel sicherer sein. Das Ereignis vom Centennial Park lehrt uns: gegen Verrückte gibt es keine letzte Sicherheit.
Die Zeichen wurden aber richtig gesetzt. Die Olympischen Spiele gingen genau nach Zeitplan weiter. Unsere Welt wird nicht dominiert von Verrückten und sie wird bewohnt von mehrheitlich friedliebenden Menschen. Die Jugend hat sich in Atlanta zu olympischem, fairem Wettkampf versammelt. Sie läßt sich durch Einzelne nicht von diesem Vorhaben abbringen, auch wenn deren Taten blutige Spuren hinterlassen.
Olympia ist gerade in solchen Augenblicken ein Zeichen der Hoffnung, auch auf die Chance zur Umkehr für in dieser Welt Verirrte.

I 20, I 85, I 285

Dies sind die „magischen" Zahlen der Verkehrsverbindungen zwischen Pine-Top-Farm – Hotel Port Armor – GIHP – Atlanta – Airport – und Merichase-Farm (I = Interstate = Highway). Absolut verläßliche Verkehrswege, weitgehend staufrei durch immer gleichschnelle PKW und LKW sowie rechts- und links Überholgebot.

Auf diesen Highways legte der Assistent des Mannschaftsführers, Friedrich Otto-Erley, zwischen dem 01.07. und 05.08. ca. 7.500 US-Meilen zurück und träumt seitdem von Exit 59, 53, 45a, 35b, 19 und 9.

Nicht ganz so unproblematisch erwies sich die ausgeklügelte Verkehrsführung zum GIHP. Strikteste Trennung zwischen Akkreditierten und Normalsterblichen war oberstes Gebot. Oft führte das zu Irrfahrten rund um den Horse Park, was bei Anfahrt aller möglichen, aber gesperrten Zufahrten bis zu einer guten Stunde dauern konnte.

Nicht nur Fritz Otto-Erley war angemessen beweglich gemacht. Unserer gesamten Mannschaft standen 15 Autos, teils PKW und teils Kleinbusse, zur Verfügung. Auch dies war eine dankenswerte Sponsorleistung, eingefädelt von Marc Wolterbeek und gewährleistet durch Familie Hebel.

Manni

Manfred Kötter war mitgefahren als Oberstallmeister für Dressur und Springen. Auf seinen vollen Namen legte er keinen Wert, auf das vorgesehene Amt auch nicht. Manni, wie ihn alle nennen, sah sich vornehmlich bei den

Springreitern in der Pflicht. In den ersten Tagen ritt er fast alle Pferde, gemeinsam mit Herbert Meyer. Dann stand er unten und überwachte das Training der Springreiter. Oftmals stieg er auch selber wieder in den Sattel, um vorzumachen, was er meinte.

Die Reiter werden es ihm danken. Schon zu Hause ist er stets in die Arbeit unserer Spitzenreiter einbezogen, so wollte man ihn auch in Atlanta nicht missen. Dies war ein großer Beitrag zum Gesamterfolg.

Thomas Hartwigs Arbeitsplatz

Die Akkreditierungen waren sehr eng bemessen. Mit Reitern, Pflegern, Pferdebesitzern und engster Mannschaftsführung war alles restlos ausgebucht. So kam es, daß der Leiter unserer Abteilung Öffentlichkeitsarbeit, Thomas Hartwig, ohne jegliche Zulassungsberechtigung vor geschlossenen Olympia-Toren stand. Dank der späteren großzügigen Regelung der Reitveranstalter konnte hier eine befriedigende Regelung gefunden werden. Ein echter Arbeitsplatz zur Übermittlung und Empfang von Nachrichten fehlte aber.

Hierzu gab es seit langem Verbindungen über die in Oelde im Kreis Warendorf ansässige Firma Haver & Boecker. Deren amerikanische Tochter Haver-Filling-Systems ist unmittelbar neben dem Georgia International Horse Park angesiedelt. Hier fand Thomas Hartwig beste Arbeitsbedingungen, einschließlich Telefon und Telefax, vor.

Wir und viele deutsche Journalisten sind dankbar. Die Telefax-Einrichtungen im Pressezentrum funktionierten nämlich vielfach nicht. Das Telefax von Haver-Filling-Systems funktionierte immer und wurde zum Dreh und Angelpunkt vieler olympischer Berichterstattungen.

Ralf Schneider – vielseitig ambitioniert

Der Springreservist und mit seinem Pferd in Quarantäne verbannte Ralf Schneider war mit diesem Job natürlich nicht ausgelastet. Er sah sich um. Wo ist was los, war die Frage. Die Antwort fand er bei der Vielseitigkeit. Mit seiner Pferdepfleger-Akkreditierung besann er sich auf entsprechende Betätigung. Nach dem Gelände half er in der Versorgung der Pferde, wusch sie mit ab und war sich für keinen Dienst zu schade. Beim abschließenden Springen avancierte er zum Trainer. Sowohl Bettina Overesch-Böker als auch Hendrik von Paepcke gab er hilfreiche Tips in der letzten Vorbereitung. Zum Abschied dankte ihm die Vielseitigkeits-Crew mit anhaltendem Beifall.

Wer war noch in Atlanta?

Alle Atlanta-Besucher sind natürlich nicht aufzuzählen. Große deutsche Anhängerschaft fand immer wieder den Weg ins Reiterstadion. Fahnenschwenkend und begeistert von den Erfolgen unserer Reiter müssen sie wohl stets in Hochstimmung gewesen sein.

Eine ganze Schar Offizieller aus Deutschland stand dem Veranstalter zu Diensten. Der technische Delegierte für alle Reitdisziplinen, Olaf Petersen, war stets und überall zur Stelle, wo es Probleme zu lösen galt. Im Schlepptau hatte er seinen Sohn Olaf II – dieser fungierte als Parcourschef-Assistent. Zwei Richter wurden von Deutschland nach Atlanta angefordert: Uwe Mechlem für die Dressur und Dr. Bernd Springorum für die Vielseitigkeit. Für den etwaigen Fall von Regelverstößen gab es wie immer das Schiedsgericht des IOC. Ihm gehörte Dr. Reiner Klimke an. Dr. Peter Cronau war wie fast überall in den vergangenen Jahren der Chef der Veterinärmedizin. Und dann gab es noch ein Quartett deutscher Stewards, die als schon mehrfach eingespieltes Team die Einhaltung der Regeln auf den Trainingsplätzen zu überwachen hatten: Werner Deeg, Manfred Heinz, Ekkard Hilker und Frank Rothenberg. Die fast künstlerische Ausgestaltung der Hindernisse war übrigens mit ein Werk des letztgenannten. Erfreulich und lukrativ zugleich.

Parcourschefin Linda Allen (USA) mit dem technischen Delegierten Olaf Petersen.

Die erfreulich künstlerische Ausgestaltung der Hindernisse war ein Werk von Frank Rothenberg.

Dr. Hanfried Haring und Dr. Klaus Miesner

Deutsche Pferde in Atlanta

Überragende Erfolge für die deutschen Züchter

Die Analyse der Abstammung der Pferde bei den olympischen Spielen in Atlanta macht deutlich, daß prinzipiell im Hochleistungssport nur noch zwei große Gruppen vertreten sind, nämlich der Warmblüter und der Vollblüter, letzterer nahezu ausschließlich in der Vielseitigkeit. Das aus der Kreuzung von schweren Rassen mit dem Vollblüter mehr oder weniger zufällig entstandene Produkt, in früheren Jahren noch zahlreich vertreten, ist im Springen und in der Dressur aufgrund der gezielten Zuchtprogramme der Warmblutzuchten nahezu vollständig verschwunden. Dabei ist festzustellen, daß sich die Warmblutzuchten (Synonym: Sportpferdezuchten) in Typ und Pedigree mehr und mehr angeglichen haben. Diese Aussage wird verständlich, wenn man weiß, daß sich bis zum Ende des zweiten Weltkrieges durch die Nutzung des Warmblüters durch das Militär und die Landwirtschaft zwar deutlich unterschiedliche Rassen über Jahrhunderte entwickelt und erhalten haben, nach diesem aufgrund der einheitlichen Ausrichtung des Zuchtzieles auf das Sportpferd, die gegenseitige Öffnung der entsprechenden Zuchtbücher und die Anwendung sehr ähnlicher Zuchtmethoden die Pferde jedoch stark angeglichen haben. Wenn man die Pedigrees der einzelnen Pferde unabhängig vom Brandzeichen untersucht, so stellt man fest, daß diese eigentlich nur aus deutschen (und hier vorwiegend aus hannoverschen und holsteinischen) und französischen Blutlinien, letztere allerdings nur im Springen, bestehen. So verwundert es nicht, daß die Unterschiede in Typ und Leistung innerhalb der einzelnen Zuchtgebiete genauso groß sind wie zwischen diesen.

Bereits lange vor Beginn der Spiele hatte der Präsident der Deutschen Reiterlichen Vereinigung, Dieter Graf Landsberg-Velen, den deutschen Züchtern die Goldmedaille für ihre Pferde zugesprochen. Die Richtigkeit dieser Aussage wird durch die Dominanz der aus deutscher Zucht stammenden Pferde bewiesen. Von 330 genannten Pferden stammten 89 aus deutscher Zucht; vor 4 Jahren in Barcelona konnten unsere Züchter mit 54 Pferden bereits einen ähnlichen Erfolg aufweisen. Die nachfolgende Übersicht verdeutlicht diese Aussage.

Generell sei der Hinweis gestattet, daß trotz aller Unterschiede in Typ, Kaliber und Größe der gestarteten Pferde („They win in all shapes") die außerordentliche Bedeutung der Basisselektion nach dem Exterieur unterstrichen wurde. Ausnahmslos jedes Pferd verfügte über die geforderten Reitpferdemerkmale und damit auch die notwendige Freiheit der Bewegungen. Und die Tatsache, daß bei der Auswahl von Zuchtpferden eine gewisse Korrektheit der Gliedmaßen beachtet werden muß, wurde

Zuordnung der genannten Pferde zu Zuchtgebieten

Zuchtland	Dressur	Springen	Vielseitigkeit	Insges.
Hannover	13	19	3	35
Westfalen	10	7	–	17
Holstein	1	12	–	13
Oldenburg	9	2	–	11
Trakehner	2	–	2	4
Rheinland	1	2	–	3
Württemberg	1	1	–	2
Rheinland-Pfalz-Saar	1	1	–	2
Bayern	–	1	–	1
Mecklenburg	–	1	–	1
Deutschland	**38**	**46**	**5**	**89**
Niederlande	17	16	–	33
Frankreich	1	18	11	30
Irland	–	9	16	25
England	–	1	15	16
Belgien	3	9	–	12
Schweden	5	4	3	12
Neuseeland	–	2	9	11
Argentinien	–	7	2	9
Australien	–	3	5	8
Brasilien	–	1	6	7
Dänemark	3	3	–	6
Ungarn	–	–	4	4
Italien	1	–	2	3
Spanien	2	–	–	2
Polen	–	–	1	1
Schweiz	–	–	1	1
Vollblut weltweit	–	9	37	46
Anglo-Araber weltweit	–	1	7	8
unbekannt	–	5	2	7
gesamt	**71**	**133**	**126**	**330**

durch das relativ hohe Durchschnittsalter der vierbeinigen Athleten unterstrichen und auch dadurch, daß auftretende gesundheitliche Probleme auch mit erkennbaren Stellungsfehlern verbunden waren.

Vielseitigkeit

In der Vielseitigkeit dominierten die Vollblüter sehr deutlich. Die in dieser Disziplin geforderte Leistung, eine Kombination zwischen Ausdauerleistung und Schnelligkeit, die weder an das Springvermögen noch an die Springmanier und Vorsichtigkeit der Pferde höchste Anforderungen stellt, wird auch in Zukunft dafür sorgen, daß der Vollblüter bzw. das Pferd mit einem sehr hohen Vollblutanteil dem Warmblüter überlegen bleibt. Lediglich die französische Equipe war vorwiegend mit Angloarabern beritten, auch diese jedoch mit hohem Vollblutanteil.

Die deutsche Pferdezucht war nach dem Ausfall von Valesca (Volturno / Admiral, Hannover) nur mit 5 Pferden vertreten und zwar in der neuseeländischen Bronze-Equipe durch den Neuseeländer mit rein Trakehner-Abstammung Jägermeister (Polarschnee (Trak.) / Just Luck xx) und in der an vierter Stelle plazierten französischen Mannschaft ebenfalls durch einen Trakehner, Summer Song (Fleetwater Opposition/ Welton Gameful). Für Polen startete mit Visa der zweite Volturnosohn (Mutter von Gralsritter, Hannover). Die deutschen Reiter brachten mit White Girl (Bajar (ShA)/ Marengo) einen weiteren Trakehner und mit Amadeus den Lichtblick dieser Spiele für unsere Zucht und Vielseitigkeitsreiterei. Dieser hannoversche Sohn von Afrikaner aus einer Servusmutter läßt weder von der Abstammung noch vom Typ her das Herz eines Vielseitigkeitsreiters auf den ersten Blick höher schlagen. Der braune Wallach besticht jedoch durch seine Ehrlichkeit, sein Spring- und vor allem durch sein Galoppiervermögen. Mit unglaublicher Leichtigkeit bewältigte er die Hinderniskombinationen, hatte keine Schwierigkeiten mit der ständig auf- und abwärts verlaufenden Strecke und galoppierte frisch in der Manier eines Vollblutpferdes ins Ziel.

Die Gründe für die geringe Vertretung der deutschen Zuchtprodukte sind offensichtlich. Die starke Konzentration unserer Zucht auf die beiden dominierenden Disziplinen Dressur und Springen sowie die verständliche aber gefährliche Zurückhaltung unserer Züchter bei der Benutzung des Vollbluthengstes sind eindeutig eine der Ursachen. Hinzu kommt als Tatsache, daß der vielversprechende Vollblutnachkomme aus deutscher Zucht den Dressur- und Springreitern lieb und teuer ist und somit nicht in der entsprechenden Anzahl in den Vielseitigkeitssport kommt.

Das wird, wenn unsere Zuchtverbände in der Zukunft sich unserer Vielseitigkeitsreiter nicht in verstärktem Maße annehmen, auch so bleiben. Die Möglichkeit hierzu besteht sowohl vom Zuchtmaterial als auch von den finanziellen Möglichkeiten her. Ansätze hierzu gibt es. Aber auch für den einzelnen Züchter besteht die Möglichkeit, durch den gezielten Einsatz von Vollblütern auf blutgeprägten Müttern den Vorstoß in den Hochleistungssport dieser Disziplin zu schaffen. Das Ziel, auch in dieser Disziplin wieder mit deutschen Pferden erfolgreich vertreten zu sein, wird jedoch nicht erreicht werden, wenn man dieses dem Zufall überläßt, im übrigen eine Parallele zur Situation unseres Sports in dieser Disziplin.

Dressur

Während in Barcelona ein Trend vom kalibrigen zum edlen Warmblüter zu beobachten war, so kann für Atlanta diese Aussage keineswegs aufrecht erhalten werden. Selten war der Unterschied im Typ zwischen den in der Verfassungsprüfung vorgestellten Vielseitigkeitspferden und den Dressurpferden so überdeutlich. Auffallend war auch die hohe Bewegungsqualität der vorwiegend aus deutscher Zucht stammenden Pferde. Sehr sympathisch, jedoch im Vergleich hierzu, vor allem durch den Bewegungsablauf mit hohem Kniebug, nahezu exotisch, stellten sich die drei Andalusier der spanischen Equipe dar. Die an erster bis zehnter Stelle plazierten Pferde stammten ausnahmslos aus Deutschland (4 x Hannover, 3 x Westfalen, 1 x Oldenburg, 1 x Trakehner, 1 x Rheinland-Pfalz-Saar). Bei dreien dieser Pferde war der Vollblüter als Vater der Mutter zu verzeichnen (Praefectus, Busoni, More Magic). Verfolgt man die Liste der gestarteten Pferde weiter, so ist eigentlich nur noch die holländische Pferdezucht zu erwähnen, ein überdeutlicher Beweis für die gegenseitige Befruchtung von Zucht und Sport auch in dieser Disziplin.

Hervorzuheben ist die hannoversche G-Linie, vertreten durch Grundstein I mit 3 und Graditz, Graphit und Grunewald mit je einem Nachkommen. Grande selbst erscheint noch einmal als Muttervater. Der Trakehner Hengst Mahagoni ist mit 2 Nachkommen vertreten.

Der Gewinner der Goldmedaille, Nobilis Gigolo FRH, der im Stand die Blicke nicht aller Pferdeenthusiasten auf sich zieht, wird mit dem ersten Tritt zur strahlenden Erscheinung. Er besticht durch alle drei Grundgangarten, vor allem jedoch durch die ungeheure Leichtigkeit, mit der er die schwierigsten Lektionen im absoluten Gleichgewicht kämpferisch und athletisch bewältigt.

Besondere Erwähnung finden soll auch Louise Nathhorsts „Walk on Top", denn er war auf den Bundeschampionaten zweimal Vizechampion: 1989 als vierjähriges Reit- und 1990 als fünfjähriges Dressurpferd.

Vielseitigkeit – Medaillengewinner

Mannschaftswertung

Gold (AUS)	Sunburst xx	v. Straight as a Die xx	xx/USA
	True Blue Girdwood xx	v. Loosen Up xx	xx/USA
	Peppermint Grove xx	v. Fion Barr xx	xx/AUS
	Darien Powers	v. Christophle	AWSH
Silber (USA)	Biko xx	v. Beau Charmer xx	xx/IRL
	Giltedge xx	v. Glenbar xx	xx/IRL
	Heyday xx	v. Babamist xx	xx/USA
	Nirvana xx	v. Hawkins Special xx	xx/USA
Bronze (NZL)	Chesterfield xx	v. Haaji xx	xx/NZL
	Jägermeister II	v. Polarschnee/Trak.	NZSH/Trak.
	Broadcast News	v. Time'l tell xx	NZSH
	Bounce xx	v. Mr. Lee xx	xx/NZL

Einzelwertung

Gold	Ready Teddy xx	v. Brillant Invader xx	xx/NZL
Silber	Squirrel Hill xx	v. Telereign xx	xx/NZL
Bronze	Out and About xx	v. La Moun Rullah xx	xx/USA

Springen

Von 82 in der 1. Qualifikation gestarteten Pferde kamen 30 (= 37 %) aus Deutschland, davon 13 aus Hannover, 10 aus Holstein, 3 aus Westfalen, 2 aus Bayern und je einer aus dem Rheinland und aus Mecklenburg. Die französische Zucht stellte 12, die belgische 10, die holländische 8 und die irische 4. Auffallend gering mit nur 5 Pferden vertreten ist die Vollblutzucht weltweit. Die zunehmend höheren technischen Anforderungen im Parcours, die nur von Pferden mit optimaler Beintechnik und guter Rittigkeit zu erfüllen sind, kommen den gezielt auf Spezialeignung ausgerichteten Warmblutrassen entgegen. Ein Blick auf die Pedigrees der Pferde zeigt dann auch, daß sich bei den Olympiateilnehmern die bekannten Springlinien häufen. Ramiro erscheint nicht nur zweimal bei den Vollgeschwistern Ratina Z und Renommee Z (Züchter: Leon Melchior) als Vater, sondern darüber hinaus ein drittes Mal in der Anpaarung an eine Almé-Tochter (Robin Z) sowie über seinen Sohn Rasso zweimal als väterlicher und weiterhin zweimal als mütterlicher Großvater. Grannus stellte 2 Söhne. Die bekannten Springlinien Holsteins und Hannovers waren auch in den Pedigrees von Pferden aus zahlreichen ausländischen Zuchtgebieten wiederzufinden. Besonders hervorzuheben ist hierbei die holsteiner Zuchtstätte von Jorge Gerdau Johannpeter in Porto Allegre, Brasilien, aus der 3 Pferde stammten.

Wiedersehen gefeiert wurde mit zwei Bundeschampions, nämlich dem von 1989, Gaston (Grannus/Wohlgemut, Hannover), geritten von Valerio Sozzi, Italien, und dem von 1990, Alcazar (Argentan/Wiesenbaum, Hannover) unter dem Sattel des Japaners Kenji Morimoto.

Die Springpferde waren typenmäßig wie immer äußerst unterschiedlich; dennoch dominierte das schwerere Warmblutpferd nicht im gleichen Maße wie in der Dressur.

Die überragende Pferdepersönlichkeit in dieser Disziplin war ohne Zweifel Sprehe Ratina Z, die alle Parcours fehlerfrei und im selben Stil, in dem sie in diesem Jahr den Großen Preis von Aachen gewann, bewältigte. Sie war die Favoritin für die Goldmedaille, bis sie verletzungsbedingt vor dem Einzelspringen ausfiel. Das Goldmedaillenpferd, der französisch gezogene und belgisch geborene Jus de Pommes, durchaus dem schweren Kaliber zuzuordnen, besticht durch seine Manier und vor allem seine beispielhafte Beintechnik in jeder Situation.

Dressur – Medaillengewinner, Einzelwertung bis 10. Platz

Mannschaftswertung

Gold (GER)	Nobilis Gigolo FRH	v. Graditz/Busoni xx	Hann.
	Grunox	v. Grunewald/Absatz	Westf.
	Goldstern	v. Weinberg/Direx	Westf.
	ESGE-Durgo	v. Degen/Grünhorn III	Westf.
Silber (NED)	Cameleon Bonfire	v. Welt As/Praefectus xx	Old.
	Weyden	v. Western Star/Grande	Hann.
	Olympic Dondolo	v. Don Carlos /Vierzehnender xx	Old.
	Olympic Barbria	v. Dornto/Amor	KWPN
Bronze (USA)	Peron	v. Mahagoni/Coktail	Trak.
	Graf George	v. Graphit/More Magic xx	Hann.
	Udon	v. Darling Boy xx	KWPN
	Metallic	v. Uniform/Nepal	KWPN

Einzelwertung

Gold	Nobilis Gigolo FRH	v. Graditz/Busoni xx	Hann.
Silber	Cameleon Bonfire	v. Welt As/Praefectus xx	Old.
Bronze	Weyden	v. Western Star/Grande	Hann.
4. Platz	Grunox	v. Grunewald/Absatz	Westf.
5. Platz	Peron	v. Mahagoni/Cocktail	Trak.
6. Platz	Goldstern	v. Weinberg/Direx	Westf.
7. Platz	Lucky Lord	v. Lord/Angriff	Rheinl.-Pf.-Saar
8. Platz	Graf George	v. Graphit/More Magic	Hann.
9. Platz	ESGE-Durgo	v. Degen/Grünhorn III	Westf.
10. Platz	Walk on Top	v. Wenzel/Absatz	Hann.

Springen – Medaillengewinner

Mannschaftswertung

Gold (GER)	Sprehe Ratina Z	v. Ramiro/Almé	Hann.
	For Pleasure	v. Furioso II/Grannus	Hann.
	Opstalan's Jus de Pommes	v. Primo des Bruyéres/Caritchou AA	Belg. Warmblut
	San Patrignano Joly	v. Major de la Cour/Un Bonheur	Belg. Warmblut
Silber (USA)	Eros xx		Vollblut
	Extreme	v. Wolfgang/Swap xx	KWPN
	Legato	v. Jasper/Farn	KWPN
	Rhum	v. Lys de la Fosse/Digne Espoir	Selle Francaise
Bronze (BRA)	Aspen	v. Lorado	Holst.(Bras.)
	Calai	v. Calando/Lord	Holst.(Bras.)
	Cassiana	v. Caletto II/Silbersee	Holst.(Bras.)
	Tomboi	v. Coervers xx	Irisches Sportpferd

Einzelwertung

Gold	Opstalan's Jus de Pommes	v. Primo des Bruyéres/Caritchou AA	Belg. Warmblut
Silber	Calvaro	v. Cantus/Merano	Holst.
Bronze	Rochéz M	v. Jalisco B/Le Tyrol xx	Selle Francaise

Amadeus

geb. 1986
v. Afrikaner, Servus
Z.: Hermann Gerken, Hepstedt

Sympathischer Wallach im betonten Rechteckformat stehend; gut bemuskelte, lange Halsung; hervorragend gelagerte, lange Schulter; passende Gliedmaßen; herausragende Galoppade.

White Girl

geb. 1983
v. Bajar, Marengo
Z.: Sibbert Lorenzen, Medelby

Edle Stute mit viel Rasse- und Geschlechtstyp; stark ausgeprägter Widerrist; feines, jedoch klares Fundament; trotz wenig ausgeprägter Winkelung im Hinterbein gute Grundgangarten mit besonders räumender Galoppade.

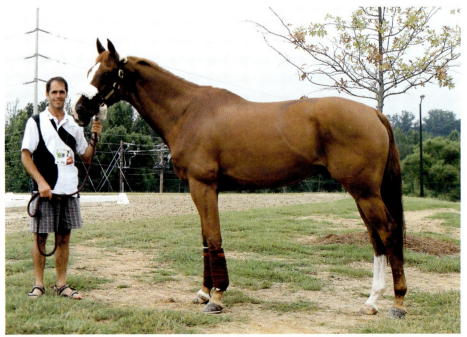

Ready Teddy

geb. 1988
v. Brillant, Invader xx
Z.: Neuseeland

Der in Neuseeland geborene Vollblutsohn gewann unter Blyth Tait die Goldmedaille in überzeugendem Stil. Er steht hier als Prototyp des für die Vielseitigkeit hervorragend geeigneten vom englischen Vollblüter geprägten Pferdes: großrahmig, mit bedeutenden Partien, starkem Fundament, drei guten Grundgangarten und bei aller Leistungsbereitschaft Gelassenheit ausstrahlend.

Rembrandt Borbet

geb. 1977
v. Romadour II, Angelo xx
Z.: Herbert de Baey, Lemgo

Modellathlet, sehr gute Oberlinie, besonders gut gelagerte, lange Schulter; passendes Fundament mit ausgeprägten Gelenken; sehr gute Grundgangarten, stets durch die besondere Aktivität der Hinterhand geprägt.

Peron

geb. 1984
v. Mahagoni, Coktail
Z.: Hans-Ernst Wezel, Burgkirchen

Ausdrucksstarker Hengst der Trakehner Zucht, innerhalb dieser er mehr zum stärkeren Kaliber zählt; ruhiges, klares Auge als Ausdruck seiner Gelassenheit, die ihn im Wettkampf auszeichnet.

Nobilis Gigolo FRH

geb. 1983
v. Graditz, Busoni xx
Z.: Horst Klussmann, Parsau

Besonders großliniger Fuchswallach mit Leistungskopf; gute Halsung mit leichtem Genick; sehr aktive Hinterhand; im Vergleich zu Barcelona ist Gigolo noch athletischer geworden, wodurch er sich auch in den schwierigsten Lektionen mit verblüffender Leichtigkeit bewegt.

Grunox

geb. 1981
v. Grunewald, Absatz
Z.: Bärbel Lehmkuhl, Ganderkesee

Gute Bemuskelung und viel Ausdruck sind die besonderen Merkmale dieses harmonischen Grunewaldsohnes; ausgeprägte Schulter und langer Oberarm in Verbindung mit einer gut gewinkelten Hinterhand führen zu elastischen und raumgreifenden Bewegungen.

ESGE-Durgo

geb. 1984
v. Degen, Grünhorn III
Z.: Heinrich Preis, Holzwickede

Vater und Großvater mütterlicherseits haben ihm den Typ, der das heutige Zuchtziel keineswegs verkörpert, in die Abfohlbox gelegt; seine kräftig gebaute Hinterhand versetzt ihn in guter Form in die Lage, mit seinem Kaliber leichtfüßig umzugehen.

Goldstern

geb. 1981
v. Weinberg, Direx
Z.: Willi Altemeier, Delbrück

Solider Wallach mit „Leistungskopf". Der kalibrige Goldstern wirkt durch seine ausgeprägte Leichtfüßigkeit in der Bewegung. Gut gelagerte Schulter; harmonische Oberlinie; optimale Winkelung der Hinterhand; starkes und korrektes Fundament.

Sprehe Ratina Z

geb. 1982
v. Ramiro, Almé
Z.: Leon Melchior, Zangersheide

Mittelrahmige Stute, deren herausragende Qualitäten sich erst im Parcours offenbaren; gut gestelltes Vorderbein, leichte Mängel in der Stellung des Hinterbeines.

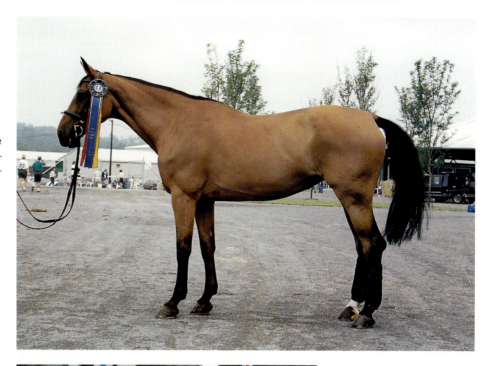

For Pleasure

geb. 1986
v. Furioso, Grannus
Z.: Robert Diestel, Adelheidsdorf

Kalibriger, dabei nobler und ausdrucksvoller Sohn des Springvererbers Furioso; starkes und korrektes Fundament, gute, elastische Grundgangarten.

Gaston M

geb. 1983
v. Grannus, Wohlgemut
Z.: U. Harlammert, Lienen

Der Bundeschampion von 1989 bestach durch seine Manier und Technik in jeder Situation. Unter Valerio Sozzi sprang er in Atlanta für Italien.

Alcazar

geb. 1984
v. Argentan, Wiesenbaum xx
Z.: H. Klingworth, Bargstedt

Durch sein außergewöhnliches Springvermögen konnte sich der großrahmige Vollblutenkel – Bundeschampion 1990 – auch in schwierigen Situationen helfen. In Atlanta sattelte ihn Kenji Morimoto für Japan.

Gestartete deutsche Pferde bei den Olympischen Spielen in Atlanta

Pferd	Abstammung	Züchter	Zuchtverband	Reiter	Start für Land
Disziplin Vielseitigkeit					
Amadeus	Afrikaner - Servus	Hermann Gerken, Hepstedt	Hannover	Hendrik von Paepke	Deutschland
Viva	Volturno - Gralsritter	Johannes de Wall, Grossheide	Hannover	Rafael Choynowski	Polen
White Girl TSF	Bajar /Ar. - Marengo	Sibbert Lorenzen, Medelby	Trakehner	Peter Thomson	Deutschland
Disziplin Dressur					
Akazie	Aktuell - Perfekt I	G. u. K. Traube, Bleckenstedt	Hannover	Dominique Brieussel	Frankreich
Aquamarin	Pakt - Benedikt	Gudrun Waltermann, Sendenhorst	Westfalen	Christine Stückelberger	Schweiz
Brillant	Barsoi xx - Steppentraum	Dieter Otto, Butjadingen	Oldenburg	Beatriz Ferrer Salat	Spanien
Cameleon Bonfire	Welt As - Praefectus xx	Karl-Bernd Westerholt, Lemwerder	Oldenburg	Anky van Grunsven	Niederlande
Caprice	Calypso I - Ladykiler xx	E.A. Gravert, Borsfleth	Holstein	Tinne Wilhelmson	Schweden
ESGE-Durgo	Degen - Grünhorn III	Heinrich Prein, Holzwickede	Westfalen	Martin Schaudt	Deutschland
Faible	Frühlingsrausch - Steinberg	Josef Woermann, Rheine	Westfalen	Arlette Holsters	Belgien
Fiffikus	Frühlingsrausch - Dolorit	Helmut Voskort, Saerbeck	Westfalen	Fausto Puccini	Italien
Gilbona (Res.)	Grundstein I - Thymian xx	Gustav Meiners, Lotte	Hannover	Leonie Bramall	Kanada
Goldstern	Weinberg - Direx	Willi Altemeier, Delbrück	Westfalen	Klaus Balkenhol	Deutschland
Graf George	Graphit - More Magic xx	Klaus Schridde sen., Peine	Hannover	Günter Seidel	USA
Grunox	Grunewald - Absatz	Bärbel Lehmkuhl, Ganderkesee	Hannover	Monica Theodorescu	Deutschland
Lavinia	Ludendorff - Dirk	Gerd Lühr, Borgholzhausen	Hannover	Evi Strasser	Kanada
Liebenberg	Leibwächter I - Absatz	Hubert Knigge, Ahlden	Hannover	Pia Laus	Italien
Lucky Lord	Lord - Angriff	Lothar Völz, Wöhrden	Rh.-Pfalz-Saar	Margit Otto-Crepin	Frankreich
Marlon	Mahagoni - Donauwind	Kinderheim Leppermühle, Busek	Oldenburg	Marie Héléne Syre	Frankreich
Merlin TSF	Arrak - Sonnenglanz	Stephan Boehn, Horneburg	Trakehner	Caroline Hatlapa	Österreich
Mosaic	Witzbold - Sharam	Neuseeland	Hannover	Mary Hanna	Australien
Nobilis Gigolo FRH	Graditz - Busoni xx	Horst Klussmann, Parsau	Hannover	Isabell Werth	Deutschland
Olympic Dondolo	Don Carlo - Vierzehnender xx	Edehard Latsch, Edewecht	Oldenburg	Gonnelien Rothenberger	Niederlande
Peron TSF	Mahagoni - Coktail	Hans-Ernst Wezel, Gestüt Schralling	Trakehner	Michelle Gibson	USA
Rembrandt Borbet	Romadour II - Angelo xx	Herbert de Baey, Hamminkeln	Westfalen	Nicole Uphoff-Becker	Deutschland
Walk on Top	Wenzel I - Absatz	Heinrich Engelke, Dörverden	Hannover	Louise Nathhorst	Schweden
Weyden	Western Star - Grande	Chr. u. W. Köllner, Bodenteich	Hannover	Sven Rothenberger	Niederlande
World Cup	Wendland I		Westfalen	Tom Dvorak	Kanada
Disziplin Springen					
Adelfos	Athlet Z - Caletto I	Brasilien	Holstein	Markus Fuchs	Schweiz
Advantage	Dynamo - Pikör	Johannes Brunkhorst, Selsingen	Hannover	Linda Southern-Heathcott	Kanada
Alcazar	Argentan I - Wiesenbaum xx	H. Klintworth, Bargstedt	Hannover	Kenji Morimoto	Japan
Arisco Aspen	Lorado	Brasilien	Holstein	Alvaro Miranda Neto	Brasilien
Calei	Calandus - Lord	Brasilien	Holstein	André Johannpeter	Brasilien
Calvaro	Cantus - Merano	Ilse Hell, Klein Offenseth	Holstein	Willi Melliger	Schweiz
Carthago	Capitol I - Calando I	Erhard Krampitz, Epenwöhrden	Holstein	Jos Lansink	Niederlande
ET FRH	Espri - Garibaldi II	Detlef Saul, Bremerhaven	Hannover	Hugo Simon	Österreich
Eileen	Ehrensold - Rubin		Rheinland	Arnaldo Bologni	Italien
Elute	Eiger I - Westgote	Gabriele Pohlmann, Berlin	Hannover	Mac Cone	Kanada
For Pleasure	Furioso II - Grannus	Robert Diestel, Adelheidsdorf	Hannover	Lars Nieberg	Deutschland
Future Vision	General I - Antar	Hans Hoffrogge, Dorsten	Westfalen	Daniel Meech	Neuseeland
Gaston M	Grannus - Wohlgemut	U. Haarlammert, Lienen	Hannover	Valerio Sozzi	Italien
Genius	Genever - Don Carlos	Hubert Haverbusch, Berge	Hannover	Jose Madariaga	Mexico
Landlord Z	Landgraf I - Sacramento Song xx	Gerda Sahling, Hitzhusen	Holstein	Frederico Castaing	Argentinien
Let's Talk About	Don Juan - Ramiro	Horst Erxleben, Bienenbüttel	Hannover	Ramzy Al-Duhami	Saudi-Arabien
Missouri	Mistral II - Intendant	LPG Helle Zukunft, Berge	Mecklenburg	Kamal Bahamdan	Saudi-Arabien
Racal B	Rasso - Calypso I	H. Sommer, Simbach	Bayern	Helmut Morbitzer	Österreich
Robin Z I	Ramiro - Almé Z	Leon Melchior, Zangersheide	Hannover	Peter Eriksson	Schweden
Samantha	Silvester - Marlon xx	Waldemar Beuck, Rodenbeck	Holstein	Bert Romp	Niederlande
Showtime	Pilot - Dragoner	Manfred Ebbesmeier, Delbrück	Westfalen	Nick Skelton	Großbritannien
Sprehe Ratina Z	Ramiro - Almé Z	Leon Melchior, Zangersheide	Hannover	Ludger Beerbaum	Deutschland
Top Gun	Grannus - Winnetou	Fritz Holz, Herzlake	Hannover	Jan Tops	Niederlande
Two Step	Polydor - Fröhlich	Günter Schult-Schürmann, Schermbeck	Westfalen	Michael Whitaker	Großbritannien

Starterliste Military – Mannschaftswettbewerb

Reiter (Geb.-Jahr)	Nation	Pferd (Alter, Geschlecht)	Abstammung	Zuchtgebiet
1. Blyth Tait (1960)	NZL	Chesterfield xx (10,W.)	Haajii xx	Neuseeland
2. Ian Stark (1954)	GBR	Stanwick Ghost xx (10,W.)	Grey Ghost xx	Großbritannien
3. Luis Alvarez-Cervera (1947)	ESP	Pico's Nippur (9,W.)	Pequeno Tell	Argentinien
4. David Foster (1955)	IRL	Duneight Carnival (13,W.)	Carnival Night xx	Irland
5. Ranieri Campello (1962)	ITA	Mill Bank (13,W.)		Australien
6. Paula Tornovist	SWE	Monaghan (13,W.)		Irland
7. Serguel Fofanoff (1968)	BRA	Kaiser Eden (17,W.)		Brasilien
8. Kazuhiro Iwatani (1964)	JPN	Sejane de Vozerier (12,S.)		Frankreich
9. Bodo Battenberg (1963)	GER	Sam the Man (8,W.)	Stan the Man xx	Irland
10. Marie-Christine Duroy (1957)	FRA	Yarlands Summer Song (10,S.)	Fleetwater Opposition	Großbritannien
11. Wendy Schaeffer (1974)	AUS	Sunburst xx (16,W.)	Straight As A Die xx	Australien
12. Rafal Choynowski (1961)	POL	Viva 5 (9,S.)	Volturno	Hannover
13. Christoph Meier (1952)	SUI	Hunter V (14,W)		Irland
14. Gabor Schaller (1966)	HUN	Albattrosz (11,H.)	Aldato 151	Ungarn
15. Karen O'Conner (1958)	USA	Biko (12,W.)	Beau Charmer xx	Irland
16. Therese Washtock (1963)	CAN	Aristotle xx (9,W.)	Super Seven	Kanada
17. Andrew Nicholson (1961)	NZL	Jägermeister II (10,W.)	Polarschnee	Neuseeland
18. William Fox-Pitt (1969)	GBR	Cosmopolitan II (9,W.)	Penistone xx	Irland
19. Santiago Centenera (1961)	ESP	Just Dixon (14,W.)		Großbritannien
20. Virginia McGrath (1965)	IRL	The Yellow Earl (11,W.)	Ducky	Irland
21. Giacomo Della Chiesa (1962)	ITA	Diver Dan (13,W.)		Neuseeland
22. Linda Algotsson (1972)	SWE	Lafayette (15,W.)	Labrador	Schweden
23. Sidney de Souza	BRA	Avalon da Mata (8,H.)		Brasilien
24. Masaru Fuse	JPN	Talisman de Jarry (11,W.)		Frankreich
25. Jürgen Blum (1956)	GER	Brownie McGee (14,W.)		Großbritannien
26. Rodolphe Scherer (1971)	FRA	Urane des Pins (10,W.)	Baly Rockette xx	Frankreich
27. Phillip Dutton (1963)	AUS	True Blue Girdwood xx (13,W.)	Loosen Up	Australien
28. Boguslaw Jarecki (1957)	POL	Polisa (10,W.)		Großbritannien
29. Marius Marro (1955)	SUI	Gai Jeannot CH (12,W.)		Schweiz
30. Attila Sos (1973)	HUN	Zsizsik (12,S.)	Aldato II	Ungarn
31. David O'Connor (1962)	USA	Gitedge xx (10,W.)	Glen Bar xx	Irland
32. Kelli McMullen Temple (1960)	CAN	Kilkenny xx (8,W.)		Irland
33. Vicky Latta (1951)	NZL	Broadcast News (13,W.)	Time L-Tell xx	Neuseeland
34. Gary Parsonage (1963)	GBR	Magic Rogue (12,W.)	Scindin Magic	Großbritannien
35. Javier Revuelta (1957)	ESP	Toby (12,W.)		Großbritannien
36. Alfie Buller (1957)	IRL	Sir Knight (12,W.)	Welsh Captain	Großbritannien
37. Lara Villata (1967)	ITA	Nikki Dow (11,W.)		Irland
38. Therese Olavsson	SWE	Hector T (9,W.)		Schweden
39. Andre Giovanini	BRA	Al do Beto (10,W.)		Brasilien
40. Yoshihiko Kowata (1965)	JPN	Hell at Dawn (9,W.)	Dawn Glory xx	England
41. Ralf Ehrenbrink (1960)	GER	Connection L (12,W.)		England
42. Koris Vieules (1970)	FRA	Tandresse de Canta (10,S.)	Impulsif AA	Frankreich
43. Gillian Rolton (1956)	AUS	Peppermint Grove (15,W.)	Fion Barr xx	Australien
44. Artur Spolowicz (1963)	POL	Hazard xx (11,W.)	Revlon Boy xx	Polen
45. Heinz Wehrli (1953)	SUI	Ping Pong (10,W.)		Irland
46. Pal Tuska (1957)	HUN	Zatony (12,S.)	Aldato II	Ungarn
47. Bruce Davidson (1950)	USA	Heydey xx (9,W.)	Babamist xx	USA
48. Claire Smith (1963)	CAN	Gordon Gibbons xx (11,W.)	Redman xx	Irland
49. Vaughn Jefferis (1960)	NZL	Bounce xx (12,W.)	Mr.Leigh xx	Neuseeland
50. Karen Dixon (1964)	GBR	Too Smart xx (10,W.)	Reformed Character xx	Großbritannien
51. Enrique Sarasola (1963)	ESP	New Venture (12,W.)		Niederlande
52. Eric Smiley (1951)	IRL	Enterprise (12,W.)	MacRocket xx	Irland
53. Nicola Delli Santi (1970)	ITA	Donnizetti (9,W.)		Neuseeland
54. Dag Albert (1969)	SWE	Nice N'Easy xx (12,W.)	Bassompierre xx	Irland
55. Luciano Miranda (1966)	BRA	Xilena (16,S.)	Gepera Punta Indio	Brasilien
56. Takeaki Tsuchiya	JPN	Right on Time (12,W.)		
57. Bettina Overesch-Böker (1962)	GER	Watermill Stream (13,W.)	Abergwiffy xx	Großbritannien
58. Jacques Dulcy	FRA	Upont (9,W.)	Le Pontet xx	Frankreich
59. Andrew Hoy (1959)	AUS	Darien Powers (13,W.)	Christophle	Australien
60. Boguslaw Owczarek (1965)	POL	Askar (8,H.)	Kwartet	Polen
61. Tibor Herczegfalvi (1954)	HUN	Lump (13,W.)	Aldato II	Ungarn
62. Jill Henneberg (1974)	USA	Nirvana xx (11,S.)	Hawkins Special xx	USA
63. Stuart Young-Black (1961)	CAN	Market Venture xx (10,W.)	Welton Apollo xx	Großbritannien

Starterliste Military – Einzelwettbewerb

	Reiter (Geb.-Jahr)	Nation	Pferd (Alter, Geschlecht)	Abstammung	Zuchtgebiet
1.	Herbert Blöcker (1943)	GER	MobilCom Kiwi Dream (10,W.)		Neuseeland
2.	Anita Nemtin (1970)	HUN	Kaesar (11,W.)	Captain Gerneral	Mexico
3.	Chris Hunnable (1964)	GBR	Mr Bootsie (10,W.)	Nelgonde xx	Irland
4.	Sally Clark (1958)	NZL	Squirrel Hill xx (12,W.)	Telereign	Neuseeland
5.	Mary King (1961)	GBR	King William (13,W.)	Nickel King	Großbritannien
6.	Constantin van Rijckevorsel	BEL	Otis xx (10,W.)	Shining Finish xx	Australien
7.	David O'Connor (1962)	USA	Custom Made (10,W.)	Bassompierre xx	Irland
8.	Javier Revuelta (1957)	ESP	Hoochi Koochi (9,W.)		Irland
9.	Marie-Christine Duroy (1957)	FRA	Ut du Placineau (10,W.)	Funny Hobby xx	Frankreich
10.	Peter Thomsen (1961)	GER	White Girl 3 (13,S.)	Bajar A	Trakehner
11.	Didier Willefert (1963	FRA	Seducteur Biolay (12,W.)	Pontoux xx	Frankreich
12.	David Foster (1955)	IRL	Tilt'N'Turn (10,W.)	Teaspoon xx	Irland
13.	Yoshihiko Kowata	JPN	Stars de Riols (10,W.)		Frankreich
14.	Juan Candisano	ARG	Remonta Ofrecido (10,W.)		Argentinien
15.	Kelli McMullen Temple (1960)	CAN	Amsterdam (11,W.)	Pericles	Irland
16.	Andrew Hoy (1959)	AUS	Gershwin xx (9,W.)	Certainly Sir xx	Australien
17.	Andrew Nicholson (1961)	NZL	Buckley Province xx (14,W.)	Twinkling Haste xx	Großbritannien
18.	Nils Haagensen (1955)	DEN	Troupier (12,H.)	Kalistos AA	Deutschland
19.	Nikki Bishop (1973)	AUS	Wishful Thinking xx (14,W.)	Bamboo xx	Australien
20.	Jean Teulere (1958)	FRA	Rodosto (13,W.)	Bois Mineau xx	Frankreich
21.	Ramon Beca (1953)	ESP	Persus II (10,W.)		Großbritannien
22.	Chelan Kozak (1969)	CAN	Soweto (13,W.)		Neuseeland
23.	Mara Depuy (1973)	USA	Hopper xx (13,W.)		Großbritannien
24.	Hendrik von Paepcke (1974)	GER	Amadeus (10,W.)	Afrikaner	Hannover
25.	Blyth Tait (1961)	NZL	Ready Teddy xx (8,W.)	Brilliant Invader xx	Neuseeland
26.	Enrique Sarasola (1963)	ESP	Rebaby (13,W.)	Prove it Baby	Frankreich
27.	Charlotte Bathe (1965)	GBR	The Cool Customer (16,W.)	The Gaffer xx	Großbritannien
28.	Indrajit Lamba	IND	Karishma (12,W.)		Argentinien
29.	Kerry Millikin (1961)	USA	Out and About xx (9,W.)	L'Amour Rullah xx	USA
30.	Piotr Piasecki (1952)	POL	Lady Naleczowianka (9,S.)	Royal Renown	Irland
31.	Roberta Gentini (1973)	ITA	Zigolo di San Calogero (11,W.)	Joeux Fleurion	Italien
32.	Shigeyuki Hosono	JPN	As du Perche (8,W)		Frankreich
33.	Marco Cappai (1973)	ITA	Night Court (11,W.)		Neuseeland
34.	Fredrik Jonsson (1972)	SWE	Ulfung (13,H.)	Ambassadeur	Schweden
35.	David Green (1960)	AUS	Chatsby (13,W.)	Sousa xx	Großbritannien
36.	Artemus de Almeida	BRA	Buryan (8,W.)	Remanso	Brasilien

Starterliste Dressur

	Reiter (Geb.-Jahr)	Nation	Pferd (Alter, Geschlecht)	Abstammung	Zuchtgebiet
1.	Paolo Giani Margi (1959)	ITA	Destino di Acciarella (15,W.)	Telfond	Italien
2.	Joanna Jackson (1970)	GBR	Mester Mouse (15,W.)	May Sherif	Dänemark
3.	Gyula Dallos (1950)	HUN	Aktion (14,H.)	Pion	Niederlande
4.	Rafael Soto (1957)	ESP	Invasor (7,H.)	Panadero	Spanien
5.	Robert Dover (1956)	USA	Metallic (11,W.)	Uniform	Niederlande
6.	Thomas Dvorak (1965)	CAN	World Cup (17,W.)	Wendland	Westfalen
7.	Eva Senn (1952)	SUI	Renzo (13,W.)	Wendekreis	Belgien
8.	Lars Petersen (1966)	DEN	Uffe Korshojgaard (11,H.)	Claudie Damsgaard	Dänemark
9.	Tinne Wilhelmsson (1967)	SWE	Caprice (15,S.)	Calypso	Holstein
10.	Isabell Werth (1969)	GER	Nobilis Gigolo FRH (13,W.)	Graditz	Hannover
11.	Suzanne Dunkley (1956)	BER	Elliot (11,W.)		Hannover
12.	Tineke Bartels-de Vries (1951)	NED	Olympic Barbria (13,S.)	Doruto	Niederlande
13.	Dominique D'Esme (1945)	FRA	Arnoldo (14,W.)	Purioso	Niederlande
14.	Fausto Puccini (1959)	ITA	Fiffikus (16,W.)	Frühlingsrausch	Westfalen
15.	Jana Bredin (1959)	GBR	Cupido (12,W.)	Kommandeur	Niederlande
16.	Beatriz Ferrer Salat (1966)	ESP	Brillant (12,W.)	Barsoi	Oldenburg
17.	Michelle Gibson (1969)	USA	Peron (12,H.)	Mahagoni	Trakehner
18.	Evi Strasser (1964)	CAN	Lavinia (11,S.)	Ludendorff	Hannover
19.	Kyra Kyrklund (1951)	FIN	Amiral (11,H.)	Napoleon	Schweden
20.	Hans Staub (1959)	SUI	Dukaat (11,W.)	Ronald	Niederlande

Starterliste Dressur

Reiter (Geb.-Jahr)	Nation	Pferd (Alter, Geschlecht)	Abstammung	Zuchtgebiet
21. Annette Solmell (1959)	SWE	Strauss (15,H.)	Hertingen	Schweden
22. Caroline Hatlapa (1958)	AUT	Merlin (13,W.)	Arrak	Trakehner
23. Klaus Balkenhol (1939)	GER	Goldstern (15,W.)	Weinberg	Westfalen
24. Sven Rothenberger (1966)	NED	Weyden (10,H.)	Western Star	Hannover
25. Margit Otto-Crepin (1945)	FRA	Lucky Lord (14,W.)	Lord	Rh.-Pfalz-Saar
26. Daria Fantoni (1942)	ITA	Sonny Boy (20,W.)	Jashin	Niederlande
27. Arlette Holsters (1961)	BEL	Faible (13,S.)	Frühlingsrausch	Westfalen
28. Vicky Thompson (1961)	GBR	Enfant (10,W.)	Ubis	Niederlande
29. Heike Holstein (1972)	IRL	Ballaseyr Devereaux (11,W.)		Niederlande
30. Nicole Uphoff-Becker (1967)	GER	Rembrandt Borbet (19,W.)	Romandour	Westfalen
31. Juan Matute (1961)	ESP	Hermes (12,W.)	Ferdinand	Belgien
32. Mary Hanna (1954)	AUS	Mosaic (13,W.)	Witzbold	Hannover
33. Steffen Peters (1964)	USA	Udon (18,W.)	Darling Boy	Niederlande
34. Leonie Bramall (1963)	CAN	Gilbona (14,S.)	Grundstein	Oldenburg
35. Christine Stückelberger (1947)	SUI	Aquamarin (9,H.)	Pakt	Westfalen
36. Ulla Hakansson (1937)	SWE	Bobby (10,H.)	Urbino	Schweden
37. Monica Theodorescu (1963)	GER	Grunox (15,W.)	Grunewald	Hannover
38. Anky van Grunsven (1968)	NED	Cameleon Bonfire (13,W.)	Welt As	Oldenburg
39. Dominique Brieussel (1963)	FRA	Akazie (12,S.)	Aktuell	Hannover
40. Pia Laus (1968)	ITA	Liebenberg (17,H.)	Leibwächter	Hannover
41. Richard Davison (1955)	GBR	Askari (9,W.)	Avignon	Niederlande
42. Ignacio Rambla (1964)	ESP	Evento (11,H.)	Leviton	Spanien
43. Günter Seidel (1960)	USA	Graf George (14,W.)	Graphit	Hannover
44. Gina Smith (1957)	CAN	Faust (9,W.)	Saluut	Niederlande
45. B.v. Grebel Schiendorfer (1950)	SUI	Ramar (11,W.)	Vanitas	Niederlande
46. Louise Nathhorst (1955)	SWE	Walk on Top (11,W.)	Wenzel	Hannover
47. Finn Hansen (1955)	DEN	Bergerac (11,W.)	Lagano	Dänemark
48. Joachim Orth	MEX	Bellini (15,W.)		Niederlande
49. Martin Schaudt (1958)	GER	ESGE-Durgo (12,W.)	Degen	Westfalen
50. Gonnelien Rothenberger (1968)	NED	Olympic Dondolo (12,W.)	Don Carlo	Oldenburg
51. Marie-Helene Syre	FRA	Marlon (13,W.)	Mahagoni	Oldenburg

Starterliste Springen

Reiter (Geb.-Jahr)	Nation	Pferd (Alter, Geschlecht)	Abstammung	Zuchtgebiet
1. Peter Eriksson (1959)	SWE	Robin Z (13,H.)	Ramiro Z	Belgien
2. Jerry Smit (1969)	ITA	Constantijn (12,W.)	Utrecht	Niederlande
3. Peter Charles (1960)	IRL	Beneton (11,W.)	Kat-Son	Belgien
4. Kenji Morimoto	JPN	Alcazar (12,W.)	Argentan I	Hannover
5. Alexandra Ledermann (1969)	FRA	Rochet M (13,W.)	Jaliso B	Frankreich
6. Luiz Felipe Azevedo (1947)	BRA	Cassiana (13,S.)		Brasilien
7. Willi Melliger (1953)	SUI	Calvaro (10,W.)	Cantus	Holstein
8. Alenjandro Jorda (1955)	ESP	Hernando du Sablon (12,W.)	Golfish de Lanzalle	Niederlande
9. L. Southern-Heathcott (1963)	CAN	Advantage (13,W.)	Dynamo	Hannover
10. Ricardo Kierkegaard	ARG	Renomme Z (9,S.)	Ramiro Z	Hannover
11. Thomas Metzger (1959)	AUT	Royal Flash (9,W.)	Zortin	Niederlande
12. Franke Sloothaak (1958)	GER	San Patrignano Joly (10,W.)	Majar de la Cour	Belgien
13. Peter Leone (1960)	USA	Legato (10,W.)		Belgien
14. Stanny van Paesschen (1957)	BEL	Mulga Bill (10,W.)		Australien
15. Emile Hendrix (1955)	NED	Finesse (9,S.)	Voltaire	Niederlande
16. Alfonso Romo (1950)	MEX	Flash (12,W.)		Irland
17. David Cooper (1970)	AUS	Red Sails xx (14,W.)	Tyrono xx	Australien
18. Manuel Torres (1958)	COL	Cartagena (10,S.)		Holstein
19. Nick Skelton (1957)	GBR	Show Time (11,S.)	Pilot	Westfalen
20. Malin Bayard (1975)	SWE	Corrmint (11,W.)	Cortez	Schweden
21. Natale Chiaudani (1960)	ITA	Rheingold de Luyne (12,S.)	Francasse	Frankreich
22. Jessica Chesney (1969)	IRL	Diamond Exchange (13,W.)	Diamond Serpent	Irland
23. Denise Cojuangco (1961)	PHI	Chouman (14,W.)	Irco Marco	Schweden
24. Antonio Vozone (1960)	POR	Mr Cer (12,W.)		Belgien
25. Takeshi Shirai	JPN	Vicomte du Mesnil (9,W.)	Count Ivor	Frankreich

Starterliste Springen

Reiter (Geb.-Jahr)	Nation	Pferd (Alter, Geschlecht)	Abstammung	Zuchtgebiet
26. Patrice Delaveau (1965)	FRA	Roxane de Gruchy (13,S.)	Le Sartillais	Frankreich
27. Alvaro Miranda Neto (1973)	BRA	Aspen (11,W.)	Lorado	Holstein
28. Beat Mändli (1969)	SUI	City Banking (9,W.)	Saygon	Belgien
29. Fernando Sarasola (1966)	ESP	Ennio (10,W.)	Nurzeus	Niederlande
30. Christopher Delia (1971)	CAN	Silent Sam (10,W.)		Dänemark
31. Justo Albarracin (1951)	ARG	Dinastia Pampero (10,W.)		Hannover
32. Helmut Morbitzer (1955)	AUT	Racal (10,W.)	Rasso	Bayern
33. Lars Nieberg (1963)	GER	For Pleasure (10,H.)	Furioso II	Hannover
34. Leslie Burr-Howard (1956)	USA	Extreme (9,S.)	Wolfgang	Niederlande
35. Michel Blaton (1957)	BEL	Revoulino (13,W.)	Jalisco	Frankreich
36. Jan Tops (1961)	NED	Top Gun (14,W.)	Grannus	Hannover
37. Jose Madariaga (1968)	MEX	Genius (13,W.)	Genever	Hannover
38. Ramzy Al-Duhami	KSA	Let's talk about (8,W.)	Don Juan	Hannover
39. Alejandro Davila	COL	Ejemplo (9,W.)		Argentinien
40. Jennifer Parlevliet (1960)	AUS	Another Flood xx (11,W.)		Australien
41. Michael Whitaker (1960)	GBR	Two Step (13,W.)	Polydor	Westfalen
42. Rolf-Goran Bengtsson (1962)	SWE	Paradiso (13,W.)	Sandro	Dänemark
43. Valerio Sozzi (1968)	ITA	Gaston M (13,W.)	Grannus	Hannover
44. Damian Gardiner (1968)	IRL	Arthos (12,W.)	Orthos	Niederlande
45. Taizo Sugitani (1976)	JPN	Countryman (17,W.)	Hard Study xx	Irland
46. Herve Godignon (1952)	FRA	Viking du Tillard (9,W.)	Narcos II	Frankreich
47. Andre Johannpeter (1963)	BRA	Calei (10,W.)	Calandus	Holstein
48. Urs Fah (1964)	SUI	Jeremia (10,S.)	Fantastique	Belgien
49. Rutherford Latham (1954)	ESP	Sourire d'Aze (12,W.)	Uriel	Frankreich
50. Malcolm Cone (1953)	CAN	Elute (11,H.)	Eiger I	Hannover
51. Oscar Fuentes	ARG	Henry J.Speed (9,H.)		Argentinien
52. Martin Bauer (1963)	AUT	Remus (9,W.)	Jasmin	Frankreich
53. Ulrich Kirchhoff (1967)	GER	Opstalan's Jus de Pommes (10,H.)	Primo de Bruyeres	Belgien
54. Anne Kursinski (1959)	USA	Eros (10,W.)		Australien
55. Eric Wauters (1951)	BEL	Bon Ami (11,W.)	Elegant de Lulle	Belgien
56. Bert Romp (1958)	NED	Samantha (14,S.)	Silvester	Holstein
57. Antonio Chedraui	MEX	Elastique (10,W.)	Pik Bauer	Belgien
58. Kamal Bahamdan	KSA	Missouri (14,W.)	Mistral II	Mecklenburg
59. Russell Johnstone (1965)	AUS	Southern Contrast xx (11,W.)	Segoulan Rhythm xx	Neuseeland
60. Geoff Billington (1955)	GBR	It's Otto (10,W.)	Sultan	Niederlande
61. Maria Gretzer (1958)	SWE	Marcoville (15,S.)	Irco Marco	Schweden
62. Arnaldo Bologni (1960)	ITA	Eileen (12,S.)	Ehrensold	Rheinland
63. Eddie Macken (1949)	IRL	Schalkhaar (14,W.)	Schalkhaar	Niederlande
64. Alexander Earle	PUR	Same Old Song (10,W.)	Royal Roberts xx	USA
65. Miguel Leal	POR	Surcouf de Revel (12,H.)	Jalisco	Frankreich
66. Yoshihiro Nakano	JPN	Sisal de Jalesnes (12,H.)	Jalisco	Frankreich
67. Roger-Yves Bost (1965)	FRA	Souviens Toi (12,H.)	Livarot	Frankreich
68. Rodrigo Pessoa (1972)	BRA	Tomboy (13,W.)	Coevers xx	Irland
69. Markus Fuchs (1955)	SUI	Adelfos (13,H.)	Athlet Z	Holstein
70. Pedro Sanchez (1966)	ESP	Riccarda (9,S.)	Ramiro As	Odenburg
71. Ian Millar (1947)	CAN	Play it again (9,W.)	Voltaire	Niederlande
72. Federico Castaing	ARG	Landlord Z (12,H.)	Landgraf I	Holstein
73. Hugo Simon (1942)	AUT	ET (9,W.)	Espri	Hannover
74. Ludger Beerbaum (1963)	GER	Sprehe Ratina Z (14,S.)	Ramiro Z	Hannover
75. Michael Matz (1951)	USA	Rhum (13,W.)	Lys de la Fosse	Frankreich
76. Daniel Meech (1974)	NZL	Future Vision (14,W.)	General	Westfalen
77. Ludo Philippaerts (1963)	BEL	King Darco (9,W.)	Darco	Belgien
78. Jozef Lansink (1961)	NED	Carthago (9,H.)	Capitol	Holstein
79. Jaime Guerra (1964)	MEX	Risueno (12,H.)		Argentinien
80. Khaled Al-Eid	KSA	Eastern Knight (9,W.)		Belgien
81. Vicki Roycroft (1953)	AUS	Coalminer xx (14,W.)	Lord Eden xx	Australien
82. John Whitaker (1955)	GBR	Welham (16,W.)	Hayrick xx	Großbritannien

Die Olympische Ehrentafel der Reiterei 1912 – 1996

Stockholm 1912

Military – Einzel
1. A. Nordlander (SWE) Lady Artist
2. Oblt. Harry v. Rochow (GER) Idealist
3. Cariou (FRA) Cocotte
5. Lt. Richard von Schaesberg (GER) Grundsee
8. Oblt. Eduard von Lütcken (GER) Blue Boy
15. Rittm. Carl von Moers (GER) Mary Queen

Mannschaft
1. Schweden
2. Deutschland (Harry von Rochow - Idealist, Lt. Richard von Schaesberg - Grundsee, Oblt. Eduard von Lütcken - Blue Boy)
3. USA

Dressur – Einzel
1. C. Graf Bonde (SWE) Emperor
2. G. A. Boltenstern (SWE) Neptun
3. H. v. Blixen-Finecke (SWE) Maggie
4. Rittm. Frh. Karl von Oesterley (GER) Condor
7. Oblt. Felix Bürkner (GER) King
11. Oblt. Andreas von Flotow (GER) Senta
12. Rittm. Carl von Moers (GER) New Bank xx

Mannschaft
keine Mannschaftswertung

Springen – Einzel
1. Cariou (FRA) Mignon
2. Oblt. Rabod W. v. Kröcher (GER) Dohna
3. E. de Blommaert (BEL) Clonmore
5. Oblt. Sigismund Freyer (GER) Ultimus
6. Lt. Willi von Hohenau (GER) Pretty Girl
9. Lt. Ernst Deloch (GER) Hubertus
18. Lt. Ernst Grote (GER) Polyphem
    Lt. Friedrich K. v. Preußen (GER) Gibson Boy

Mannschaft
1. Schweden
2. Frankreich
3. Deutschland (Oblt. Sigismund Freyer - Ultimus, Lt. Willi von Hohenau - Pretty Girl, Lt. Friedrich K. v. Preußen - Gibson Boy)

Antwerpen 1920

Military – Einzel
1. D. E. Graf Mörner (SWE) Germania
2. A. Lundström (SWE) Yrsa
3. Caffaratti (ITA) Traditore

Mannschaft
1. Schweden
2. Italien
3. Belgien

Dressur – Einzel
1. J. Lundblad (SWE) Uno
2. K. B. Sandström (SWE) Sabel
3. Graf v. Rosen (SWE) Running Sister

Mannschaft
keine Mannschaftswertung

Springen – Einzel
1. F. Lequio (ITA) Trebecco
2. Valerio (ITA) Cento
3. C. G. Lewenhaupt (SWE) Mon Coeur

Mannschaft
1. Schweden
2. Belgien
3. Italien

Paris 1924

Military – Einzel
1. A. van der Voort van Zijp (HOL) Silver Piece
2. Kirkebjerg (DEN) Meteor
3. Sloan Doak (USA) Pathfinder

Mannschaft
1. Niederlande
2. Schweden
3. Italien

Dressur – Einzel
1. E. de Linder (SWE) Piccolomini
2. K. B. Sandström (SWE) Sabel
3. François Lesage (FRA) Plumarol

Mannschaft
keine Mannschaftswertung

Springen – Einzel
1. A. Germuseus (SUI) Lucette
2. F. Lequio (ITA) Trebecco
3. Krolikiewicz (POL) Picador

Mannschaft
1. Schweden
2. Schweiz
3. Portugal

Amsterdam 1928

Military – Einzel
1. C. Pahud de Mortanges (HOL) Macroix
2. G. P. de Kruijff (HOL) Va-t-en
3. Maj. Bruno Neumann (GER) Ilja
10. Lt. Rudolf Lippert (GER) Flucht
ausges. Cpt. Walter Feyerabend (GER) Alpenrose

Mannschaft
1. Niederlande
2. Norwegen
3. Polen
ausges. Deutschland

Dressur – Einzel
1. Carl F. Frhr. von Langen (GER) Draufgänger
2. Marion (FRA) Linon
3. Ragnar Olson (SWE) Günstling
6. Rittm. Hermann Linkenbach (GER) Gimpel
11. Maj. Eugen von Lotzbeck (GER) Caracalla

Mannschaft
1. Deutschland (Carl Friedrich Frhr. von Langen - Draufgänger, Rittm. Hermann Linkenbach - Gimpel, Maj. Eugen von Lotzbeck - Caracalla)
2. Schweden
3. Niederlande

Springen – Einzel
1. F. Ventura (TCH) Eliot
2. J. Bertran (FRA) Papillon
3. Ch. Kuhn (SUI) Pepita
11. Cpt. Eduard Krueger (GER) Donauwelle
14. Lt. Richard Sahla (GER) Coreggio
28. Carl Friedrich Frhr. von Langen (GER) Falkner

Mannschaft
1. Spanien
2. Polen
3. Schweden
7. Deutschland (Cpt. Eduard Krueger - Donauwelle, Lt. Richard Sahla - Coreggio, Carl Friedrich Frhr. von Langen - Falkner)

Los Angeles 1932

Military – Einzel
1. C. Pahud de Mortanges (HOL) Marcroix
2. Earl Thomson (USA) Jenny Camp
3. C. v. Rosen (SWE) Sunnyside Maid

Mannschaft
1. USA
2. Niederlande
3. nicht vergeben

Dressur – Einzel
1. François Lesage (FRA) Taine
2. Marion (FRA) Linon
3. Hiram Tuttle (USA) Olympic

Mannschaft
1. Frankreich
2. Schweden
3. USA

Springen – Einzel
1. Takeichi Baron Nishi (JPN) Uranus
2. Harry D. Chamberlin (USA) Show Girl
3. C. v. Rosen (SWE) Empire

Mannschaft
1. nicht vergeben
2. nicht vergeben
3. nicht vergeben

Berlin 1936

Military – Einzel
1. Cpt. Ludwig Stubbendorff (GER) Nurmi
2. Earl Thomson (USA) Jenny Camp
3. H. Mathiesen Lunding (DEN) Jason
6. Rittm. Rudolf Lippert (GER) Fasan
24. Oblt. Konrad von Wangenheim (GER) Kurfürst

Mannschaft
1. Deutschland (Cpt. Ludwig Stubbendorff - Nurmi, Rittm. Rudolf Lippert - Fasan, Oblt. Konrad von Wangenheim - Kurfürst)
2. Polen
3. Großbritannien

Dressur – Einzel
1. Oblt. Heinz Pollay (GER) Kronos
2. Maj. Friedrich Gerhard (GER) Absinth
3. Alois Podhajsky (AUT) Nero
10. Rittm. v. Oppeln-Bronikowski (GER) Gimpel

Mannschaft
1. Deutschland (Oblt. Heinz Pollay - Kronos, Maj. Friedrich Gerhard - Absinth, Rittm. H. v. Oppeln-Bronikowski - Gimpel)
2. Frankreich
3. Schweden

Springen – Einzel
1. Oblt. Kurt Hasse (GER) Tora
2. Henri Rang (ROM) Delfis
3. Joseph v. Platthy (HUN) Sellö
16. Cpt. Marten v. Barnekow (GER) Nordland
    Rittm. Heinz Brandt (GER) Alchimist

Mannschaft
1. Deutschland (Oblt. Kurt Hasse - Tora, Cpt. Marten von Barnekow - Nordland, Rittm. Heinz Brandt - Alchimist)
2. Niederlande
3. Portugal

London 1948

Military – Einzel
1. B. M. Chevallier (FRA) Aiglonne
2. S. F. Henry (USA) Swing Low
3. J. R. Selfelt (SWE) Claque

Mannschaft
1. USA
2. Schweden
3. Mexiko

Dressur – Einzel
1. Hans Moser (SUI) Hummer
2. A. R. Jousseaume (FRA) Harpagon
3. Gustav A. Boltenstern (SWE) Trumpf

Mannschaft
1. Frankreich
2. USA
3. Portugal

Springen – Einzel
1. Mariles Cortes (MEX) Arrete
2. Ruben Uriza (MEX) Hartvey
3. C. d'Orgeix (FRA) Sucre de Pomme

Mannschaft
1. Mexiko
2. Spanien
3. Großbritannien

Helsinki 1952

Military – Einzel
1. Hans v. Blixen-Finecke (SWE) Jubal
2. Guy Lefrant (FRA) Verdun
3. Dr. Willi Büsing (GER) Hubertus
5. Klaus Wagner (GER) Dachs
11. Otto Rothe (GER) Trux von Kamax

Mannschaft
1. Schweden
2. Deutschland (Dr. Willi Büsing - Hubertus, Klaus Wagner - Dachs, Otto Rothe - Trux von Kamax)
3. USA

Dressur – Einzel
1. Henri St. Cyr (SWE) Master Rufus
2. Lis Hartel (DEN) Jubilee
3. A. R. Jousseaume (FRA) Harpagon
7. Heinz Pollay (GER) Adular
10. Freiin Ida von Nagel (GER) Afrika
12. Fritz Thiedemann (GER) Chronist

Mannschaft
1. Schweden
2. Schweiz
3. Deutschland (Heinz Pollay - Adular, Freiin Ida v. Nagel - Afrika, Fritz Thiedemann - Chronist)

Springen – Einzel
1. P. Jonquères d'Oriola (FRA) Ali Baba
2. O. Christi (CHI) Bambi
3. Fritz Thiedemann (GER) Meteor
16. Georg Hölting (GER) Fink
34. Hans Hermann Evers (GER) Baden

Mannschaft
1. Großbritannien
2. Chile
3. USA
5. Deutschland (Fritz Thiedemann-Meteor, Georg Hölting - Fink, Hans Hermann Evers - Baden)

Stockholm 1956

Military – Einzel
1. Petrus Kastenman (SWE) Illuster
2. Aug. Lütke Westhues (GER) Trux von Kamax
3. F. W. C. Weldon (GBR) Kilbarry
15. Otto Rothe (GER) Sissi
21. Klaus Wagner (GER) Prinzeß

Mannschaft
1. Großbritannien
2. Deutschland (August Lütke Westhues - Trux von Kamax, Otto Rothe - Sissi, Klaus Wagner - Prinzeß)
3. Kanada

Dressur – Einzel
1. Henri St. Cyr (SWE) Juli
2. Lis Hartel (DEN) Jubilee
3. Liselott Linsenhoff (GER) Adular
9. Hannelore Weygand (GER) Perkunos
14. Anneliese Küppers (GER) Afrika

Mannschaft
1. Schweden
2. Deutschland (Liselott Linsenhoff - Adular, Hannelore Weygand - Perkunos, Anneliese Küppers - Afrika)
3. Schweiz

Springen – Einzel
1. Hans Günter Winkler (GER) Halla
2. Raimondo d'Inzeo (ITA) Merano
3. Piero d'Inzeo (ITA) Uruguay
4. Fritz Thiedemann (GER) Meteor
11. Alfons Lütke Westhues (GER) Ala

Mannschaft
1. Deutschland (Hans Günter Winkler - Halla, Fritz Thiedemann - Meteor, Alfons Lütke Westhues - Ala)
2. Italien
3. Großbritannien

Rom 1960

Military – Einzel
1. Lawrence R. Morgan (AUS) Salad Days
2. Neale Lavis (AUS) Mirrabooka
3. Anton Bühler (SUI) Gays Park
14. Gerhard Schulz (GER) Wanderlili
18. Reiner Klimke (GER) Winzerin
ausges. Klaus Wagner (GER) Famulus
ausges. Ottokar Pohlmann (GER) Polarfuchs

Mannschaft
1. Australien
2. Schweiz
3. Frankreich
ausges. Deutschland

Dressur – Einzel
1. Sergey Filatow (URS) Absent
2. Gustav Fischer (SUI) Wald
3. Josef Neckermann (GER) Asbach
7. Rosemarie Springer (GER) Doublette

Mannschaft
keine Mannschaftswertung

Springen – Einzel
1. Raimondo d'Inzeo (ITA) Posilippo
2. Piero d'Inzeo (ITA) The Rock
3. David Broome (GBR) Sunsalve
5. Hans Günter Winkler (GER) Halla
6. Fritz Thiedemann (GER) Meteor
26. Alwin Schockemöhle (GER) Ferdl

Mannschaft
1. Deutschland (Alwin Schockemöhle - Ferdl, Fritz Thiedemann - Meteor, Hans Günter Winkler - Halla)
2. USA
3. Italien

Tokio 1964

Military – Einzel
1. Mauro Checcoli (ITA) Sunbean
2. Carlos Alberto Moratorio (ARG) Chalan
3. Fritz Ligges (GER) Donkosak
6. Horst Karsten (GER) Condora
20. Gerhard Schulz (GER) Balza
25. Karl-Heinz Fuhrmann (GER) Mohamet

Mannschaft
1. Italien
2. USA
3. Deutschland (Fritz Ligges - Donkosak, Horst Karsten - Condora, Gerhard Schulz - Balza)

Dressur – Einzel
1. Henri Chammartin (SUI) Woermann
2. Harry Boldt (GER) Remus
3. Sergey Filatow (URS) Absent
5. Josef Neckermann (GER) Antoinette
6. Dr. Reiner Klimke (GER) Dux

Mannschaft
1. Deutschland (Harry Boldt - Remus, Josef Neckermann - Antoinette, Dr. Reiner Klimke - Dux)
2. Schweiz
3. UdSSR

Springen – Einzel
1. P. Jonquères d'Oriola (FRA) Lutteur II
2. Hermann Schridde (GER) Dozent II
3. Peter Robeson (GBR) Firecrest
8. Kurt Jarasinski (GER) Torro
16. Hans Günter Winkler (GER) Fidelitas

Mannschaft
1. Deutschland (Hermann Schridde - Dozent II, Kurt Jarasinski - Torro, Hans Günter Winkler - Fidelitas)
2. Frankreich
3. Italien

Mexiko 1968

Military – Einzel
1. Jean-Jacques Guyon (FRA) Pitou
2. Derek Allhusen (GBR) Lochinvar
3. Michael Page (USA) Foster
11. Horst Karsten (FRG) Adagio
22. Jochen Mehrdorf (FRG) Lapislazuli
24. Klaus Wagner (FRG) Abdulla
25. Karl-Heinz Fuhrmann (GDR) Saturn

Mannschaft
1. Großbritannien
2. USA
3. Australien
5. Bundesrepublik Deutschland (Horst Karsten - Adagio, Jochen Mehrdorf - Lapislazuli, Klaus Wagner - Abdulla)
7. Deutsche Demokratische Republik (Karl-Heinz Fuhrmann - Saturn, Uwe Plank - Kranich, Helmut Hartmann - Ingwer)

Dressur – Einzel
1. Ivan Kizimov (URS) Ikhor
2. Josef Neckermann (FRG) Mariano
3. Dr. Reiner Klimke (FRG) Dux
5. Horst Köhler (GDR) Neuschnee
8. Liselott Linsenhoff (FRG) Piaff

Mannschaft
1. Bundesrepublik Deutschland (Josef Neckermann - Mariano, Dr. Reiner Klimke - Dux, Liselott Linsenhoff - Piaff)
2. UdSSR
3. Schweiz
4. Deutsche Demokratische Republik (Horst Köhler - Neuschnee, Gerhard Brockmüller - Tristan, Wolfgang Müller - Marios)

Springen – Einzel
1. William Steinkraus (USA) Snowbound
2. Marion Coakes (GBR) Stroller
3. David Broome (GBR) Mr. Softee
5. Hans Günter Winkler (FRG) Enigk
7. Alwin Schockemöhle (FRG) Donald Rex
26. Hartwig Steenken (FRG) Simona

Mannschaft
1. Kanada
2. Frankreich
3. Bundesrepublik Deutschland (Alwin Schockemöhle - Donald Rex, Hans Günter Winkler - Enigk, Hermann Schridde - Dozent II)

München 1972

Military – Einzel
1. Richard Meade (GBR) Laurieston
2. Alessandro Argenton (ITA) Woodland
3. Jan Jönsson (SWE) Sarajewo
9. Harry Klugmann (FRG) Christopher Robert
11. Rudolf Beerbohm (GDR) Ingolf
13. Ludwig Gössing (FRG) Chicago
16. Karl Schultz (FRG) Pisco
ausges. Horst Karsten (FRG) Sioux

Mannschaft
1. Großbritannien
2. USA
3. Bundesrepublik Deutschland (Harry Klugmann - Christopher Robert, Karl Schultz - Pisco, Ludwig Gössing - Chicago, Horst Karsten - Sioux)
5. Deutsche Demokratische Republik (Rudolf Beerbohm - Ingolf, Jens Niels - Big Ben, Joachim Brohmann - Uranio)

Dressur – Einzel
1. Liselott Linsenhoff (FRG) Piaff
2. Elena Petushkova (URS) Pepel
3. Josef Neckermann (FRG) Venetia
7. Karin Schlüter (FRG) Liostro

Mannschaft
1. UdSSR
2. Bundesrepublik Deutschland (Liselott Linsenhoff - Piaff, Josef Neckermann - Venetia, Karin Schlüter - Liostro)
3. Schweden
5. Deutsche Demokratische Republik (Gerhard Brockmüller - Marios, Wolfgang Müller - Semafor, Horst Köhler - Immanuel)

Springen – Einzel
1. Graciano Mancinelli (ITA) Ambassador
2. Ann Moore (GBR) Psalm
3. Neal Shapiro (USA) Sloopy
4. Hartwig Steenken (FRG) Simona
8. Fritz Ligges (FRG) Robin
16. Gerd Wiltfang (FRG) Askan

Mannschaft
1. Bundesrepublik Deutschland (Fritz Ligges - Robin, Gerd Wiltfang - Askan, Hartwig Steenken - Simona, Hans Günter Winkler - Torphy)
2. USA
3. Italien

Montreal 1976

Military – Einzel
1. Edmund Coffin (USA) Bally-Cor
2. Michael Plumb (USA) Better and Better
3. Karl Schultz (FRG) Madrigal
13. Herbert Blöcker (FRG) Albrant
19. Helmut Rethemeier (FRG) Pauline
ausges. Otto Ammermann (FRG) Volturno

Mannschaft
1. USA
2. Bundesrepublik Deutschland (Karl Schultz - Madrigal, Herbert Blöcker - Albrant, Helmut Rethemeier - Pauline, Otto Ammermann - Volturno)
3. Australien

Dressur – Einzel
1. Christine Stückelberger (SUI) Granat
2. Harry Boldt (FRG) Woyceck
3. Dr. Reiner Klimke (FRG) Mehmed
4. Gabriela Grillo (FRG) Ultimo

Mannschaft
1. Bundesrepublik Deutschland (Harry Boldt - Woyceck, Dr. Reiner Klimke - Mehmed, Gabriela Grillo - Ultimo)
2. Schweiz
3. USA

Springen – Einzel
1. Alwin Schockemöhle (FRG) Warwick Rex
2. Michel Vaillancourt (CAN) Branch Country
3. François Mathy (BEL) Gai Luron
10. Hans Günter Winkler (FRG) Torphy
36. Paul Schockemöhle (FRG) Talisman

Mannschaft
1. Frankreich
2. Bundesrepublik Deutschland (Alwin Schockemöhle - Warwick Rex, Hans Günter Winkler - Torphy, Sönke Sönksen - Kwept, Paul Schockemöhle - Agent)
3. Belgien

158 Die Olympische Ehrentafel der Reiterei 1912 – 1996

Moskau 1980

Military – Einzel
1. Frederico Euro Roman (ITA) Rossinan
2. Alexander Blinow (URS) Galzun
3. Yuri Salnikow (URS) Pintset

Mannschaft
1. UdSSR
2. Italien
3. Mexiko

Dressur – Einzel
1. Elisabeth Theurer (AUT) Mon Cheri
2. Yuri Kowschow (URS) Igrok
3. Viktor Ugrimow (URS) Shkval

Mannschaft
1. UdSSR
2. Bulgarien
3. Rumänien

Springen – Einzel
1. Jan Kowalczyk (POL) Artemor
2. Nikolai Korolkow (URS) Espadron
3. Joaquin Perez Heras (MEX) Alymony

Mannschaft
1. UdSSR
2. Polen
3. Mexiko

Los Angeles 1984

Military – Einzel
1. Mark Todd (NZL) Charisma
2. Karen Stives (USA) Ben Arthur
3. Virginia Holgate (GBR) Priceless
12. Dietmar Hogrefe (FRG) Foliant
14. Bettina Overesch (FRG) Peacetime
15. Claus Erhorn (FRG) Fair Lady
39. Burkhard Testorpf (FRG) Freedom

Mannschaft
1. USA
2. Großbritannien
3. Bundesrepublik Deutschland (Burkhard Testorpf - Freedom, Bettina Overesch - Peacetime, Dietmar Hogrefe - Foliant, Claus Erhorn - Fair Lady)

Dressur – Einzel
1. Dr. Reiner Klimke (FRG) Ahlerich
2. Anne Grethe Jensen (DEN) Marzog
3. Otto Hofer (SUI) Limandus
5. Herbert Krug (FRG) Muscadeur
6. Uwe Sauer (FRG) Montevideo

Mannschaft
1. Bundesrepublik Deutschland (Dr. Reiner Klimke - Ahlerich, Herbert Krug - Muscadeur, Uwe Sauer - Montevideo)
2. Schweiz
3. Schweden

Springen – Einzel
1. Joe Fargis (USA) Touch of Class
2. Conrad Homfeld (USA) Abdullah
3. Heidi Robbiani (SUI) Jessica
7. Paul Schockemöhle (FRG) Deister
11. Peter Luther (FRG) Livius
11. Franke Sloothaak (FRG) Farmer

Mannschaft
1. USA
2. Großbritannien
3. Bundesrepublik Deutschland (Paul Schockemöhle - Deister, Peter Luther - Livius, Franke Sloothaak - Farmer, Fritz Ligges - Ramzes)

Seoul 1988

Military – Einzel
1. Mark Todd (NZL) Charisma
2. Ian Stark (GBR) Sir Wattie
3. Virginia Leng (GBR) Master Craftsman
4. Claus Erhorn (FRG) Justyn Thyme
6. Matthias Baumann (FRG) Shamrock
9. Thies Kaspareit (FRG) Sherry

Mannschaft
1. Bundesrepublik Deutschland (Claus Erhorn - Justyn Thyme, Matthias Baumann - Shamrock, Thies Kaspareit - Sherry, Ralf Ehrenbrink - Uncle Todd)
2. Großbritannien
3. Neuseeland

Dressur – Einzel
1. Nicole Uphoff (FRG) Rembrandt
2. Margit Otto-Crepin (FRG) Corlandus
3. Chr. Stückelberger (SUI) Gauguin de Lully
6. Monica Theodorescu (FRG) Ganimedes
8. Ann-Kathrin Linsenhoff (FRG) Courage

Mannschaft
1. Bundesrepublik Deutschland (Dr. Reiner Klimke - Ahlerich, Ann-Kathrin Linsenhoff - Courage, Monica Theodorescu - Ganimedes, Nicole Uphoff - Rembrandt)
2. Schweiz
3. Kanada

Springen – Einzel
1. Pierre Durand (FRA) Jappeloup
2. Greg Best (USA) Gem Twist
3. Karsten Huck (FRG) Nepomuk
7. Franke Sloothaak (FRG) Walzerkönig
18. Dirk Hafemeister (FRG) Orchidee

Mannschaft
1. Bundesrepublik Deutschland (Ludger Beerbaum - The Freak, Wolfgang Brinkmann - Pedro, Dirk Hafemeister - Orchidee, Franke Sloothaak - Walzerkönig)
2. USA
3. Frankreich

Barcelona 1992

Military – Einzel
1. Matthew Ryan (AUS) Kibah Tic Toc
2. Herbert Blöcker (GER) Feine Dame
3. Blyth Tait (NZL) Messiah
11. Ralf Ehrenbrink (GER) Kildare
13. Cord Mysegaes (GER) Ricardo
34. Matthias Baumann (GER) Alabaster

Mannschaft
1. Australien
2. Neuseeland
3. Bundesrepublik Deutschland (Herbert Blöcker - Feine Dame, Ralf Ehrenbrink - Kildare, Cord Mysegaes - Ricardo, Matthias Baumann - Alabaster)

Dressur – Einzel
1. Nicole Uphoff (GER) Rembrandt-Borbet
2. Isabell Werth (GER) Gigolo FRH
3. Klaus Balkenhol (GER) Goldstern

Mannschaft
1. Bundesrepublik Deutschland (Nicole Uphoff - Rembrandt-Borbet, Isabell Werth - Gigolo FRH, Klaus Balkenhol - Goldstern, Monica Theodorescu - Grunox TecRent)
2. Holland
3. USA

Springen – Einzel
1. Ludger Beerbaum (GER) Almox Classic Touch
2. Piet Raymakers (HOL) Ratina Z
3. Norman Dello Joio (USA) Irish
Teilnahme 1. Umlauf Finale:
Sören von Rönne (GER) Taggi

Mannschaft
1. Holland
2. Österreich
3. Frankreich
11. Bundesrepublik Deutschland (Franke Sloothaak - Prestige, Ludger Beerbaum - Almox Classic Touch, Otto Becker - Lucky Luke, Sören von Rönne - Taggi)

Die Olympische Ehrentafel der Reiterei 1912 – 1996

Atlanta 1996

Military – Einzel
1. Blyth Tait (NZL) Ready Teddy
2. Sally Clark (NZL) Squirrel Hill
3. Kerry Millikin (USA) Out and About
7. Hendrik von Paepcke (GER) Amadeus
16. Herbert Blöcker (GER) MobilCom Kiwi Dream

Mannschaft
1. Australien
2. USA
3. Neuseeland
9. Bundesrepublik Deutschland (Bodo Battenberg - Sam the Man, Jürgen Blum - Brownie Mc Gee, Ralf Ehrenbrink - Connection L, Bettina Overesch-Böker - Watermill Stream)

Dressur – Einzel
1. Isabell Werth (GER) Nobilis Gigolo FRH
2. Anky van Grunsven (NED) Cameleon Bonfire
3. Sven Rothenberger (NED) Weyden
4. Monica Theodorescu (GER) Grunox
6. Klaus Balkenhol (GER) Goldstern
9. Martin Schaudt (GER) ESGE-Durgo

Mannschaft
1. Bundesrepublik Deutschland (Isabell Werth - Nobilis Gigolo FRH, Klaus Balkenhol - Goldstern, Monica Theodorescu - Grunox, Martin Schaudt - ESGE-Durgo)
2. Niederlande
3. USA

Springen – Einzel
1. Ulrich Kirchhoff (GER) Opstalan's Jus de Pommes
2. Willi Melliger (SUI) Calvaro
3. Alexandra Ledermann (FRA) Rochet M
20. Lars Nieberg (GER) For Pleasure

Mannschaft
1. Bundesrepublik Deutschland (Franke Sloothaak - San Patrignano Joly, Lars Nieberg - For Pleasure, Ulrich Kirchhoff - Opstalan's Jus de Pommes, Ludger Beerbaum - Sprehe Ratina Z)
2. USA
3. Brasilien

IOC Mitglied Philipp von Schoeller, ehemals selbst erfolgreicher Springreiter, gratuliert Ulrich Kirchhoff zu seinem Olympiasieg im Einzelspringen.

Alle Disziplinen

Nation	Gold	Silber	Bronze
Deutschland	31	17	20
Schweden	17	8	13
Frankreich	9	10	8
USA	8	17	12
Italien	6	8	7
Niederlande	6	7	2
UdSSR	6	5	4
Großbritannien	5	7	9
Australien	5	1	2
Schweiz	4	9	7
Neuseeland	3	2	3
Mexiko	2	1	4
Polen	1	3	2
Kanada	1	1	2
Österreich	1	1	1
Spanien	1	1	–
CSSR	1	–	–
Japan	1	–	–
Dänemark	–	4	1
Chile	–	2	–
Belgien	–	1	4
Rumänien	–	1	1
Argentinien	–	1	–
Bulgarien	–	1	–
Norwegen	–	1	–
Portugal	–	–	3
Brasilien	–	–	1
Ungarn	–	–	1

Military

Nation	Gold	Silber	Bronze
Schweden	7	3	3
USA	5	9	4
Niederlande	5	2	–
Australien	5	1	2
Großbritannien	4	4	4
Deutschland	3	7	8
Italien	3	3	2
Neuseeland	3	2	3
Frankreich	2	1	2
UDSSR	1	1	1
Dänemark	–	1	1
Polen	–	1	1
Schweiz	–	1	1
Argentinien	–	1	–
Norwegen	–	1	–
Mexiko	–	–	2
Belgien	–	–	1
Kanada	–	–	1

Dressur

Nation	Gold	Silber	Bronze
Deutschland	16	7	7
Schweden	7	5	7
UdSSR	4	3	3
Schweiz	3	6	3
Frankreich	3	5	2
Österreich	1	–	1
Kanada	1	–	–
Niederlande	–	3	2
Dänemark	–	3	–
USA	–	1	5
Bulgarien	–	1	–
Portugal	–	–	1
Rumänien	–	–	1

Springen

Nation	Gold	Silber	Bronze
Deutschland	12	3	5
Frankreich	5	4	4
USA	3	7	3
Italien	3	5	5
Schweden	3	–	3
Mexiko	2	1	2
Großbritannien	1	3	5
Schweiz	1	2	2
Polen	1	2	1
Niederlande	1	2	–
Spanien	1	1	–
Kanada	1	1	–
UdSSR	1	1	–
CSSR	1	–	–
Japan	1	–	–
Chile	–	2	–
Belgien	–	1	3
Österreich	–	1	–
Rumänien	–	1	1
Portugal	–	–	2
Brasilien	–	–	1
Ungarn	–	–	1